中央高校基本科研业务费专项资金资助（2023FR010）

印度理工学院计算机学科创立与发展研究

姜　雪◎著

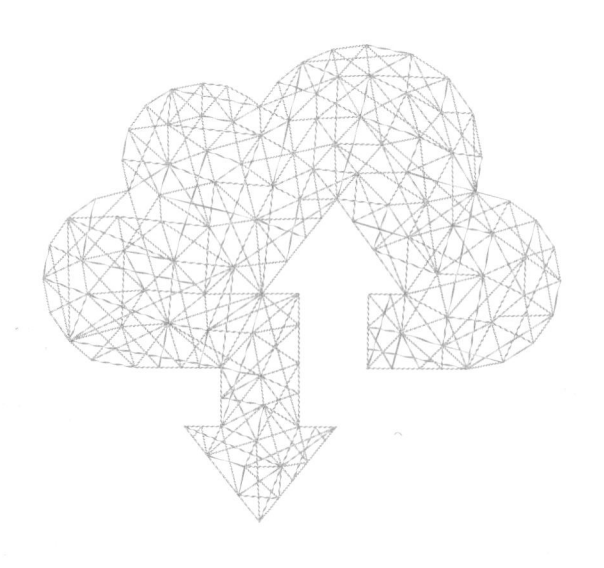

四川大学出版社
SICHUAN UNIVERSITY PRESS

图书在版编目（CIP）数据

印度理工学院计算机学科创立与发展研究 / 姜雪著
— 成都：四川大学出版社，2024.4
（卓越学术文库）
ISBN 978-7-5690-6391-2

Ⅰ．①印… Ⅱ．①姜… Ⅲ．①高等学校－计算机科学－学科建设－研究－印度 Ⅳ．① G642.3

中国国家版本馆CIP数据核字（2023）第196515号

书　　名：	印度理工学院计算机学科创立与发展研究
	Yindu Ligong Xueyuan Jisuanji Xueke Chuangli yu Fazhan Yanjiu
著　　者：	姜　雪
丛 书 名：	卓越学术文库

丛书策划：	蒋姗姗　李波翔
选题策划：	蒋姗姗　李波翔
责任编辑：	李波翔
责任校对：	李　胜
装帧设计：	墨创文化
责任印制：	王　炜

出版发行：	四川大学出版社有限责任公司
	地址：成都市一环路南一段24号（610065）
	电话：（028）85408311（发行部）、85400276（总编室）
	电子邮箱：scupress@vip.163.com
	网址：https://press.scu.edu.cn
印前制作：	成都墨之创文化传播有限公司
印刷装订：	四川煤田地质制图印务有限责任公司

成品尺寸：	170mm×240mm
印　　张：	16.5
字　　数：	280千字
版　　次：	2024年4月 第1版
印　　次：	2024年4月 第1次印刷
定　　价：	88.00元

本社图书如有印装质量问题，请联系发行部调换

版权所有 ◆ 侵权必究

序

呈现在读者面前的这部著作,是姜雪在其博士学位论文基础上修改扩写而成的。

印度理工学院作为印度顶尖的工程技术教育与研究机构,培养了大批具有国际视野的一流计算机人才,为印度成为世界软件大国提供了坚实的人才基础。以往学界对印度理工学院计算机学科创立及发展历程的研究多集中在院校的宏观层面,从学科尤其是计算机学科的微观层面进行研究的成果明显不足。探究印度理工学院计算机学科创立与发展的路径,特别是该学科在较短时间内实现跨越式发展的成功经验,对我国探索计算机人才培养和一流学科建设大有裨益。

本书研究对象明确,研究思路清晰,文献史料丰富翔实,论证充分,以解剖麻雀的方式探析学科建设要素之间的相互作用,总结促进学科不断向前发展的机制,力求全面总结历史经验,为致力于高等教育一流学科建设及一流人才培养工作的广大教育工作者和学习者,呈现了一幅清晰又翔实的印度理工学院计算机学科历史发展脉络图。

姜雪是我在2015年招收的教育史专业博士研究生,勤奋好学,踏实努力,善于思考,具备一定的科学探究精神、较为扎实的学科基础知识和较强的学科研究能力。她凭借扎实的外语功底查阅了大量的一手资料,为顺利完成博士学位论文打下了坚实的基础。博士学位论文答辩时她出色的表现得到了答辩委员们的一致肯定与好评,作为导师,我十分欣慰并感到由衷的高兴。作者的学术生涯刚刚迈出第一步,希望今后能够继续努力,不断提升学术素养和研究能力,在国际教育史研究领域作出更多的成绩。

是为序!

朱文富
2023年6月

前言

　　建设世界一流大学和一流学科是我国高等教育改革和发展的重要方向，对于提升我国教育发展的整体水平，增强国家核心竞争力具有十分重要的意义。本书以印度理工学院计算机学科为研究对象，对其发展历程进行了立体化、系统化的梳理与剖析，以期对我国高等院校探索世界一流学科建设路径提供借鉴与参考。本书是在作者博士学位论文基础上进一步修改扩写而成的。

　　印度理工学院作为印度政府创建的国家重点学院典型代表，是印度高等教育系统重要创新和改革的产物。印度理工学院计算机教育在印度国内首屈一指，在世界范围内影响较大，培养出了一大批享誉世界的高级计算机人才，这些人才成为众多具有世界影响力的跨国公司竞相招揽的对象。计算机人才队伍从诞生、成长再到壮大的培养过程与其计算机学科从创立、发展再到崛起并建设成为国内一流、世界知名学科的发展进程保持一致。中国和印度两国在国情和历史发展背景方面具有一定的相似性，与欧美发达国家名列前茅的世界一流大学及一流学科相比，印度理工学院计算机学科的成长路径对我国高等教育创建一流学科，成功进行计算机教育，有效发挥计算机学科的社会服务功能，具有重要的借鉴意义。

　　本书采用历史研究法、个案研究法及文献研究法，由点到面，从纵向到横向尝试对印度理工学院计算机学科的发展历程进行立体化、系统化的梳理与剖析。从学科发展不同历史阶段的特点出发，以时间为线索，探寻其学术平台、师资队伍、科学研究、人才培养、学术交流、管理体制及社会服务等学科建设基本要素的特点及其相互之间的关系，归纳印度理工学院计算机学科的建设经验，指出其学科建设中的不足之处，明确对我国建设一流学科的参考价值。

以 1963 年印度理工学院坎普尔分校计算机中心的成立为主要标志，印度理工学院计算机学科正式创立。1963 年至 1982 年是印度理工学院计算机学科的早期发展阶段，计算机中心、电气工程系和数学系开展了一系列的计算机教育与研究活动。1983 年，计算机科学与工程系正式成立，由此，计算机学科拥有了规范化的学术平台，学术项目更加丰富。同时，以计算机应用为主导的科学研究方向的确立也推动了学科的蓬勃发展与快速崛起。计算机学科创立伊始，印度政府就在国家财政支出和国家政策方面对其给予了大力支持。20 世纪 80 年代，在财政及政策的双重保障下，印度理工学院计算机学科在学术平台、师资队伍、科学研究、人才培养、学术交流及社会服务等方面采取了一系列有力的建设举措，迅速成长为印度国内一流的计算机学科。1992 年，"创新与技术转移基金会"在印度理工学院德里分校正式成立，标志着印度理工学院计算机学科进入产教融合、产学研相互促进的可持续发展阶段。从服务国家经济社会发展角度考察，印度理工学院计算机学科积极承担国家级政府资助及企业咨询项目的举措不但与国家科技政策及国家发展战略保持高度一致，同时还催生了企业与高校协同发展、校企协同育人的学科发展新模式。在世界信息革命浪潮的推动及印度政府制定的"建设信息技术超级大国"战略目标的指引下，印度理工学院计算机学科不断发展完善稳步提升,培养的尖端计算机人才在国际知名计算机企业崭露头角。

从学科建设的必要因素出发归纳印度理工学院计算机学科迅速崛起的主要原因是十分必要的。学科的快速发展无外乎内外两种因素共同作用的结果。就外部因素而言，国际环境中有世界计算机技术的发展以及计算机革命浪潮的推动，国内环境有印度政府大力发展科学技术的科技战略，特别是建设信息技术超级大国目标的指引；就内部因素而言，印度理工学院从学科平台、师资队伍、科学研究、人才培养、学术交流与合作、学科制度以及社会服务等若干学科建设的基本要素出发，采取了一系列措施推动了计算机学科的快速发展。本书最后总结出印度理工学院计算机学科快速发展的原因：紧跟国家科技发展战略部署，明确计算机学科发展定位；注重高水平师资队伍建设，为计算机学科的快速发展提供人力保障；促进以计算机学科为基础的多学科交叉融合，推进学科可持续发展；善于利用国际援助并不断深化国际合作与交流；积极争取多方资金支持为学科发展提供资金保障。近年来，印度理工学院计算机学科建设过程中出现了如下问题：印度政府过多干预，削弱学术自治权；优秀师资数量增长与学科稳步提升存在失衡现象；高水平科学研究成果总量不足，阻碍国际学术影响力持续扩大。然而，本着"他山之石，可以攻玉"的原则，印度理工学院计算机学科的成功经验是值得借鉴和学习的。

目录

绪　论 ………………………………………………………… 1

第一章　印度理工学院计算机学科的创立与早期发展
　　　　（1963—1982年）………………………………… 22
　　第一节　印度理工学院计算机学科的创立 ………………… 22
　　第二节　印度理工学院计算机学科早期发展的举措 ……… 40
　　第三节　印度理工学院计算机学科早期发展取得的
　　　　　　成效与存在的问题 …………………………………… 73

第二章　印度理工学院计算机学科的快速崛起
　　　　（1983—1991年）………………………………… 82
　　第一节　印度理工学院计算机学科快速崛起的背景 ……… 82
　　第二节　印度理工学院计算机学科快速崛起的举措 ……… 84
　　第三节　印度理工学院计算机学科快速崛起取得的成效与
　　　　　　存在的问题 …………………………………………… 130

第三章　印度理工学院计算机学科的稳步提升
　　　　（1992年至今）…………………………………… 137
　　第一节　印度理工学院计算机学科稳步提升的背景 ……… 137
　　第二节　印度理工学院计算机学科稳步提升的举措 ……… 139
　　第三节　印度理工学院计算机学科稳步提升的成效与存在
　　　　　　的问题 …………………………………………………… 181

第四章　印度理工学院计算机学科创立与发展的省思 ……… 187
　　第一节　印度理工学院计算机学科快速发展的原因 ……… 187
　　第二节　印度理工学院计算机学科发展中的问题 ………… 200

附录 …………………………………………………………… 205
参考文献 ……………………………………………………… 237
后记 …………………………………………………………… 253

绪　论

一、选题缘由及研究意义

（一）选题缘由

印度是一个多民族、多宗教、人口众多的发展中国家，国情复杂，经济基础薄弱，国民文化水平普遍不高，文盲现象比较严重。在这样一个文盲率居世界前列、经济欠发达的发展中国家，其 IT（信息技术）实力却达世界领先水平，拥有大量享誉国际的 IT 精英。值得探究的是：活跃在印度乃至世界计算机领域如此众多的高质量计算机人才是哪里培养出来的？是怎样培养出来的？什么样的学术环境、保障条件及有力举措造就了这些享誉世界的计算机人才？本书选取印度顶尖高等工程技术教育与研究机构——印度理工学院为典型代表，以印度理工学院计算机学科为研究对象，以学科发展历程为主要研究内容，分析其学术平台、师资队伍、科学研究、人才培养、学术交流以及社会服务等学科建设的必要因素在不同历史发展阶段的不同特点，以期深入探寻印度理工学院计算机学科快速发展成为国内一流学科，形成国际影响，并培养出大量国际性高水平计算机人才的原因。下文将具体阐述将印度理工学院计算机学科作为本书研究对象的缘由。

印度独立后，为了满足国家发展对高科技人才的需求，总理潘迪特·贾瓦哈拉尔·尼赫鲁（Pandit Jawaharlal Nehru）将发展科技和教育列为国家首要任务。[①] 在独立之初百业待举的情况下，印度政府将创建新型高等工程技术教育机构作为优先考虑的重点工作，印度理工学院（Indian Institutes of Technology，简称IITs）即是在这一背景下诞生的。印度理工学院由印度政府创建的七所工程与技术学院组成。1963年，根据印度国家技术院校法案，印度理工学院被列为国家重点院校，获得了独立的学术政策、招生及学位授予权。经过短短几十年的发展，印度理工学院已经建设成为印度顶尖的高等工程技术教育与研究机构，并具有一定的国际学术影响力。印度理工学院享誉世界的学术声誉与其计算机学科密不可分。综合美国US News世界大学学科排名、英国QS世界大学学科排行榜及软科世界一流学科的排名情况，印度理工学院孟买分校（IIT Bombay，简称IITB）、德里分校（IIT Delhi，简称IITD）、坎普尔分校（IIT Kanpur，简称IITK）、马德拉斯分校（IIT Madras，简称IITM）以及卡哈拉格普尔分校（IIT Kharagpur，简称IITKh）的计算机学科在印度高等工程技术教育院校排行榜中均位居前列。本书对印度理工学院计算机学科的发展研究主要以这5所分校的计算学科为研究对象，从学术平台、师资队伍、科学研究、人才培养、国内外学术交流、学科管理体制及社会服务等学科发展要素出发，探讨印度理工学院计算机学科从发端创立到成为世界知名学科的历史发展轨迹，探究印度理工学院计算机学科在印度这样一个文盲率较高的多民族、多种族的发展中国家是如何从萌发创立逐步发展完善并最终成为国际知名学科的；是什么样的学者队伍在什么样的培养机制及理念下培养出大量具有较强实践能力和创新精神的世界顶尖计算机人才，并能够在世界知名计算机创新产业基地或公司崭露头角成为高级管理人员的；是什么样的学科管理机制以及学科文化激励教师队伍由最初学科创建时的以个人研究兴趣为主的分散型学者不断成长为以学术认同为基础的传承性的学术团队，并协同合作不断探索学科核心研究领域的。

印度理工学院培养的卓越计算机人才对印度计算机行业发展起到了重要的推动作用，而这些人才的培养又与其计算机学科密切相关。计算机人才队伍从诞生、成长到壮大的培养过程与其计算机学科创立、崛起、稳定提升的建设历

---

① 安双宏：《印度教育战略研究》，浙江教育出版社2013年版，第8～9页。

程保持一致。印度理工学院的计算机教育不但在印度国内首屈一指,在世界范围内也影响较大,培养的计算机人才成为具有世界影响力跨国企业竞相招聘的对象,美国硅谷更是成为印度理工学院计算机人才的聚集地。比尔·盖茨(Bill Gates)曾称赞印度理工学院是"改变世界的神奇学府"并"在未来几年内仍将潜力无限"。① 以下领域的风云人物是印度理工学院毕业生中的佼佼者:美国太阳微系统(Sun Microsystems)创办者之一、首任执行长与主席维诺德·柯斯拉(Vinod Khosla)毕业于印度理工学院德里分校;印度信息技术产业龙头企业印孚瑟斯公司(Infosys)首席执行官兼总裁和管理董事纳丹·尼勒卡尼(Nandan Nilekani)是印度理工学院孟买分校知名校友,董事会主席兼首席顾问 N. R. 纳拉亚纳·穆尔迪(N. R. Narayana Murthy)曾在印度理工学院坎普尔分校读硕士,副管理董事兼首席运营官 S. 高帕拉克里斯纳(S. Gopalakrishnan)在印度理工学院马德拉斯分校获得计算机硕士学位。② 全球著名搜索引擎公司谷歌(Google)的荣誉工程师阿米特·辛格尔(Amit Singhal)在印度理工学院洛基分校获得计算机科学学士学位;在印度理工学院卡哈拉格普尔分校获得工学学士学位并被授予学院银奖章的印度裔美国计算机工程师桑达尔·皮查伊(Sundar Pichai)于 2015 年担任谷歌公司首席执行官,并于 2017 年加入董事会。如此众多的杰出毕业生跻身世界知识科技界的重要位置绝非偶然,探究印度理工学院在人才培养和学科建设方面的成功经验具有一定的现实意义。

从实践角度分析,早在 1998 年,我国就提出了建设世界一流大学的奋斗目标,2015 年 8 月,中央全面深化改革领导小组审议通过了《统筹推进世界一流大学和一流学科建设总体方案》,进一步明确了党和国家建设世界一流大学的指导方针和具体目标,并提出要通过一流学科的建设带动世界一流大学的建设,③ 由此吹响了新的历史条件下建设世界一流大学、一流学科的号角。④ 作为高等教育改革与发展的重要内容,建设一流学科有必要研究国外大学一流学科的发展史,从中学习学科建设的有益经验为我国所用。梳理印度理工学院计算机学科

---

① [印度]桑迪潘·德布. 黄永明译:《印度理工学院的精英们》,北京大学出版社 2010 年版,第 8 页。
② 刘艳菲:《印度理工学院的 IT 人才培养研究》,硕士学位论文,西南大学,2008 年。
③ 周光礼、武建鑫:《什么是世界一流学科》,《中国高教研究》,2016 年第 1 期。
④ 靳诺:《世界一流大学一流学科建设的"形"与"魂"》,《国家教育行政学院学报》,2016 第 6 期。

发展历程,分析学科建设基本要素的特点及其之间相互作用的关系,总结其快速发展的原因,对探寻世界一流学科成长路径,助力我国一流学科建设大有裨益。

(二)研究意义

1. 充实我国关于印度高等教育史的研究内容

对印度理工学院计算机学科创立及发展历程进行研究有助于充实和拓展我国关于印度高等教育史的研究内容。独立后,印度政府及领导人十分重视高等教育,大力发展高等教育是印度历届政府的传统。近年来,我国在印度高等教育研究方面取得了一定的成绩,尤其在对印度国家重点工程技术教育与研究院校——印度理工学院独特的管理体制、创新的学术特色、高水平的工程技术人才培养等方面积累了一些重要的研究成果。[①] 然而,已有成果多集中在院校的宏观与上位层面,从学科尤其是计算机学科的微观和下位层面进行研究的成果明显不足,对其创建及发展过程的历史探究和经验分析更为鲜有。实际上,印度理工学院作为印度顶尖的工程技术教育与研究机构,培养了大批杰出的计算机人才,为印度成为世界超级软件大国提供了坚实的保障。其中,作为印度理工学院特色及支柱学科的计算机学科无疑对印度理工学院建设成为世界高等教育知名学府,培养具有国际视野的一流计算机人才作出了重要贡献。对印度理工学院计算机学科创立及发展历程进行梳理分析,无疑有助于拓展和深化有关印度高等教育史的研究。

2. 有助于从理论上把握一流学科成长规律

学科建设的基本要素包括学术平台、师资队伍、科学研究、人才培养、学术交流以及社会服务等。探讨这些基本要素在学科创建及发展中的作用,对教育政策的制定者和学科建设者具有一定的借鉴意义,对把握一流学科建设方向,加快一流学科建设进程具有一定的启示作用。本书从学科建设的基本要素出发,试图厘清学科建设要素之间的关系,总结学科创立与发展的一般规律及特点,有助于提高对学科建设的理论认识,进而服务于我国的一流学科建设。

3. 对我国一流学科建设的现实借鉴意义

建设世界一流大学和一流学科是我国高等教育改革和发展的重要方向,对于提升我国教育发展的整体水平,增强国家核心竞争力具有十分重要的意义。

---

① 安双宏:《印度教育战略研究》,浙江教育出版社2013年版,第117页。

2015年8月，中央全面深化改革领导小组审议通过了《统筹推进世界一流大学和一流学科建设总体方案》，提出要推动一批高水平大学和学科进入世界一流行列或前列。中国和印度国情及历史发展背景具有相似性，印度理工学院计算机学科从创立到快速崛起再到成为世界知名计算机学科的成长路径，特别是该学科在较短时间内实现跨越式发展的成功经验，对我国具有更为现实的参考价值，这也是本研究的现实意义所在。

二、核心概念界定

（一）学科

关于"学科"的涵义，目前为止，学术界尚无统一认定的"唯一权威性"定义。中外不同学者对"学科"的内涵有着不同的诠释和理解。美国高等教育界著名教授伯顿·R. 克拉克（Burton R. Clark）在比较高等教育名著《高等教育系统——学术组织的跨国研究》中阐述道："学科明显是一种联结化学家与化学家、心理学家与心理学家、历史学家与历史学家的专门化组织方式。它按学科，即通过知识领域实现专门化……学科的范围不限于一国的学术系统。尤其是学术科学家，很自然地在世界范围内开展工作。他们的学科观点和兴趣很容易跨越国界……正是学科组织方式使得高等教育表现出初等教育和中等教育所不太具有的超越时间和空间及国际性的特点。"[①]《辞海》对"学科"的释义包括两个层面：其一是学术的分类，指一定科学领域或一门科学的分支。如社会科学部门中的教育学、史学等。其二指教学的科目，即学校教学内容的基本单位。[②] 综合伯顿·R. 克拉克及我国权威辞书《辞海》对"学科"概念的阐述，学科具有理论及实体形态的内涵。[③] 从理论形态而言，学科是学问的分支，是教学的科目；就实体形态而言，学科是学术的组织。[④] 从科学社会学角度来看，比利时交叉学科理论专家L. 阿玻斯特尔（L. Apostel）从著名科学家贝尔纳的观点出发，"把科学看成一种动态的社会活动，认为一门科学是一个历史的、能动的体系，它以特定的方式改造自

---

① [美] 伯顿·R. 克拉克：《高等教育系统——学术组织的跨国研究》，王承绪、徐辉等译，杭州大学出版社1994年版，第34页。
② 辞海编辑委员会：《辞海》，上海辞书出版社1979年版，第2577页。
③ 金薇吟：《克拉克知识与学科理论发微——兼论学科的分化与综合》，《扬州大学学报（高教研究版）》，2004年第5期。
④ 李勇、刘国瑜：《从科研角度探讨大学学科建设》，《江苏高教》，2011年第4期。

己"①。一门科学或学科需要具备五点综合性必要因素：一群人，这些人进行的一系列活动，这些人内部及这些人同另一些人的一系列相互作用或交流，通过某种带有教育性质的交流而使这些人更新、演进的方法，一套历史性学习方法。②"学科还受到它们以外那些不断变化着的因素的影响，比如经济状况、社会文化价值等。学科以外的因素不仅控制着物质资源，而且决定发展的环境"。③我国学者周光礼、武建鑫在《什么是世界一流学科》一文中运用词频分析法，构建"学科"概念层次分析图谱，界定了学科的内涵和外延，归纳出"学科的四大核心要素：学者、学生、学术成果以及学术声誉。作为一个学术组织，学科是科学研究的平台、是教学育人的平台、是人才队伍建设的平台、是社会服务的平台"。④综合上述对学科概念的理解，笔者提取学术界公认的学科概念的关键词，归纳出本书"学科"的基本要素：学术平台、师资队伍、科学研究、人才培养、学术交流、管理体制机制及社会服务。

（二）学科建设

"各门学科都是历史发展的产物，它们随时间迁移而发展，并获得不同的声誉"。⑤综合考虑学科的历史性特征以及外部不断变化着的因素对学科建设与发展的影响，可以明确的是：学科是在"自身不断拓展和深化的内部需求和经济社会发展的外部需求合力驱动下向前发展的。学科建设是根据学科发展的规律以及经济社会发展需求，结合学科自身实际，采取各种措施促进学科发展的一种社会实践活动"。⑥学科的历史性特征为本书对印度理工学院计算机学科从初创到崛起这一历史发展进程的考察提供了理论依据。与此同时，分析国内外政治、经济、科技等大环境对计算机学科每一个历史发展阶段的影响也是十分必要的。从知识社会学的角度衡量，学科的发展需要具备两个必要前提：一是人，二是财政经费。学科的发展首先需要有勇于进行知识探索、不断更新思想、

---

① 刘仲林：《现代交叉科学》，浙江教育出版社1998年版，第24～25页。
② 刘仲林：《现代交叉科学》，浙江教育出版社1998年版，第25页。
③ 刘仲林：《现代交叉科学》，浙江教育出版社1998年版，第22页。
④ 周光礼、武建鑫：《什么是世界一流学科》，《中国高教研究》，2016年第1期。
⑤ [美]伯顿·R.克拉克：《高等教育系统——学术组织的跨国研究》，王承绪、徐辉等译，杭州大学出版社1994年版，第15页。
⑥ 李勇、刘国瑜：《从科研角度探讨大学学科建设》，《江苏高教》，2011年第4期。

积极开展学术创新活动的学者。其次，不可缺少的是学术活动的对象，即学生。[①]除此之外，合理的管理机制体制，国内政府、国内国际组织和科研机构、企业、慈善组织以及校友等提供的经费资助也影响着学科的建设与发展速度。"伯顿·克拉克认为高等教育系统是由学科与院校构成的矩阵结构，学科是院校的构成细胞，院校是学科的组织载体。学科与院校的交叉点是基层学术组织。由于基层学术组织是科学研究的平台，是学者汇集的平台，是教学的平台，是社会服务的平台"[②]，因此，从学术平台、师资队伍、科学研究、人才培养、学术交流及社会服务等方面采取的具体举措入手来考察学科建设是十分必要的。除此之外，学科管理机制也影响并制约着学科建设与发展的速度，积极向上的学科风气和学科文化、完善的学术制度、严谨的学术规范、学术自由和学术自治的实现均为学科的发展奠定了良好的基础。

（三）计算机学科

计算机学科属于工学学科，具有较强的实践性与应用性，以研究计算机的设计与制造，利用计算机进行信息获取、表示、存储、处理、控制等的理论、原则、方法和技术为主要内容。[③]计算机学科具有知识更新速度较快、设备更新速率较高的特点[④]，作为一门重要的信息技术学科，对国家的科技发展起着重要的推动作用。1989年，国际计算机学会（Association for Computing Machinery，简称ACM）和国际电气和电子工程师协会计算机学会（Institute of Electrical and Electronics Engineers-Computer Society，简称IEEE-CS）组成的"计算机科学核心特别小组"在《ACM通讯》（Communications of the ACM）上发表了其历时多年的研究报告《计算作为一门学科》（Computing as a Discipline），奠定了计算学科的框架以及计算课程体系的基础。[⑤]计算机学科细分为五个分支学科：计算机科学（Computer Science）、计算机工程（Computer Engineering）、软件工程（Software Engineering）、信息系统（Information

---

[①] 周光礼、武建鑫：《什么是世界一流学科》，《中国高教研究》，2016年第1期。
[②] 周光礼、武建鑫：《什么是世界一流学科》，《中国高教研究》，2016年第1期。
[③] 计算机学科，https://baike.baidu.com，2020年2月2日。
[④] 路遥、范雪松、丁万东：《计算机实践教学的实验平台建设》，《实验室研究与探索》，2013年第32期。
[⑤] 清华大学计算机科学与技术系：《清华大学计算机科学与技术学科本科专业教育培养体系》，清华大学出版社2011年版，第4页。

Systems）以及信息技术（Information Technology）。各自具有相对独立的课程体系，对在国际范围内确立计算学科的地位并界定、丰富学科内涵起到了重要作用。计算机学科包括科学和技术两个方面：前者强调研究现象，揭示规律；后者侧重于研制计算机和研究使用计算机进行处理的方法和技术手段。从学科门类视角分析，计算机学科具有多学科知识融合的特点，学科发展结合了数学、电气自动化、电子信息等多学科基础理论，[①]集理论、工程与应用三者为一体，具有开展跨学科交叉融合，推进学科可持续发展的天然学科优势。培养理论基础扎实，具有较强实践应用能力以及软件和硬件开发能力，拥有创新意识，勇于探索学科前沿和学科融合交叉知识的高级计算机人才是计算机学科人才培养的主要目标。

（四）印度理工学院计算机学科

印度理工学院计算机学科拥有一流师资，因其为印度和世界培养的大量高层次、高水平的一流计算机人才及开展的前沿科学研究，成为亚洲乃至世界计算机学科建设的典范。印度理工学院计算机学科起源于20世纪60年代初期在计算机中心实施的计算机教育。在电气工程系和数学系开展的计算机科学学术项目、开设的计算机科学研究生及本科生课程丰富了学科教学内容。随着印度计算机专业人才需求的不断增强，20世纪70年代，计算机科学专业不断发展壮大，学术内容不断丰富。1983年，计算机科学专业脱离电气工程系，计算机科学与工程系正式成立。印度理工学院计算机学科进入蓬勃发展、快速崛起的历史阶段。学科的主要依托平台为信息技术相关院系、中心、实验室等教学与科研学术组织或机构，如计算机中心、电气工程系、数学系、计算机科学与工程系、信息技术学院以及计算机辅助设计中心等。学科从创立伊始便得到印度政府在经费和政策方面的大力支持。在经费及政策的双重保障下，20世纪80年代，计算机学科在教学科研平台、师资队伍、科学研究、人才培养、社会服务等方面采取一系列举措，迅速成长为印度国内一流学科。20世纪90年代，在世界信息革命浪潮的推动及印度领导人建立信息产业超级大国战略目标的指引下，印度理工学院计算机学科稳步发展，各学科要素均达到国际标准，在国际计算机学界开始占有一席之地。作为印度政府创办并建设的国家重点高等工

---

① 许德刚：《行业特色高校计算机科学与技术学科现状及建设思路》，《河南工业大学学报（社会科学版）》，2014年第10期。

程技术教育与研究院校，印度理工学院在得到政府全方位大力扶持的同时，也势必要为印度国家经济发展服务。计算机学科承担了印度国内的计算机普及、培训及咨询服务项目，既体现了学科的社会服务职能，又使学科在政府支持下不断发展壮大。受国际信息技术变化发展、印度国内经济政策调整以及计算机学科发展要求不断更新等因素的影响，印度理工学院计算机学科的科学研究活动在不同历史阶段呈现出不同的特点。在学科创立及早期发展阶段，主要以计算机基础理论研究为主；在学科快速崛起期，主要侧重点为计算机应用研究；20世纪90年代，计算机学科稳步提升，确立了以计算机前沿领域为主导的科学研究方向。随着研究方向的转变，学科发展模式也发生了变化。学者们由最初单向的以学校内部为主要平台开展纯理论研究的学术研究方式，逐渐转变为开发双向、多级别的产学研咨询赞助项目。学校通过鼓励教师走出去，邀请企业走进来的灵活方式开展校企协同合作。从学科发展方面分析，学科拥有更多的资金用于科学研究活动及技术开发项目；对学科前沿相关课题的研究又使其能够紧跟学术热点，提升学术声誉，推动学科进一步发展，并最终在国际计算机学科占有一席之地。从服务国家经济社会发展角度考察，计算机学科承担的国家级资助及企业咨询赞助项目不但与国家科技政策及战略保持一致，同时形成企业高校协同发展、协同育人的良性健康发展局面。与此同时，计算机学科培养的大量具有实践经验的创新性复合型计算机人才又为国家和企业所需所用，反映了计算机学科具有较强发展潜力和生命力的特点。这也就不难理解印度理工学院计算机学科为何能在短短半个多世纪的时间里快速崛起并在国际舞台占有一席之地。除了以上因素外，印度政府在经费以及政策方面的大力支持也为学科提供了持续发展空间。此外，学科初建时期的国际援助政策不但为学科发展提供了教学科研活动顺利开展所必备的先进计算机设备、最新图书资料、国际知名计算机专家访问指导及教师出国交流学习的机会，也为计算机学科从创建伊始就与国际接轨，在后期学科稳步提升过程中与国内国际学术机构和组织开展互动学术交流提供了条件。

从学科人才培养方面考察，印度理工学院计算机学科提供了丰富多样的课程计划及学位授予项目：四年制计算机科学与工程学士学位（B. Tech）、两年制计算机科学与工程硕士学位（M. Tech）、计算机应用硕士学位（Master of Computer Applications，简称MCA）、五年制本硕连读联合培养工程硕士学位

（Five-year Cooperative Integrated MTech Programme）、计算机科学与工程双学位（Dual Degree Programme）以及计算机科学与工程博士学位等。学校配备的具有高级计算设施的教学与科研实验室为学科开展的教学及研究活动提供了平台。课程设置呈多样化特征，由核心课程、选修课程、公共选修课构成。在计算机技术和计算机应用2个工程硕士的培养计划中都设有"独立研究"的训练型课程，说明该学科重视培养学生独立研究能力的特点。训练和实践学时的优势反映了计算机学科重视培养学生工程实践和动手能力的特征。[①]这与计算机学科既要培养学科理论研究和基本系统的开发人才，还要培养应用系统开发人才，甚至是应用人才的人才培养特征密切相关。[②]

三、国内外研究现状综述

本书的主要参考文献以英文文献为主，主要来源为：《印度理工学院第四位成员——坎普尔分校传奇（1960—2010）》（*The Fourth IIT—The Saga of IIT Kanpur*（1960—2010））、《技术印度人》（*The Technical Indian*）、《霍米·巴巴与计算机革命》（*Homi Bhabha and the Computer Revolution*）、《追求卓越——印度理工学院坎普尔分校50年的创新发展》（*An Eye for Excellence—Fifty Innovative Years of IIT Kanpur*）、《从修道院到实验室——印度理工学院孟买分校的50年发展》（*Monastery Sanctuary Laboratory—50 years of IIT-Bombay*）、《印度与计算机——计划发展研究》（*India and the Computer—A Study of Planned Development*）、《印度理工学院年度报告》（*Annual Report of IITs*）、《印度理工学院调查报告》（*IITs Review Report*）以及塔帕尔·克姆玛尔·班尼尔吉的著作《印度的计算机教育：过去，现在和未来》（*Computer Education in Indian: Past, Present and Future*）。主要中文文献为浙江大学发布的《印度理工学院调研报告》以及以印度理工学院为研究主题的学术著作和学位论文。其中，涉及印度理工学院计算机学科创立与发展的相关内容融合在其中。综合主要文献资料，做出如下述评。

（一）国内研究现状综述

对国内关于印度理工学院计算机学科相关研究的考察主要是通过对中国学

---

① 浙江大学：《印度理工学院调研报告》，《透视与借鉴——国外著名高等学校调研报告》，高等教育出版社2008年版，第423页。

② 蒋宗礼：《计算机科学与技术学科硕士研究生教育》，清华大学出版社2005年版，第1页。

术期刊全文数据库（CNKI）、维普期刊资源整合服务平台及万方数据知识服务平台所收录文献进行分析归类来进行的。作者在中国国家图书馆·中国国家数字图书馆主页文献检索区以"印度理工学院计算机学科"为关键词进行文献检索，未见相关文献资源。而以"印度理工学院"为检索词段则可见较为丰富的文献资料。20世纪90年代初期，国内学者陆续开始对印度理工学院进行相关研究。从2004年开始，中文文献数量明显增多，研究内容更加丰富，研究角度更加多样。从文献总体情况来看，虽然对印度理工学院的相关研究比较丰富，但对印度理工学院计算机学科创建及发展历程的研究迄今为止仍处于萌芽期，未见系统的研究成果。目前印度理工学院计算机学科研究文献主要集中于以下几个专题之中。

1. 关于印度理工学院计算机学科创立及发展背景的研究

印度理工学院计算机学科的快速崛起与印度政府的鼎力支持密不可分。20世纪60年代至今，在半个多世纪的时间里，印度理工学院计算机学科经历了从学科初创到兴盛崛起的跨越式发展，为印度培养出大量优秀的高级计算机人才，振兴了印度经济。在此过程中，印度历届政府对信息技术的一贯重视以及一系列国家科技政策的支持保障起到了十分重要的作用。文富德、唐鹏琪在其著作《印度科学技术》第三章中对印度国家科学技术政策进行了详细的阐述，分别介绍了印度1958年科学政策决议，1983年技术政策声明，新科技革命对策，科技政策新发展及2003年印度科技政策。[①]2011年，文富德出版新作《印度高科技发展战略研究》，介绍了印度高科技发展战略形成的背景、基本内容、实施及取得的成效；论述了新时期印度信息科技发展战略与调整，印度信息科技发展及其对印度经济发展、社会发展、国防发展及提高国际地位的重要作用。[②]张双鼓、薛克翘、张敏秋合著《印度科技与教育发展》一书中对印度独立后的科技发展概况、科技管理及投入进行了介绍，并在特色案例研究中以印度第一家在纳斯达克上市的软件公司——印孚瑟斯（Infosys）为例介绍了印度软件业发展现状。[③]印孚瑟斯公司是由有着印度软件业"巨子"之称的亿万富豪——N. R. 纳拉亚纳·穆尔迪于1981年创建的，穆尔迪是印度理工学院的知名校友。印度

---

① 文富德、唐鹏琪：《印度科学技术》，巴蜀书社2004年版，第56~76页。
② 文富德：《印度高科技发展战略研究》，巴蜀书社2011年版。
③ 张双鼓、薛克翘、张敏秋：《印度科技与教育发展》，人民教育出版社2003年版，第243页。

在信息技术产业上取得的举世瞩目的成就与国家高度重视信息技术产业的发展密切相关。印度理工学院作为印度信息技术领域最活跃、最有创造力的知名学府,将计算机学科作为重点学科大力建设和发展,对推动印度信息技术产业飞速发展起到了至关重要的作用。以上文献对全方位理解和把握印度理工学院计算机学科创立与发展的社会背景具有较大的参考价值。

2. 对印度理工学院计算机学科建设要素的研究

学术平台、师资队伍、科学研究、人才培养、学术交流以及社会服务等为学科建设的基本要素。国内现有文献对印度理工学院计算机学科建设与发展基本要素的研究主要是浙江大学2008年发布的《印度理工学院调研报告》和部分学位论文及期刊论文。《印度理工学院调研报告》从学校概况,科学研究,本科生、硕士生及博士生培养,毕业生与校友以及国际合作五个方面对印度理工学院进行了较为全面、系统的介绍。[①] 其中,"学术机构设置(系、中心和学院)"章节重点介绍了计算机科学与工程系、信息技术中心、计算机中心、计算机与通信中心等研究中心及计算机辅助设计实验室等重点实验室。[②] 在"科学研究"章节中,印度理工学院计算机学科的建设成就、发展前景及研究实力,可以从"企业信息支持服务中心"及"软件评估与认证中心"等国家级科学研究中心的创立及其开展的一系列计算机科学研究项目中窥见一斑。同时,该调研报告从博士生的培养、公开发表的出版物、资助研究、合作协议及学术会议组织五个方面介绍了印度理工学院计算机学科丰富的研究成果。值得一提的是,除了对印度理工学院及计算机学科进行宏观介绍之外,报告还以印度理工学院德里分校计算机科学与工程系的计算机科学与工程、计算机技术、计算机应用3个专业的课程设置及课程为例进行了个案解析[③],这为本书框架结构的搭建提供了一定的参考。湖南师范大学陈依依硕士论文《印度理工学院办学特点研究》对印度理工学院的师资来源及特点进行了阐释,并以计算机科学与工程系招聘的业界教师及招揽的海外客座教员为例,指出雄厚的师资力量、国内优秀教师、业界

---

① 浙江大学:《印度理工学院调研报告》,《透视与借鉴——国外著名高等学校调研报告》,高等教育出版社2008年版,第371~443页。

② 浙江大学:《印度理工学院调研报告》,《透视与借鉴——国外著名高等学校调研报告》,高等教育出版社2008年版,第379~383页。

③ 浙江大学:《印度理工学院调研报告》,《透视与借鉴——国外著名高等学校调研报告》,高等教育出版社2008年版,第417~423页。

教师及国际外籍客座教授共同造就了印度理工学院一流的世界品牌，成为计算机学科迅速建成一流学科的直接原因。①西南大学刘艳菲硕士学位论文《印度理工学院的IT人才培养研究》回顾了印度理工学院计算机人才培养的历史，介绍了计算机学科在人才培养方面的巨大贡献，并从培养目标、培养内容、培养方式等方面阐述并总结其人才培养特点。②

3. 关于印度理工学院计算机学科创立与发展经验及教训的研究

他山之石，可以攻玉。印度理工学院计算机学科取得跨越式发展并形成世界学术影响力的学科建设经验，可以为我国建设一流学科提供有益借鉴，同时，在学科发展过程中存在的问题及不足是我国高等教育学科建设过程中尤其应注意并采取相应措施加以改进的地方。兰州大学柴小娜硕士论文《印度理工学院发展研究》从历史的角度分析了印度理工学院在印度高等教育体系中的类型和地位，突出其在计算机、软件设计等计算机领域培养出大批享誉世界的尖端计算机人才的人才培养特点，总结出印度理工学院在人才培养、政府政策导向、各地校友会支持等方面的成功经验。③计算机人才外流、政府对印度理工学院干预加强、计算机学科人才培养偏"软"缺"硬"等限制学科发展的诸多因素在论文中也有所涉及。安双宏从宏观和微观两个层面对印度理工学院进行了阐释。《印度高等技术院校师资队伍质量问题及改进措施》介绍了印度理工学院质量提升计划工作中心对印度高等技术教育师资质量提升的重要作用，同时，提及了计算机科学与工程系在师资培养方面所采取的措施。④在《印度高科技人才的摇篮——谈印度理工学院的体制创新》一文中，安双宏从管理体制和学术体制两个方面谈及印度理工学院成功的办学经验并突出在计算机学科建设及人才培养方面的特色。⑤

综上所述，我国关于印度理工学院计算机学科创立与发展的相关研究并未形成体系，到目前为止，没有对印度理工学院计算机学科从创立、发展到兴盛

---

① 陈依依：《印度理工学院办学特点研究》，硕士学位论文，湖南师范大学，2009年。
② 刘艳菲：《印度理工学院的IT人才培养研究》，硕士学位论文，西南大学，2008年。
③ 柴小娜：《印度理工学院发展研究》，硕士学位论文，兰州大学，2009年。
④ 安双宏：《印度高等技术院校师资队伍质量问题及改进措施》，《比较教育研究》，2012年第34期。
⑤ 安双宏：《印度高科技人才的摇篮——谈印度理工学院的体制创新》，《中国高等教育》，2000年第22期。

崛起进行系统化历史梳理的相关研究，有待作者通过查阅和参考大量原始资料并对其进行分类整理、系统归纳和分析总结。

(二)国外研究现状综述

国外印度理工学院计算机学科相关研究的考察主要是通过笔者在美国北科罗拉多大学教育学院进行访问学习期间，利用美国高校图书馆馆际合作服务的文献查阅渠道，对在全美范围内获取的电子版和纸质版一手原始资料进行归类分析来进行的。回国后，JSTOR 人文社科数据库及 Wiley 回溯期刊数据库所收录的英文文献又进一步丰富了本研究的参考资料。同时，笔者与印度理工学院相关负责人通过电子邮件往来交流，获取了部分有效资料及支撑数据。对这些具有重要参考价值的英文文献进行梳理、归类、分析是本研究得以顺利开展的关键性步骤。

1. 与印度理工学院计算机学科发展相关的文献资料

要对印度理工学院计算机学科创立及其发展进行系统的研究，就必须掌握该学科关于学术平台、师资队伍、科学研究、人才培养、学术交流以及社会服务等学科建设基本要素方面的基础资料。由于这些资料是本书的重要论据，因此，对其真实性及可靠性具有较高的要求。由印度总统任命的高级委员会，社会资深人士，印度理工学院校长、教授和杰出校友联合发布的《2004 年印度理工学院调查报告》[1]《2008 年印度理工学院调查报告》[2]和《2011 年印度理工学院调查报告》[3]，因其权威性而具有十分重要的参考价值。印度理工学院各分校每年定期发布的年度报告对计算机科学与工程系从学位授予、师资力量、实验室建设、研究与发展主要领域、研究项目、咨询项目、教师及学生学术研究成果、国内国际会议组织及国际交流等与学科建设密切相关的各个方面均有较为详细的介绍，成为本书重要的资料来源。《印度理工学院第四位成员——坎普尔分校传奇（1960—2010）》《技术印度人》《霍米·巴巴与计算机革命》《追求卓越——印度理工学院坎普尔分校 50 年的创新发展》《从修道院到实验室——印度理工学院孟买分校的 50 年发展》等著作对梳理印度理工学院计算机学科发展历史具

---

[1] IIT Review Committee, IIT Review Report, 2004.
[2] IIT Review Committee, IIT Review Report, 2008.
[3] Report of Dr. Anil Kakodkar Committee, Taking IITs to Excellence and Greater Relevance, Apirl, 2011.

有重要的参考意义。瑞根·班尼尔吉和维纳亚克·P. 莫雷合著的《印度的工程教育》[①]以及 C. 雅格潘和加斯帕尔的合作论文《印度理工学院对社会流动的作用》[②]对印度工程技术教育的典范——印度理工学院进行介绍并分别从不同侧面论述了计算机学科建设及所培养的杰出计算机人才对印度乃至世界的影响。

2. 与印度理工学院计算机学科建设基本要素相关的研究

塔帕尔·克姆玛尔·班尼尔吉在其著作《印度的计算机教育：过去，现在和未来》[③]中对印度各级各类学校中的计算机教育进行了概述，其中，在第二部分第六节中对印度理工学院孟买分校、印度理工学院卡哈拉格普尔分校、印度理工学院马德拉斯分校和印度理工学院德里分校计算机教育分别进行了介绍，为本书提供了十分有价值的参考。S. 奇特尼斯和 P. G. 阿尔特巴赫主编的《印度高等教育改革——回顾与展望》一书对印度理工学院五年制本科课程计划及四年制本科课程计划进行了对比研究，对计算机学科课程计划进行了介绍和论述。[④]罗斯·巴萨特在其论文《印度在冷战中的结盟：印度技术精英，印度理工学院坎普尔分校及计算机在印度和美国》[⑤]中分析了国际援助、合作交流对印度理工学院计算机学科建设及发展乃至印度卓越计算机人才培养的积极作用。同时，文中以坎普尔分校计算机中心为例，对计算机学科的创建进行了介绍。斯图尔特·W. 莱斯利及罗伯特·卡尔根合作完成的论文《麻省理工学院出口：科学、技术及国家——印度和伊朗篇》[⑥]谈到麻省理工学院计算机学科对印度理工学院计算机学科建设的积极意义。托马斯·欧文·埃森蒙在其论文《师资现状及职

[①] Rangan Banerjee and Vinayak P. Muley, Engineering Education In Indian, Mumbai: Indian Institute of Technology Bombay, 2008.

[②] C. Rajagopalan and Jaspal Singh, "The Indian Institutes of Technology: Do they Contribute to Social Mobility", Economic and Political Weekly, 1968, 3(14): 565-570.

[③] Utpal Kumar Banerjee, Computer Education in Indian: Past, Present and Future, New Delhi: Concept Publishing Company, 1996.

[④] Moonis Raza, Higher Education in Indian: Retrospect and prospect, New Delhi: Association of Indian Universities, 1991.

[⑤] Ross Bassett, "Aligning India in the Cold War Era: Indian Technical Elites, the Indian Institutes of Technology at Kanpur, and Computing in India and the United States", Technology and Culture, 2009, 50(4): 783-810.

[⑥] Stuart W. Leslie and Robert Kargon, "Exporting MIT: Science, Technology, and Nation: Building in Indian and Iran", Global Power Knowledge: Science and Technology in International Affairs, 2006, 21(1): 110-130.

业态度：印度工程院校师资研究》①中以实证研究的方法对印度工程技术院校教师的研究成果、教研活动、职业态度及职业满意度进行了调查和分析，其中对印度理工学院计算机科学与工程系师资所进行的个案研究为本书提供了重要的数据支撑。安东尼·瑞思特在《计算机科学、数学与本科课程设置》②一文中阐释了数学在计算机科学本科课程设置中的必要性及重要作用。奥斯曼·雅戈尔与罗宾·H.兰多在《计算机科学与工程教育相关因素》③一文中对计算机学科基本要素进行了介绍并对要素间的相互影响机制进行了简要分析。拉维德·卡尔在其论文《合理定位技术院校中人文及社会科学的地位》④中细致地分析了人文及社会科学课程对工程技术院校复合型人才培养的重要作用。

3.印度理工学院计算机学科创立与发展经验与教训的相关研究

印度著名专刊作家，毕业于印度理工学院卡哈拉格普尔分校的桑迪潘·德布（Sandipan Deb）在《印度理工学院的精英们》⑤一书中分析了印度理工学院培养出誉满全球的信息技术行业"大人物"的成功经验，同时也指出了印度理工学院在计算机人才培养方面存在的一些问题，提出了应对建议。S. P. 萨卡哈特姆和I. 马哈德万在合作论文《人才外流与印度理工学院毕业生》⑥中以印度理工学院孟买分校为例，用翔实的数据说明了印度理工学院计算机人才外流的现状，并分析了造成这种现象的原因及对印度信息产业及经济领域所产生的影响。艾米瑞克·桑在其论文《印度理工学院的昨天与明天》⑦中阐述了印度理工学院在计算机人才培养方面所取得的成就，并展望了其对印度经济社会发展的

---

① Thomas Owen Eisemon, "Institutional Correlates of Faculty Outlooks and Professional Behaviors: A Study of Indian Engineering Faculty", Higher Education, 1974(11): 419-437.

② Anthony Ralston, "Computer Science, Mathematics, and the Undergraduate Curricula in Both", The American Mathematical Monthly, 1981, 88(7): 472-485.

③ Osman Yagar and Rubin H. Landau, "Elements of Computational Science and Engineering Education", SIAM Review, 2003, 45(4): 787-805.

④ Ravinder Kaur, "Locating the Humanities and the Social Sciences in Institutes of Technology", Sociological Bulletin——Special Issues on South Asia: The state of sociology: Issues of relevance and rigour, 2005, 54(3): 412-427.

⑤ Sandipan Deb, The IITians: The Story of a Remarkable Indian Institution and How Its Alumni are Reshaping the World, Penguin Books Indian, 2004.

⑥ S. P. Sukhatme and I. Mahadevan, "Brain Drain and the IIT Graduate", Economic and Political Weekly, 1988, 23(25): 1285-1287+1289-1293.

⑦ Amrik Singh, "IITs Yesterday and Tomorrow", Economic and Political Weekly, 1995, 30(38): 2389-2394.

重大影响作用。科姆·帕特里克·萨博利在其博士论文《国外援助在印度理工学院创建过程中的作用》^①中系统介绍了国际组织、德国、苏联及美国在印度理工学院创立及建设过程中提供的多方面援助与支持，突出强调了国际合作对学院发展及学科建设的重要推动作用。贾德哈拉·B. G. 提拉克的论文《学费、公平与自治》^②以及瑞什科莎·T. 科瑞什纳的论文《建设世界一流大学》^③从学术自治的视角分析了印度理工学院建设成为世界知名高等学府并取得瞩目成就的原因。肖·科瑞的论文《印度信息技术危机》^④以及 S. R. 甘尼斯与达尔帕特·萨鲁普瑞尔合作的论文《第三世界国家高等教育院校困境探究》^⑤对计算机学科建设的教训及不足进行了剖析。

综上所述，学校官方发表的《印度理工学院调查报告》、各分校每年定期发布的年度报告、关于建校历史的著作以及印度开展计算机教育活动的专著《印度的计算机教育：过去，现在和未来》构成了对印度理工学院计算机学科发展历程进行系统研究的一手原始英文资料，也是该研究得以有效开展的重要基础。

四、主要研究内容

本书在系统梳理印度理工学院计算机学科创立与发展的历史过程中，从学科建设的基本要素出发，对每个历史时期中学科建设与发展的情况进行介绍，总结各个历史时期学科发展的特点，借鉴其成功培育出大量享誉世界的一流计算机人才的历史经验，总结其学科发展过程中有待改进的不足之处，为我国一流学科建设提供有益的参考。

本书绪论部分介绍了选题缘由与研究意义，对学科、学科建设、计算机学科以及印度理工学院计算机学科几个核心概念进行了界定，对国内外相关研究现状进行了分析总结，明确了本书的研究内容、研究思路、研究方法并指出该

---

① Kim Patrick Sebaly, The Assistance of Four Nations in the Establishment of the Indian Institutes of Technology, 1945−1970, Ph. D. dissertation, University of Michigan, 1972.

② Jandhyala. B. G. Tilak, "Fees, Autonomy and Equity", Economic and Political Weekly, 2004, 39(9): 870−873.

③ Rishikesha T. Krishnan, "Building World Class Universities", Economic and Political Weekly, 2005, 40(17): 1681−1683.

④ Sean Creehan, "Brain Strain: India's IT Crisis", Harvard International Review, 2001, 23(2): 6−7.

⑤ S. R. Ganesh and Dalpat Sarupria, "Explorations in Helplessness of Higher Education Institutions in the Third World", Higher Education, 1983, 12(2): 191−204.

研究的创新点与难点。

最后，本书剖析了印度理工学院计算机学科快速发展的原因，分析其在学科发展过程中存在的问题，在对印度理工学院计算机学科发展历程进行纵向考察与探析的基础上，试图探究推动学科建设取得成功的内部及外部机制，总结出对我国一流学科建设的有益经验。

五、研究思路和研究方法

（一）研究思路

本书以印度理工学院计算机学科发展历程为主要研究对象，以纵向历史发展为线索，从学科建设的基本要素及其相互之间关系的横向坐标出发，对印度理工学院计算机学科建设及演进历程进行全方位、立体化的介绍与分析。探寻各个历史阶段印度理工学院计算机学科发展的背景，明确学科建设中采取的相应措施；探析学科建设基本要素之间相互作用促进学科不断向前发展的机制，概括学科建设不同历史阶段所取得的成绩，最终力求全面总结印度理工学院计算机学科建设与发展的历史经验，得出学科建设过程中的一些教训，以期达到为我国建设一流学科提供可鉴经验的目的。

（二）研究方法

本书主要采用历史研究法、个案研究法及文献研究法等教育研究方法。

1. 历史研究法

任何事物的发生、发展都有其自身的历史，并且是作为一个过程展开的。现实是历史的发展，要认识现实就必须研究历史。[1]历史研究是对过去问题和现象的研究，研究者借助于对历史事件、运动、人物及其背后的经济社会文化等史料的破译、整理和分析，认识研究对象的性质、特点和发展过程。[2]本书以印度独立后创建的印度理工学院计算机学科为研究对象，对其创建及发展历程进行纵向历史探究。通过对印度理工学院计算机学科相关史料的收集、归纳、整理和分析，以平台建设、师资队伍、科学研究、人才培养、社会服务等学科建设几个基本要素为基本研究内容，着重分析学科建设要素之间的相互关系，探究印度理工学院计算机学科在较短时间内迅速建成一流学科、培养出享誉世界的计算机人才、对印度社会进步及经济发展产生巨大推动作用的原因。本书不

---

[1] 陈时见：《教育研究方法》，高等教育出版社2016年第2版，第81页。
[2] 张红霞：《教育科学研究方法》，教育科学出版社2009年版，第419页。

仅对印度理工学院计算机学科从创建到兴盛崛起不同历史时期影响学科建设的几个要素进行了历史考察，同时，注重在不同发展阶段所处的时代背景中思考其发展历程，力图探究其历史发展经验，明晰学科发展的不足之处，达到厘清学科发展中几个核心要素之间的相互关系、掌握学科建设的一般规律，最终为我国建设一流学科提供可资借鉴的经验的研究目的。

2. 个案研究法

"个案"通常又被称为"案例"，是指具有某种代表意义及特定范围的具体对象。个案研究最早于19世纪中叶被利皮莱所倡导和运用，随着科学研究的发展，个案研究作为科学研究方法之一广泛运用于教育学、心理学、社会学等学科研究之中。[①] 个案研究通过对单一的研究对象进行透彻、深入、全面、系统地分析与研究，达到从个别到一般，以个别指导一般，最终揭示出一般规律，提供经验和教训的目的。本书以印度理工学院计算机学科为研究对象，探寻学科创立与发展的一般规律。同时，也将在美国US News 世界大学学科排名、英国QS世界大学学科排行榜及软科世界一流学科排行榜中计算机学科排名位居前列的印度理工学院5所分校作为典型案例，围绕学科建设中的若干基本要素进行分析，探究其学科建设特色，了解差异性，探寻共性，从个体案例中发掘学科迅速崛起的共性特征。

3. 文献研究法

文献研究法是指通过对某一事物相关文献进行解读与分析，从而形成对该事物科学认识的方法。文献研究法是教育史研究的基本方法，也是本书采用的主要研究方法之一。本书所选用的文献总体上可以归纳为以下三个部分。第一部分，由印度总统任命的高级委员会、社会资深人士及印度理工学院校长、教授和杰出校友联合发布的《印度理工学院调查报告》。通过对这部分文献的整理分析，可以从整体上把握和了解印度理工学院计算机学科创建和发展的宏观环境。第二部分，印度理工学院各分校定期发布的年度报告中与计算机学科密切相关的内容，这是本研究得以有效开展的重要史实资料。第三部分为国内外学者对印度理工学院计算机学科研究的已有成果。通过对已有研究成果的整理、分析，可以了解该选题的研究现状，便于学习借鉴前人研究成果中的经验，为

[①] 陈时见：《教育研究方法》，高等教育出版社2016年第2版，第50页。

本研究的有效开展奠定研究基础，指明有待拓展的研究空间。

六、创新点与难点

（一）创新点

本书以印度理工学院计算机学科为研究对象，对印度理工学院计算机学科创立及发展的历史进程进行梳理与分析，在以下方面进行了有益的探索性研究。

首先，研究选题创新。通过对国内外文献进行整理与总结，笔者尚未发现对印度理工学院计算机学科发展历程进行系统梳理与分析的选题，个别关于计算机学科的研究内容散见于关于印度理工学院相关研究的文献中。印度理工学院计算机学科是印度国内一流学科，享有国际声誉，培养了一大批优秀的计算机人才，这些杰出的计算机人才是世界计算机界的精英，是世界计算机行业的领军人物。以这样一个在较短时间内实现跨越式发展的学科为研究对象，梳理其崛起历程，总结发展经验和教训对我国世界一流学科建设具有十分重要的借鉴意义，凸显了本课题研究的创新实践价值。

其次，研究视角创新。本书从学科的核心要素出发对印度理工学院计算机学科从创立到崛起的发展历程进行梳理，分析每一个核心要素的历史发展特征，清晰把握其发展脉络，对学科的发展特点进行总结，归纳出印度理工学院计算机学科迅速崛起的历史经验。这些核心要素包括：学术平台、师资队伍、科学研究、人才培养、学术交流、管理体制机制及社会服务。

（二）难点

本书基于作者博士学位论文写作而成。博士学位论文一般具有较高的学术价值，对某个研究领域的发展具有重要的推动作用，这就要求作者不仅在一定专业领域具有扎实的基础理论知识，同时具有较强的归纳分析及科学研究能力。教育史研究要求研究者具有教育学、历史学、社会学等多学科专业知识。目前，受笔者学术能力、研究经历的限制，本课题研究存在以下难点：

第一，文献资料收集、整理存在局限性。如前文所述，关于印度理工学院计算机学科创立与发展的系统性研究十分有限，对其发展历程进行系统梳理与分析的内容更是寥寥无几。这在为本书提供较大研究空间的同时，也增加了研究难度。原始一手资料是外国教育史研究的重要基础，但受多种原因所限，本研究主要依据的是《印度理工学院调查报告》《印度理工学院年度报告》《印度理工学院调研报告》等内部文献，资料的系统性和全面性仍有待加强。

第二,笔者综合分析能力有限。教育史研究要求研究者具有教育学、历史学、社会学等多学科专业知识,同时具有较强的理论分析能力与水平。虽然笔者试图尝试对印度理工学院计算机学科设立与发展的历史进程从宏观和微观两个方面、从点到面两个维度进行历史性探究,但笔者理论功底较浅、辩证分析能力及综合研究能力有限的主观因素制约了本研究的深度和广度。

第一章　印度理工学院计算机学科的创立与早期发展（1963—1982 年）

印度独立后，为了满足经济社会的发展诉求，总理尼赫鲁顺应以电子技术为主要标志的新技术革命浪潮，通过积极争取国外援助，创建了印度理工学院。作为印度政府创建的国家重点高等工程技术院校的典型代表，印度理工学院承担起为印度培养高级计算机人才的重任。在印度政府大力支持以及一系列国际援助计划的共同推动下，印度理工学院计算机中心于 1963 年在坎普尔分校正式成立，标志着印度理工学院计算机学科的创立。

第一节　印度理工学院计算机学科的创立

一、印度理工学院计算机学科创立的背景

印度独立后，在国内国际双重动力的推动下，印度计算机教育在国家重点高等工程技术教育与研究机构——印度理工学院萌发。就国内现状而言，印度刚刚取得独立，经济百废待兴，急需能够为振兴社会、经济恢复作出贡献的工程技术人才。印度首任总理尼赫鲁基于印度经济社会现状，制定了依靠科学技

术、大力发展信息技术产业、自力更生实现印度经济社会重建的执政目标。就印度社会现状而言，尼赫鲁很快意识到，单单依靠本国力量很难完成目标，于是，他放眼国际社会，积极与国际社会开展交流与合作，争取到联合国教科文组织和美国等国际组织和国家的大力援助。在内因与外因的共同作用下，印度理工学院计算机学科得以创立，计算机教育顺利开展。

（一）印度独立后经济社会发展的诉求

20世纪40年代中期，第二次世界大战给世界经济和工业发展造成了巨大的负面影响，战后各国亟须重振并恢复经济，全球出现了急需专业技术工程师的局面。在印度国内，1947年，遭受英国近两个世纪殖民掠夺和残暴统治的印度终获独立，独立后的印度社会千疮百孔，经济几近瘫痪，因此，对社会进行重建、振兴经济发展成为印度首任总理尼赫鲁的首要目标。社会的重建、经济的发展离不开工程技术人才。在印度独立前，乔根德拉·辛格爵士（Sir Jogendra Singh）于1946年成立了一个专门研究在印度国内建立高等技术教育中心的委员会。与乔根德拉·辛格爵士一样，阿迪希尔·达拉尔爵士（Sir Ardeshir Dalal）也认为，"印度的未来繁荣将不仅仅取决于资本，技术更加重要"。[1] 他们坚信，印度应该依靠自己而不是依赖其他国家来培训自己所需要的技术人员。这成为创办印度理工学院的初衷，萨卡尔委员会（Sarkar Committee）也因此而组建。在中央教育咨询委员会的建议下，印度政府于1945年任命了以萨卡尔为主席的委员会。萨卡尔委员会在对印度技术教育现状进行整体调查的基础上提出了明确而具体的建议，并于1946年提交了期中调查报告（该报告于1949年正式发布）。委员会认为，印度当前高等技术教育基础设施在数量和质量上急需改进，才能满足第二次世界大战后印度对高等专业技术人才的需求，具体建议如下：[2]

（1）以麻省理工学院为样本创建印度高等技术院校，印度东部城市卡哈拉格普尔或附近城市可作为东部院校选址地。

（2）西部院校选址地为孟买及其附近地区。

（3）为解决急需工程技术人员的社会经济现状，北部院校选址设立提上日程。

---

[1] Ardeshir Dalal, (March 10, 2020), https://en.wikipedia.org/wiki/.

[2] Samir Kumar Saha and Sangita Ghosh, "Commissions & Committees on Technical Education in Independent India: An Appraisal", Indian Journal of History of Science, 2012, 47(1).

（4）为了确保修建、设施配备、课程设置等基本筹备工作的顺利进行，高等技术院校的主要院系及部门的主要负责人将尽快被任命。

萨卡尔委员会的核心议题是在印度东、西、北、南部地区建立4所"高等技术院校"，这4所院校不仅仅要培养具有世界一流大学水平的本科生，而且要更加注重科学技术研究与发展工作，培养出具有国际视野的"工程师科学家"及"技术型教师"，确保战后工业发展所需的专业技术人员，推动印度国家科技企业发展并最终振兴印度经济、重建印度社会。[①] 印度独立后，政府积极推动该项工作的启动。在联合国教科文组织、美国等国际社会的大力援助和推动下，1951年，印度理工学院卡哈拉格普尔分校正式创建。此后，在印度不同地区建立的各个分校随之而起，构成了印度理工学院体系。以P. V. 拉奥（P. V. Rao）为首的印度技术发展委员会（Technology Development Council，简称TDC）工作组指出："一个被公认的事实是，一个国家的发展水平与其计算机的发展程度密切相关，计算机的使用和开发对国家的经济和发展将产生有益影响。"[②] 印度领导人尼赫鲁对此有深刻的理解并积极推进印度国内计算机人才的培养。印度理工学院坎普尔分校首创印度计算机教育先河，开展了形式多样的计算机系列培训班，培养了印度第一批计算机人才，丰富了专门技术人才种类，为战后印度经济恢复提供了人力保障。

（二）第三次世界科技革命浪潮及印度政府科技战略目标的驱动

第二次世界大战之后的20世纪四五十年代，以原子能技术、航天技术、电子计算机技术等为代表的第三次科学技术革命爆发，这次科技革命涉及领域广泛、规模巨大、影响深远，同时也给独立后的印度首届政府带来了震动。他们意识到：新生的印度要想重生发展，就要顺应世界科学技术的发展潮流。科学技术的发展不但对国内经济社会恢复具有重要作用，从长远角度看，还可以推动社会的整体发展，促进国家强大兴盛。

尼赫鲁本人十分崇尚科学，坚信科学和技术可以使当时自然资源匮乏、熟练工人短缺的印度摆脱贫困，使印度社会得以发展。自力更生发展印度科学技术，

---

① Rohit Manchanda, Monastery, Sanctuary, Laboratory—50 Years of IIT-Bombay, Macmillan Indian Ltd., 2008: 27-29.

② C. R. Subramanian, Indian and the Computer: A Study of Planned Development, Delhi: Oxford University Press Bombay Calcutta Madras, 1992: 35.

促进本国科学技术的发展从而推动社会国民经济恢复和发展是尼赫鲁政府的重要执政目标。1958年，尼赫鲁政府制定了具有战略意义的《科学政策决议》，明确指出科学技术对国家发展具有重要的推动力，对加速印度社会经济发展具有重大的作用。《科学政策决议》包括印度科学技术发展的主要目标以及推动科技发展需要具备的基本要素。[①] 该目标和要素主要从科学技术人员培养、科学研究活动开展、学术环境创建、科技创造性提升及科技知识传播与共享等方面逐一展开。第一，强调了科技创造和采用新技术的重要性。《科学政策决议》指出，现代社会国家强盛的关键在于技术与资本的有效结合，其中新科技的采用是推动科技创造的重要手段。第二，鼓励多领域科学发明和科学研究与发展活动的开展，同时，该决议明确指出将采用一切合理的措施支持、促进并鼓励包括纯科学、应用科学以及科学教育领域的科学研究活动。第三，提倡学术自由，鼓励个人在学术自由的环境中，在获取知识、传播知识以及开拓新知识方面具有创造及首创精神。第四，尽快制订并执行科学技术人员培训计划，加强科学技术人员培养，满足国家在科学、教育、工业、农业、国防等领域急需科学技术人才支撑的社会现状。第五，强调知识的社会共享性，保证大众从科学知识应用中获益。第六，重视杰出人才的科技创造性，并为其提供从事科学研究与发展活动的必要条件。[②] 1958年《科学政策决议》同时还明确了印度发展科学技术的基本要素，强调了达到自力更生发展科学技术必须具备的基本能力。首先，要具备产生新技术的能力；其次，要具有能够有目的地选择技术从而达到实现国家发展目标的能力；再次，具有不断传播技术的能力；最后，具有不断改进技术的能力。[③]

尼赫鲁的执政理念得到了一大批具有西方教育背景并且与西方科技领域有着紧密联系的科学家及工程师的赞同和支持。在双方的共同推动下，印度在核能、太空、航空、国防技术及现代工程技术教育领域投入了大量的财力物力。其中，计算机技术的开发和应用是重要的组成部分。尼赫鲁政府顺应以电子技术为主要标志的新技术革命浪潮，将培养大量掌握计算机基本技能的专业人员

---

① 文富德、唐鹏琪：《印度科学技术》，巴蜀书社2004年版，第57页。
② 张双鼓、薛克翘、张敏秋：《印度科技与教育发展》，人民教育出版社2003年版，第43页。
③ 文富德、唐鹏琪：《印度科学技术》，巴蜀书社2004年版，第58页。

及工程师视为印度政府人才计划的重要内容之一。由印度政府投入大量经费并全力支持创建的印度理工学院此时必定担起重任。尼赫鲁曾简洁而优雅地阐明印度技术教育的主要目标："为从事研究、设计和开发工作的科学家和技术人员提供最优的平台，以帮助国家实现技术发展的需求。"[①]在顺应第三次世界科学技术革命，满足印度独立后经济恢复、政治独立的经济社会发展诉求的社会背景下，印度理工学院计算机学科随着印度理工学院坎普尔分校计算机教育的兴起而创立。

二、印度理工学院计算机学科的创立

印度理工学院计算机学科的创立是以1963年在坎普尔分校成立的计算机中心为标志的。自1963年计算机中心成立至20世纪60年代末，计算机中心开展的一系列计算机科学教育与研究活动为以后印度理工学院计算机学科的发展奠定了重要的基础。

（一）1963年计算机中心的设立

20世纪60年代，伴随着以原子能技术、航天技术、电子计算机技术为代表的第三次科学技术革命的不断深化，数字计算在学术领域所承载的重要作用被越来越多的国家了解。一向崇尚科学技术的尼赫鲁对此同样深信不疑。面对印度刚刚独立、百废待兴的经济社会现实，尼赫鲁认为借助国外力量获取国际援助是印度恢复经济、发展科技的重要途径。于是，一系列国外援助计划及国际合作项目在印度政府创建的国家重点高等工程技术院校——印度理工学院开始实施。1963年夏天，在印度政府及"坎普尔印美计划"（Kanpur Indo-American Project，简称KIAP）的共同推动下，印度理工学院计算机中心正式成立。

1964年8月，在"坎普尔印美计划"的推动下，IBM1620型计算机正式入驻印度理工学院坎普尔分校计算机中心。在20世纪60年代中期，IBM1620是美国高校普遍使用的计算机设备。它是一台小型的数字计算机，具有60KB的主内存、3个磁带驱动器和1个打孔的读卡器，但本身不包括磁盘和打印机。因此，当时与IBM1620一同引进的还有20台打卡机、1台IBM407计费机，为IBM1620打印打孔卡程序及输出打孔卡。这些机器都是由接受过国外培训的印度IBM工程师来负责安装。IBM1620与印度同期拥有的其他计算机最重要的区

---

① Arvind P. Kudchadker, Creating a 21st century technological institute, Chennai: Notion Press, 2018: 7.

别在于 FORTRAN Ⅱ 编译器。不论是印度自主研发的塔塔基础研究自动计算器（Tata Institute of Fundamental Research Automatic Calculator，简称 TIFRAC），抑或 IBM 1401 和 ICL 1900，都不具有 FORTRAN 之类的高级语言。除此之外，IBM1620 是印度首个用于教育与研究学术目的的高速数字计算机。也正因为拥有了这样一台以开展学术活动为主要用途、与世界保持同步领先水平的先进计算机，印度理工学院计算机中心的计算机教育课程才得以顺利开展。[①] 1966 年，印度政府资助印度理工学院从 IBM 处购买了 IBM7044。[②] 基础设备的更新换代是保证硬件设施先进性的必要前提。印度理工学院马德拉斯分校计算机教授、印度计算机协会会员 H. N. 马哈巴拉（H. N. Mahabala）用自己的亲身经历和感受证实了 IBM1620 和 IBM7044 在 20 世纪 60 年代是先进计算机设备的代表：

我第一次接触计算机是在攻读博士学位期间[③]，那是一台皇家 McBee LGP-30（Royal McBee LGP-30）计算机，我们使用二进制语言以机器语言进行编程。输入/输出是通过电传打字机进行的，我们必须通过在示波器上读取波形以将其解释为 1 和 0 的序列来调试程序。该机器的任何用户都必须接受维护方面的培训，因为它经常出现故障，甚至是小问题也要花费数小时来解决。那时我通过皇家 McBee LGP-30 做一个程序的时间是 36 个小时，而在 IBM1620 上却只需花 30 分钟。几年后，在 IBM 7044 上操作仅需 3 分钟。

——H. N. 马哈巴拉

计算机中心初设时共有教职工 16 人，首任主任为印度理工学院坎普尔分校电气工程系教授 H. K. 凯萨万（H. K. Kesavan），在此之前他是加拿大滑铁卢大学电气工程系主任。计算机中心副主任为印度计算机科学教育领域著名专家、印度理工学院坎普尔分校电气工程系教授 V. 拉贾拉曼（V. Rajaraman）。另外，来自美国普林斯顿大学计算机中心的副主任欧文·罗宾诺维茨（Irving Robinowitz）、普林斯顿大学电气工程系的福尔曼·S. 阿克顿（Forman S.

[①] V. Rajaraman, "Impact of Computer Science Education—IIT Kanpur on Information Technology in India", in R. K. Shyamasundar & M. A. Pai, Homi Bhabha and the Computer Revolution, Oxford University Press, 2011: 93-95.

[②] Supercomputer Education and Research Centre, Indian Institute of Science, V. Rajaraman, History of Computing in Indian (1955-2010), 2012: 17-18.

[③] 注释：H. N. 马哈巴拉于 1963 年获得了加拿大萨斯喀彻温大学（University of Saskatchewan）的电气工程博士学位（Ph. D in Electrical Engineering）。

Acton)以及加利福尼亚大学伯克利分校的哈里·D.杜斯基(Harry D. Huskey)作为高级顾问和咨询专家,为计算机中心的创立出谋划策,发挥了极其重要的作用。三位教授都是国际计算机学科知名专家和学术带头人,各自在计算机领域具有丰富的学术经验和较高的学术声望。欧文·罗宾诺维茨是逻辑和编程方面的专家,阿克顿专门从事数值技术研究,哈里·D.杜斯基是计算机硬件专家[1],由此可见,计算机中心从设立之初就具有较高的专业化特征,为后期面向校内乃至全印度开展的计算机课程及相关培训提供了强有力的师资支持。除此之外,计算机中心设置了相对完备的技术岗位,主要专业技术职称及岗位设置有教授、副教授、高级技术助理、初级技术助理、初级速记员、按键操作员、实验室管理员等。具体教职人员及技术岗位设置见表1-1。

表1-1 计算机中心主要教职人员及外籍专家顾问[2]

序号	姓名	专业技术职称、岗位
1	H. K. 凯萨万 (H. K. Kesavan)	主任、教授
2	V. 拉贾拉曼 (V. Rajaraman)	副主任、副教授
3	欧文·罗宾诺维茨 (Irving Robinowitz)	教授
4	哈里·D. 杜斯基 (Harry D. Huskey)	教授
5	福尔曼·S. 阿克顿 (Forman S. Acton)	副教授
6	H. N. 马哈巴拉 (H. N. Mahabala)	副教授
7	V. K. 斯托克斯 (V. K. Stokes)	副教授
8	R. N. 巴苏 (R. N. Basu)	高级技术助理

---

[1] Dinesh C. Sharma, The Long Revolution: the Birth and Growth of India's IT Industry, New Delhi: Harper Collins Pbuishers India, 2009: 181.

[2] Staff of the Computer Center, (Feb. 9, 2020), http://infolab.stanford.edu/pub/gio/personal/1965India/IITKanpur/computercenter.kanpur6465.pdf.

续表 1-1

序号	姓名	专业技术职称、岗位
9	A. N. 塔内雅 （A. N. Taneja）	高级技术助理
10	S. 卡普尔 （S. Kapoor）	初级技术助理
11	S. G. 拉维·库玛 （S. G. Ravi Kumar）	初级技术助理
12	K. 纳塔拉然 （K. Natarajan）	初级技术助理
13	G. K. 古普塔 （G. K. Gupta）	初级技术助理
14	G. C. 马祖达尔 （G. C. Mazumdar）	初级技术助理
15	H. K. 娜塔妮 （H. K. Nathani）	初级速记员
16	M. N. 米斯拉 （M. N. Misra）	按键操作员
17	R. N. 潘迪 （R. N. Pandey）	实验室管理员
18	波迪拉·梅塔 （Bodhraj Mehta）	实验室管理员
19	拉杰什瓦里·普拉萨德 （Rajeshwari Prasad）	实验室管理员

设立于 1963 年的计算机中心被视为印度专门从事计算机教育的机构，具有十分重要的开创意义。究其原因，不仅仅因为它是印度理工学院乃至整个印度社会设立的第一个计算机中心，更重要的是它拥有印度第一台用于学术的电子计算机 IBM1620（尽管在此之前，印度已经拥有自主研发生产的其他计算机产品，但都未应用于学术及科学研究领域）并由此开展了一系列教学与研究活动，同时还满足了社会上计算机专业人员希望了解和掌握计算机基础知识及基本技能的迫切需求。

（二）计算机中心实施的计算机教育活动

1. 开设计算机教育课程

1966 年，印度理工学院计算机中心为坎普尔分校所有五年制本科生开设技术艺术课程（Technical Arts Courses），课程编号为 TA306，课程类别为本科通用核心课程（Core Curriculum）中的工程科学与技术艺术课程（Engineering Science and Technical Arts）。印度理工学院五年制本科课程包括 3 年的通用核心课程和 2 年的专业课程。通用核心课程是面向所有本科生开设的公共课程，除了物理、化学、数学以及人文社会科学课程之外，还包括一系列工程科学与技术艺术课程。坎普尔分校是印度首个面向所有校内本科生开设计算机课程的高校，不但为印度计算机相关行业输送了专业技术人才，还为这些专业人才成为行业中的佼佼者奠定了基础。TA306 开课时间为本科第三学年的第一学期和第二学期，每学期授课对象为 150 名学生。课程教学大纲涵盖了计算范围的部分内容，如计算尺、台式计算器、模拟和数字计算机编程以及数值方法。课程主要内容包括使用 FORTRAN 进行计算机编程，使用模拟计算机对某些工程问题进行模拟等。授课团队由 1 名讲师和 6 名对计算机科学具有浓厚兴趣的导师组成。他们来自不同的院系，具有不同的专业背景。多学科教师不同专业知识的有机融合凸显了本门课程的实用性。本课程最具特色的地方是每周开设 3 个小时的实验课程，每个班有 25 名学生，由 2 名讲师进行指导。在实验期间，数字计算机 IBM1620 可供实验小组自由使用，为课程及实验的有效开展提供了充分的设备和人员支持。该门课程非常受学生的欢迎，课程本身较强的实践性特征为学生的学术实践需求提供了保障，同时，为毕业生毕业设计项目的顺利开展提供了技术支持。由于学生在本科学习期间便获取了计算机使用、操作及解决基本实际问题的技能，毕业后，不管是在计算机行业还是在其他相关行业领域，他们都能够游刃有余地利用这些基本技能解决工作中遇到的相关问题。这一时期毕业于坎普尔分校的众多学生对学校的计算机课程均赞誉有加，如印度数据安全委员会主席索姆·米塔尔（Som Mittal）、太阳微系统公司前首席执行官巴斯卡·普拉曼尼克（Bhaskar Pramanik）、印度全国软件和服务公司协会前主席苏拉布·斯利瓦斯塔瓦（Saurabh Srivastava）、瞻博网络（Juniper Networks）前首席执行官普拉迪普·桑德（Pradeep Sandhu）等都曾表示：对计算机的浓厚兴趣始于本科学习阶段 TA306 课程开设以后以及与 IBM1620 进行亲密接触的岁月。^①后来，随着印度理工学院本科学制由五年缩短为四年，计算核心课程的需求量也越来越大，TA306 逐步被纳入工程科学课程（ESC），课程开设时间也由第三学年提前至第一学年，授课内容逐步向更加丰富、更加专业化的方向发展。[②]

除了为三年级本科生开设技术艺术课程，计算机中心还为四年级本科生开设数值方法课程，为五年级本科生开设模拟和数字计算技术以及脉冲和数字电路课程。除了为本科生开设计算机课程，计算机中心还成为坎普尔分校全体师生运用计算机开展学术项目活动的中心。计算机中心全天 24 小时、全年 365 天免费开放，供有学术需求的师生自由使用。[③]由印度理工学院工程专业硕士研究生充当咨询顾问的角色，在帮助用户解决设备使用问题的同时，协助解决系统编程中遇到的挑战性难题。该举措为学生提供了宝贵的实践机会，使他们能够及时了解并掌握 IBM1620 计算机的使用及运行情况，掌握一手数据资料。

2. 编写计算机系列教材

教育活动的顺利实施离不开优质教科书的指导。20 世纪 60 年代，计算机教育在印度尚处于起步阶段，缺少成熟的教学指导资料。市场上除了少量的专业书籍外，几乎找不到合适的教学用书。印度理工学院坎普尔分校拉贾拉曼意识到教科书对计算机教育活动的重要指导作用，率先着手编写教学指导用书。事实上，在 TA306 课程开设时，拉贾拉曼便整理了自编讲义。在进一步修订完善的基础上，拉贾拉曼编写并出版了计算机系列教材。第一本是拉贾拉曼 1968 年编写的关于 FORTRAN 编程、数值技术和数字逻辑的教材。该教材在坎普尔分校内部发行，售价仅 5 卢比。该书不仅在坎普尔分校内部迅速畅销，而且很快便得到了校外计算机知识爱好者和学习者的青睐。以此为契机，拉贾拉曼于 1969 年又编写了《计算机编程原理》（*Principles of Computer Programming*）一书。然而，这本教材的出版并不顺利，因为出版商认为当时印度社会对计算机

---

① V. Rajaraman, "Impact of Computer Science Education—IIT Kanpur on Information Technology in India", in R. K. Shyamasundar & M. A. Pai, Homi Bhabha and the Computer Revolution, Oxford University Press, 2011: 97-98.

② Surya Pratap Mehrotra, Prajapati Prasad Sah, The Fourth IIT—The Saga of IIT Kanpur (1960-2010). Haryana: Penguin Enterprise, 2015: 169.

③ E. C. Subbarao, An Eye for Excellence—Fifty Innovative Years of IIT Kanpur, New Delhi: Harper Collins Publishers India, 2008: 241-242.

教育的认知还不充分，计算机编程书籍缺乏足够的销量和市场。在拉贾拉曼的努力下，普伦蒂斯·霍尔（Prentice Hall）出版公司经过再三犹豫，最终做出了出版《计算机编程原理》的决定，印度第一本成熟的计算机教科书由此得以问世。为了推动计算机编程基础知识在印度迅速普及，拉贾拉曼要求该书的售价要低于影印价格，最终，该书仅以 15 卢比的定价在市场出售。不出所料，《计算机编程原理》成为畅销全印度的计算机学科经典图书，出版第一年便发行 6000 余册。随后，《计算机定向数值方法》（Computer Oriented Numerical Methods，1971）、《FORTRAN 77 计算机编程》（Computer Programming in FORTRAN 77）等教材相继出版。

此后，随着计算机教育不断发展，这些教材也不断优化内容，多次改版，其中个别教材甚至经过了 30 多次的再版印刷。[1]毫无疑问，拉贾拉曼为印度计算机教科书的编写作出了十分突出的贡献，他编写的有关 FORTRAN 和 COBOL 编程的书籍成为计算机学科的标准教科书。[2]拉贾拉曼被公认为是印度计算机教育界的领跑者和传奇人物，也是印度理工学院计算机学科创建的当之无愧的关键人物之一。

3. 举办系列计算机课程集中培训

计算机中心除承担本科教学工作外，还面向社会举办了一系列计算机课程短期培训，为计算机知识在印度的普及贡献了力量。1964 年至 1965 年，计算机中心组织了两次为期 6 周的"SPS 编程"课程和一次为期 3 周的"系统编程"课程，共有 9 个印度国内的学术机构以及政府组织选派代表参加了"SPS 编程"课程（见表 1-2）。

---

[1] Dinesh C. Sharma, The Long Revolution: the Birth and Growth of India's IT Industry, New Delhi: Harper Collins Publishers India, 2009: 183−184.

[2] Surya Pratap Mehrotra, Prajapati Prasad Sah. The Fourth IIT—The Saga of IIT Kanpur (1960−2010), Haryana: Penguin Enterprise, 2015: 168.

第一章 印度理工学院计算机学科的创立与早期发展（1963—1982 年）

表 1-2 参加"SPS 编程"课程的学术机构及政府组织名称[①]

（1964—1965）

序号	机构及组织名称	所属地
1	农业研究统计研究所 （Institute of Agricultural Research Statistics）	新德里 （Dew Delhi）
2	计划委员会计划评价组织 ［Programme Evaluation Organization（Planning Commission）］	新德里 （Dew Delhi）
3	印度国家科学文献中心 （Indian National Scientific Documentation Centre）	新德里 （Dew Delhi）
4	德里大学德里经济学院 （Delhi School of Economics, University of Delhi）	新德里 （Dew Delhi）
5	中央机械工程研究所 （Central Mechanical Engineering Research Institute）	杜尔加布尔 （Durgapur）
6	印度理工学院卡哈拉格普尔分校 （Indian Institute of Technology, Kharagpur）	卡哈拉格普尔 （Kharagpur）
7	IBM 世界贸易公司 （IBM World Trade Corporation）	新德里 （Dew Delhi）
8	旁遮普大学 （Punjab University）	昌迪加尔 （Chandigarh）
9	金迪工程学院 （College of Engineering, Guindy）	马德拉斯 （Madras）

  1963 年至 1969 年，计算机中心连续 7 年组织短期培训，每年举办 4 期，每期为期 10 天，为来自印度 66 个机构和政府组织的大约 600 人开设了 7 门计算机课程，每天均有 3 个小时的课程或讲座专门用于 FORTRAN 编程、数值分析和机器逻辑方面的讲授。[②] 除了参加系列讲座活动外，每天还进行 3 个小时的 IBM1620 操机实践，受训者受益颇多（见表 1-3）。

---

  ① Computer Center, (Feb. 11, 2020), http://infolab.stanford.edu/pub/gio/personal/1965India/IITKanpur.

  ② Computer Center, (Feb. 11, 2020), http://infolab.stanford.edu/pub/gio/personal/1965India/IITKanpur.

表 1-3　参加计算机短期培训的机构及组织名称①

（1963—1969）

序号	机构及组织名称	所属地
1	农业经济研究中心 （Agro-Economic Research Centre）	凯拉地区 （Kaira District）
2	阿拉哈巴德大学 （Allahabad University）	阿拉哈巴德 （Allahabad）
3	马德拉斯大学 （University of Madras）	马德拉斯 （Madras）
4	M. S. 巴罗达大学 （M. S. University of Baroda）	巴罗达 （Baroda）
5	旁遮普大学 （Punjab University）	昌迪加尔 （Chandigarh）
6	贾达普大学 （Jadavpur University）	加尔各答 （Calcutta）
7	奥斯马尼亚大学 （Osmania University）	海德拉巴 （Hyderabad）
8	马拉斯瓦达大学 （Marathwada University）	奥兰加巴德 （Aurangabad）
9	贝纳勒斯印度教大学 （Banaras Hindu University）	瓦拉纳西 （Varanasi）
10	福特基金会 （Ford Foundation）	新德里 （New Delhi）
11	全印度医学科学研究所 （All India Institute of Medical Sciences）	新德里 （New Delhi）
12	计划委员会 （Planning Commission）	新德里 （New Delhi）
13	计划委员会中央统计组织 （Central Statistical Organization of Planning Commission）	新德里 （New Delhi）

① Computer Center, (Feb. 11, 2020), http://infolab.stanford.edu/pub/gio/personal/1965India/IITKanpur.

第一章 印度理工学院计算机学科的创立与早期发展（1963—1982 年）

续表 1-3

序号	机构及组织名称	所属地
14	农业研究统计研究所 （Institute of Agricultural Research Statistics）	新德里 （New Delhi）
15	全国应用经济研究理事会 （National Council of Applied Economic Research）	新德里 （New Delhi）
16	北方邦政府经济情报与统计组织 （Economic Intelligence and Statistics, Government of U. P.）	勒克瑙 （Lucknow）
17	麻省理工学院国际研究中心 （Center for International Studies, MIT）	新德里 （New Delhi）
18	印度管理学院 （Indian Institute of Management）	加尔各答 （Calcutta）
19	中央水电委员会 （Central Water and Power Commission）	新德里 （New Delhi）
20	国防部陆军统计组织 （Army Statistical Organization, Ministry of Defence）	新德里 （New Delhi）
21	印度科学学院 （Indian Institute of Science）	班加罗尔 （Bangalore）
22	中央盐业与海洋化学研究所 （Central Salt and Marine Chemical Research Institute）	巴夫那加 （Bhavanagar）
23	印度理工学院孟买分校 （Indian Institute of Technology, Bombay）	孟买 （Bombay）
24	孟买大学 （University of Bombay）	孟买 （Bombay）
25	加尔各答港口 （Commissioners for the Port of Calcutta）	加尔各答 （Calcutta）
26	印度统计研究所 （Indian Statistical Institute）	加尔各答 （Calcutta）
27	印度邮电局 （Posts and Telegraphs Directorate）	新德里 （New Delhi）
28	亚穆纳·巴万灌溉部 （Irrigation Department, Yamuna Bhawan）	德拉敦 （Dehra Dun）

续表 1-3

序号	机构及组织名称	所属地
29	粮食与农业部经济统计局 （Directorate of Economics and Statistics, Ministry of Food and Agriculture）	新德里 （New Delhi）
30	孟加拉工程学院 （Bengal Engineering College）	豪拉 （Howrah）
31	印度注册总署 （Registrar General, Government of India）	新德里 （New Delhi）
32	中央道路研究所 （Central Road Research Institute）	新德里 （New Delhi）
33	灌溉部中央设计局 （Central Design Directorate, Irrigation Department）	克勒瑙 （Lucknow）
34	拉姆甘加项目灌溉部 （Irrigation Department, Ramganga Project）	莫拉达巴德 （Moradabad）
35	中央水电研究站 （Central Water and Power Research Station）	潘纳 （Poona）
36	中央建筑研究院 （Central Building Research Institute）	鲁基 （Roorkee）
37	中央马铃薯研究所 （Central Potato Research Institute）	西姆拉 （Simla）
38	国家航空实验室 （National Aeronautical Laboratory）	班加罗尔 （Bangalore）
39	印度理工学院德里分校 （Indian Institute of Technology, Delhi）	新德里 （New Delhi）
40	心理科学院 （Psychological Foundations）	新德里 （New Delhi）
41	巴克拉和比亚斯组织 （Bhakra and Beas Organization）	新德里 （New Delhi）
42	印度国家科学文献中心 （Indian National Scientific Documentation Center）	新德里 （New Delhi）
43	中央机械工程研究所 （Central Mechanical Engineering Research Institute）	杜尔加布尔 （Durgapur）

续表 1-3

序号	机构及组织名称	所属地
44	印度调查局 （Survey of India）	德拉敦 （Dehra Dun）
45	马尔维亚区域工程学院 （Malviya Regional Engineering College）	斋普尔 （Jaipur）
46	区域工程学院 （Regional Engineering College）	斯利那加 （Srinagar）
47	印度天体物理研究所科代卡纳尔天文台 （Kodaikanal Observatory of the Indian Institute of Astrophysics）	科代卡纳尔 （Kodaikanal）
48	萨哈核物理研究所 （Saha Institute of Nuclear Physics）	加尔各答 （Calcutta）
49	联合密码局 （Joint Cipher Bureau）	新德里 （New Delhi）
50	国防研究实验室 （Defence Research Laboratory）	班加罗尔 （Bangalore）
51	国家物理实验室 （National Physical Laboratory）	德里 （Delhi）
52	比拉工程学院 （Birla Enginnering College）	皮拉尼 （Pilani）
53	塔塔电力有限公司 （Tata Power Co. Ltd.）	孟买 （Bombay）
54	国家化学实验室 （National Chemical Laboratory）	潘纳 （Poona）
55	库鲁克舍科拉大学 （Kurukshetra University）	库鲁克舍科拉 （Kurukshetra）
56	中央公共卫生研究所 （Central Public Health Research Institute）	那格浦尔 （Nagpur）
57	北方邦政府天文台 （U. P. State Observatory）	奈尼塔尔 （Nainital）
58	阿里加穆斯林大学 （Aligarh Muslim University）	阿里加 （Aligarh）

续表 1-3

序号	机构及组织名称	所属地
59	印度中央黄麻委员会 （Indian Central Jute Committee）	加尔各答 （Calcutta）
60	二氯甲烷化学厂 （DCM Chemical Works）	新德里 （New Delhi）
61	石油及天然气委员会 （Oil and Natural Gas Commission）	德拉敦 （Dehra Dun）
62	塔塔钢铁有限公司 （Tata Iron and Steel Co. Ltd.）	贾姆谢德布尔 （Jamshedpur）
63	国防研究实验室（材料） （Defence Research Laboratory of Material）	坎普尔 （Kanpur）
64	克勒瑙大学 （Lucknow University）	克勒瑙 （Lucknow）
65	热带气象研究所 （Institute of Tropical Meteorology）	潘纳 （Poona）
66	巴特那大学 （University of Patna）	巴特那 （Patna）

坎普尔分校计算机中心开展的计算机集中培训是印度首次面向全社会实施的计算机教育活动，开创了印度计算机教育的先河。

4. 举办国际学术研讨会

在开展计算机科学及技术普及教育活动的同时，计算机中心还与第九届印度理论与应用力学大会组委会合作，于 1964 年 12 月联合举办了为期 2 天的"国际高速计算方法和机械学术研讨会"。[1] 参加此次研讨会的学者共有 225 人，除了印度国内学者，还包括来自澳大利亚、荷兰、日本、墨西哥、英国、美国等国家的计算机领域专家（见表 1-4）。[2] 研讨会的召开，一方面为各国计算机专家学者提供了学术交流的平台，另一方面也极大提升了印度理工学院计算机中心的学术声誉。

---

[1] Indian Society of Theoretical and Applied Mehchanics, (Feb. 20, 2021), https://istam.iitkgp.ac.in/pages/venues.
[2] Computer Center, (Feb. 11, 2020), http://infolab.stanford.edu/pub/gio/personal/1965India/IITKanpur.

表 1-4　参加"国际高速计算方法和机械学术研讨会"部分学者代表名单[①]

序号	姓名	所属机构	所属国家
1	福尔曼·S. 阿克顿 （Forman S. Acton）	普林斯顿大学 （Princeton University）	美国 （United States）
2	罗伯特·R. 阿彻 （Robert R. Archer）	凯斯理工学院 （Case Institute of Technology）	美国 （United States）
3	S. 巴顿 （S. Barton）	控制数据中心 （Control Data Corporation）	澳大利亚 （Australia）
4	S. 贝尔特拉 （S. Beltran）	大学城中心校区卡卢洛中心 （Centro de Calulo Cuidad Universitaria）	墨西哥 （Mexico）
5	J. 本内特 （J. Bannett）	悉尼大学物理学院 （School of Physics University of Sydney）	澳大利亚 （Australia）
6	劳罗·卡特 （Lauror Carter）	系统开发公司 （System Development Corporation）	美国 （United States）
7	大卫·C. 艾文斯 （David C. Evans）	加利福尼亚大学伯克利分校计算机中心 （Computer Center University of California, Berkeley）	美国 （United States）
8	布鲁斯·吉尔克里斯特 （Brunce Gilchrist）	IBM 服务公司 （IBM Service Bureau Corporation）	美国 （United States）
9	哈里·杜斯基 （Harry Huskey）	加利福尼亚大学伯克利分校 （University of California, Berkeley）	美国 （United States）
10	森口茂一 （Sigeiti Moriguiti）	东京大学 （University of Tokyo）	日本 （Japan）
11	克雷·佩里 （Clay Perry）	加利福尼亚大学圣地亚哥分校计算机中心 （Computer Center University of California, San Diego）	美国 （United States）

[①] Computer Center, (Feb. 20, 2021), http: //infolab. stanford. edu/pub/gio/personal/1965India/IITKanpur.

续表 1-4

序号	姓名	所属机构	所属国家
12	阿德里安·范·维恩加登（Adriaan. Van Wijngaarden）	阿姆斯特丹数学中心（Mathematisch Centrum）	荷兰（Holland）
13	M. 威尔克斯（M. Wilkes）	剑桥大学数学实验室（University Math Laboratory Cambridge）	英国（UK）
14	吉奥·维德霍尔德（Gio Wiederhold）	加利福尼亚大学伯克利分校（University of California, Berkeley）	美国（United States）

第二节 印度理工学院计算机学科早期发展的举措

坎普尔分校计算机中心的成立是印度理工学院计算机学科创立的标志。计算机中心成立之后开展的一系列计算机教育与研究活动为以后印度理工学院乃至整个印度计算机学科的发展奠定了基础。在此后的近 20 年里，印度理工学院从学术平台、师资队伍、科学研究、人才培养、社会服务等多方面入手，采取一系列举措，推动计算机学科逐渐壮大，为后一阶段计算机学科的快速崛起铺平了道路。

一、计算机学科学术平台逐步扩展与完善

如前文所述，1963 年组建的计算机中心标志着计算机学科在印度理工学院的正式创立，同时也成为学科发展所依托的首个学术平台。此后，电气工程系和数学系也相继开展了计算机教育及相关学术活动，计算机学科的发展平台得以拓展。计算机中心、电气工程系和数学系在自身发展的同时，也为这一时期的计算机学科建设提供了有力支撑。

（一）计算机中心先进设备逐步增多

20 世纪 70 年代初期，坎普尔分校计算机中心已成为公认的印度计算机教

育与研究国家重点平台。究其原因，不仅仅因为它是印度设立的第一个计算机中心，更重要的是它拥有印度第一台用于学术的电子计算机 IBM1620。在此基础上学院各分校也不断更新设备，为中心的学术工作提供了更坚实的物质基础，如 1973 年，马德拉斯分校计算机中心引进了 IBM 公司 S370-155 型计算机（简称 S370-155），该设备是同期印度高校用于开展教学和科研活动的最先进的计算机设备。1973 年 11 月 17 日，在 S370-155 的启用仪式上，工业发展联盟部部长布拉马尼姆（C. Subramaniam）对该设备的引入给予了高度评价："S370-155 将在由国家科学技术委员会提倡创建的国家科学技术信息系统中扮演重要的角色。"[1] 随着计算机中心的发展扩大，计算机硬件设备不断增多，软件系统也不断更新。1981 年，马德拉斯分校计算机中心引进基于 Z80 微处理器的 Cromemco 系统。计算机中心不但为印度理工学院计算机教育与研究活动提供了必备的技术支持，同时还满足了印度其他教育研究机构、国家公共部门及私人企业的技术需求。

（二）电气工程系实施的计算机教育活动

20 世纪 70 年代，印度理工学院的计算机学术项目日益丰富，如 1971 年启动了计算机科学硕士学位计划项目，1978 年启动了五年制计算机科学工程学士计划项目。需要指出的是，自 1963 年计算学科创立至 1983 年计算机科学与工程系创建，在这期间，印度理工学院计算机教育活动实施的主要平台为计算机中心、电气工程系和数学系。独立完善的专业性学术活动依托平台尚未确立。电气工程系开展的计算机教育活动和学位计划项目主要包括计算机科学工程硕士学位课程、计算机科学工程博士学位课程、计算机科学硕士学位计划项目、跨学科计算机科学与工程学位计划项目以及计算机科学工程学士计划项目等。

1. 计算机科学工程硕士及博士学位课程

计算机科学工程硕士学位课程于 1965 年在坎普尔分校电气工程系开设。时任电气工程系主任 H. K. 凯萨万（H. K. Kesavan）凭借其颇具远见的学术敏感度意识到了计算机教育的光明前景。他大力支持以拉贾拉曼为首的计算机团队开展的教学活动，并在电气工程硕士项目计划中引入了计算机科学专业学术项目，随后又开设了计算机科学工程博士学位课程。当时，坎普尔分校是印度

---

[1] Utpal K. Banerjee, Computer Education in India—Past Present and Future, New Delhi: Concept Publishing Company, 1996: 127.

国内唯一一所提供专业化计算机课程学习的高等学府,因此,全印度致力于计算机科学学术研究的学生纷纷聚集到坎普尔分校。学校则尽其所能,为这些学子提供了现代化的实验室、先进的计算机设备,配备了优秀的师资,使他们能够接受专业的计算机科学学术训练。计算机科学工程硕士学位课程的特点是,既重视软件相关知识的传授,又重视硬件相关操作技能的培养,为培养出软件硬件皆通、多方面能力兼具的计算机工程师打下坚实的基础。此时,印度计算机行业刚刚起步,急需大量具有软件和硬件知识和技能的人才,因此印度理工学院培养的工程硕士在毕业后大都顺利加入印度电子集团有限责任公司(Electronics Corporation of India Limited,简称ECIL)、威普罗公司(WIPRO)、印度斯坦计算机有限公司(Hindustan Computers Limited,简称HCL)、DCM数据系统公司(DCM Data Systems)、塔塔咨询服务公司(Tata Consultancy Services,简称TCS)等信息技术相关企业从事硬件设计及软件开发工作。他们在微型计算机研发、软件系统设计方面表现突出,取得了出色的成绩。也有毕业生开办了信息技术公司,N. R. 纳拉亚纳·穆尔迪和纳伦德拉·卡勒就共同创办了后来成为印度IT巨头的印孚瑟斯公司。[1]

2. 计算机科学硕士学位计划

随着印度理工学院计算机科学工程硕士及博士学位课程在行业内认可度的不断提升,坎普尔分校于1971年又启动了计算机科学硕士学位计划。这是印度设立的第一个计算机科学硕士学位计划。该计划实施之后,同样培养了一大批优秀毕业生,他们受到了众多知名公司的青睐,如塔塔咨询服务公司招募了印度理工学院全体首批计算机科学硕士学位计划毕业生[2],而这批毕业生也以出色的表现为塔塔咨询服务公司日后发展成为印度软件业中的龙头提供了有力支持。

3. 跨学科计算机科学与工程学位计划

跨学科计算机科学与工程学位计划于20世纪70年代中期在印度理工学院卡哈拉格普尔分校启动。该项目的培养目标为:着重培养学生习得计算机科学与工程硬件基本知识,掌握计算机基本操作技能。随着项目的逐步开展和完善,

---

[1] V. Rajaraman, "Impact of Computer Science Education—IIT Kanpur on Information Technology in India", in R. K. Shyamasundar & M. A. Pai, Homi Bhabha and the Computer Revolution, Oxford University Press, 2011: 99 −100.

[2] E. C. Subbarao, An Eye for Excellence—Fifty Innovative Years of IIT Kanpur, New Delhi: HarperCollins Publishers India, 2008: 235.

软件知识也被纳入学术计划之中。实验室实操和项目任务完成是该学术计划中的必修环节。具备多学科专业知识和技能的毕业生成为印度社会的抢手人才。1973 年，马德拉斯分校启动了计算机科学与工程理学硕士学位项目。该项目鼓励跨学科学生的加入，反映了项目的跨学科性质。自学位项目启动以来，马德拉斯分校致力于在全印范围内为工程技术院校提供项目指导。[①]跨学科计算机科学与工程学位计划的启动和实施改变了民众对计算机科学的传统认识。事实上，计算机学科具有多学科知识融合的特点，学科发展结合了数学、电气自动化、电子信息等多学科理论，[②]具有以跨学科交叉融合推进学科持续发展的天然优势。计算机科学不仅与电气工程、电子信息、数学及通信领域知识有交叉融合点，还可以与其他工程和服务学科相结合。接受过某一专门学科领域学术训练的计算机专家可以在某学科领域取得更加突出的学术成就。[③]

4. 计算机科学工程学士计划

1978 年，在拉贾拉曼的推动及时任校长 A. 巴塔查里亚（A. Bhattacharya）的支持下，坎普尔分校正式启动计算机科学工程学士计划。第一批招收的 20 名学生是经过印度理工学院举办的面向全印度的联合入学考试（Joint Entrance Examination，简称 JEE）筛选的精英。该学术计划学制 5 年，学生要顺利毕业、获得学士学位就必须完成本科阶段的所有课程并获得培养计划要求的最低学分，还要通过严格的毕业答辩。毕业答辩制度的引进要归因于联合国教科文组织专家的建议。毕业生要在答辩会上公开展示他们的毕业设计。答辩委员会由 5 至 6 名成员构成，答辩委员会主席由校外专家担任，除此之外，还包括至少 1 名校外专家，2 名校内专家以及助理。为了顺利通过答辩，毕业生在答辩之前需要参加系列研讨会为答辩做好准备。由此可见，印度理工学院计算机学科自创建之初便在招生、培养及毕业等各环节严格把关，这为计算机学科的持续健康发展奠定了基础。

---

① Utpal Kumar Banerjee, Computer Education in India—Past, Present and Future, New Delhi: Concept Publishing Company, 1996: 127.

② 许德刚：《行业特色高校计算机科学与技术学科现状及建设思路》，《河南工业大学学报(社会科学版)》，2014 年第 10 期。

③ Utpal Kumar Banerjee, Computer Education in India—Past, Present and Future, New Delhi: Concept Publishing Company, 1996: 132.

（三）数学系开展的计算机教育活动

除了电气工程系，数学系也是印度理工学院计算机学科早期发展阶段的主要依托平台。1977年，印度理工学院卡哈拉格普尔分校数学系开设了第一个基于计算机科学的研究生文凭（DIIT）课程计划，名称为"计算数学与计算机编程"（见表1-5）。1983年，该计划被纳入工程硕士课程计划，名称改为"计算机科学与数据处理"（见表1-6至表1-8）。

表1-5为数学系制定的"计算数学与计算机编程"课程计划。[①]MA表示数学系，阿拉伯数字表示课程号，L表示课程授课（Lectures），T表示课程指导（Tutorials）。如：MA 693表示数学系开设的编号为693的课程；L-3表示每周3个小时的授课时长；T-1表示每周1个小时的课程指导时长。

表1-5 数学系"计算数学与计算机编程"课程计划

学期	课程编号	课程名称	L-T
第一学期	MA 693	计算机编程基础（Basic Computer Programming）	3-0
	MA 694	编程语言（Programming Languages）	3-0
	MA 685	OR-I技术（Techniques of OR-I）	3-0
	MA 688	数值分析I（Numerical Analysis I）	3-0
	MA 637	概率论与统计方法（Theory of Probability & Statistical Methods）	3-1
	MA 673	数值技术实验I（Numerical Techniques Lab I）	0-6
	MA 698	计算机编程实验I（Computer Programming Lab I）	0-4

---

① Utpal Kumar Banerjee, Computer Education in India—Past, Present and Future, New Delhi: Concept Publishing Company, 1996: 124-125.

续表 1-5

学期	课程编号	课程名称	L-T
第二学期	MA 695	高级编程技术 （Advanced Programming Techniques）	3-0
	MA 689	数值分析 II （Numerical Analysis II）	3-0
	MA 686	OR-II 技术 （Techniques of OR-II）	3-0
	MA 674	数值技术实验 II （Numerical Technique Lab II）	0-6
	MA 699	计算机编程实验 II （Computer Programming Lab II）	0-4
选修课 （部分）	MA 624	功能逼近高级理论 （Advanced Theory of Approximation of Functions）	
	MA 625	间隔分析 （Interval Analysis）	
	MA 626	迭代计算 （Iteration Calculus）	
	MA 627	多重积分 （Multiple Integrals）	
	MA 628	常微分方程数值解 （Numerical Solution of Ordinary Differential Equations）	
	MA 629	偏微分方程数值处理 （Numerical Treatment of Partial Differential Equations）	
	MA 691	应用组合学 （Applied Combinatorics）	

续表 1-5

学期	课程编号	课程名称	L-T
选修课（部分）	MA 692	形式语言 （Formal languages）	
	MA 696	统计数据处理技术 （Statistical Data Processing Techniques）	
	MA 690	操作系统 （Operating Systems）	
	MA 618	系统工程 （System Engineering）	

表 1-6 至表 1-8 为"计算机科学与数据处理"课程计划。与之前的课程计划相比，有三点明显变化：一是增加了实践课时（Practicals）；二是选修课程数量明显增多；三是培养计划延长一个学期，在第三学期开展毕业设计和答辩工作。

表 1-6 数学系"计算机科学与数据处理"课程计划[1]

学期	课程编号	课程名称	L-T-P
第一学期	25601	编程语言 （Programming Languages）	3-1-0
	25607	算法与数据结构 （Algorithm & Data Structure）	3-1-0
	25609	离散数学 （Discrete Mathematics）	3-1-0
	25615	编程上机实验 （Programming Laboratory）	0-0-6
第一学期	选修课程 I	见表 1-7	
	选修课程 II	见表 1-7	

---

[1] Utpal Kumar Banerjee, Computer Education in Indian—Past, Present and Future, New Delhi: Concept Publishing Company, 1996: 125-126.

续表 1-6

学期	课程编号	课程名称	L-T-P
第二学期	25602	系统编程（Systems Programming）	3-1-0
	25620	软件上机实验（Software Laboratory）	0-0-6
	25606	研讨（Seminar）	0-0-3
	选修课程Ⅲ	见表 1-7	
	选修课程Ⅳ	见表 1-8	3-1-0
	选修课程Ⅴ	见表 1-8	3-1-0
	选修课程Ⅵ	见表 1-8	3-1-0
第三学期	25701	毕业设计 & 毕业答辩（Project & Viva Voce）	20（Total）

表 1-7 "计算机科学与数据处理"课程计划第一学期和第二学期选修课程[①]

学期	课程类别	课程编号	课程名称	L-T-P
第一学期	选修课程Ⅰ、Ⅱ	25603	高级数值分析（Advanced Numerical Analysis）	3-1-0
		25617	交换及有限自动机（Switching and Finite Automata）	3-1-0
		25653	数值分析（Numerical Analysis）	3 1 0
		25655	统计方法（Statistical Methods）	3-1-0
		19793	分立电子电路（Discrete Electronic Circuits）	3-0-0
		19699	电子电路实验（Electronic Circuits Laboratory）	0-0-3
		30619	基于微处理器的系统原理与应用（Principles and Applications of Microprocessor Based System）	3-0-0

---

① Utpal Kumar Banerjee, Computer Education in Indian—Past, Present and Future, New Delhi: Concept Publishing Company, 1996: 126.

续表 1-7

学期	课程类别	课程编号	课程名称	L-T-P
第二学期	选修课程 Ⅲ	25608	计算机逻辑组织（Logical Organization of Computer）	3-1-0
		25674	应用随机过程（Applied Stochastic Process）	3-1-0
		25676	计算机科学排队论（Queueing Theory in Computer Science）	3-1-0
		17650	计算机组织（Computer Organization）	3-1-0

表 1-8 "计算机科学与数据处理"课程计划选修课程Ⅳ、Ⅴ & Ⅵ[①]

课程编号	课程名称	L-T-P
25610	并行计算机与并行算法（Parallel Computers & Parallel Algorithms）	3-1-0
25622	操作系统（Operating Systems）	3-1-0
25638	模式识别与场景分析（Pattern Recognition & Scene Analysis）	3-1-0
25640	形式语言与计算理论（Formal Languages and Theory of Computation）	3-1-0
25642	编译器设计（Compiler Design）	3-1-0
25644	模糊集及其应用（Fuzzy Sets and Application）	3-1-0
25678	文件组织与数据库系统（File Organization & Database System）	3-1-0
25694	人工智能（Artificial Intelligence）	3-1-0
17604	分布式系统（Distributed Systems）	3-1-0

---

① Utpal Kumar Banerjee, Computer Education in Indian— Past, Present and Future, New Delhi: Concept Publishing Company, 1996: 126.

续表 1-8

课程编号	课程名称	L-T-P
17616	计算机图形学 (Computer Graphics)	3-1-0
17620	顺序与并行算法 (Sequential and Parallel Algorithms)	3-1-0
19604	模式识别与应用 (Pattern Recognition and Applications)	3-1-0
19624	计算机通信网络 (Computer Communication Network)	3-1-0
26656	计算机辅助设计与计算机图形学 (Computer Aided Design and Computer Graphics)	3-1-0
52688	系统仿真 (Systems Simulation)	3-1-0
52690	管理信息系统 (Management Information System)	3-1-0

二、汇集国内外优秀学者组建高水平师资队伍

早在 1946 年萨卡尔委员会报告《高校教学、教职员工及班级规模》就曾强调优秀师资的重要性："无论课程和培训项目开展得如何之好，一所大学所产出的产品的质量最终取决于其教学质量，而教学质量首先取决于师资队伍的质量。"[1] 在大学学科建设中，师资队伍建设至关重要。一批拥有扎实学识、取得卓越成就、具有远见卓识的教师群体将会引导学科进入良性发展轨道，助力学科的快速发展。高水平教师在人才培养过程中会激发优秀学生的学术创造力，挖掘学生潜在的学术创新能力。他们的模范奉献精神和卓越学术风范会成为学生在学术探索道路上的榜样。印度理工学院计算机学科从创建之初就充分意识到高质量师资队伍对学科发展的重要作用，并采取有力措施汇聚国内外英才，组建起一支高水平的师资队伍。

（一）汇集招揽印度国内优秀师资

印度理工学院计算机学科在创立初期就汇集了一批印度计算机教育的先驱者和知名专家，他们中的杰出代表包括：拉贾拉曼、马哈巴拉、门格洛尔·阿纳塔·潘、穆图克里希南、巴特、S.S.S.P. 尧以及 J.R. 艾萨克等。

---

[1] Rohit Manchanda, Monastery, Sanctuary, Laboratory—50 Years of IIT-Bombay, Macmillan Indian Ltd., 2008: 34.

1. 印度理工学院计算机科学学术项目的创立者——拉贾拉曼

拉贾拉曼为印度理工学院计算机学科的创立和早期发展立下了汗马功劳。他在担任坎普尔分校计算机中心主任期间开展了一系列计算机教育活动，推动了计算机学科的发展，帮助坎普尔分校成为印度计算机科学教育领域的领跑者。[①] 他在物理、计算机、电气通信工程专业领域拥有十分扎实丰富的专业基础（见表1-9）；他具有敏锐的学术洞察力，意识到了计算机科学是具有无限生命力和发展潜力的新兴学科；他是一位勤奋的教授，不仅潜心教学，培养了印度第一批计算机专业硕士、博士人才，而且专心致力于计算机专业优质教科书的编写工作（见表1-10），这些教科书被广大计算机学习者奉为经典。他还是一位优秀的科研人员，取得了丰硕的研究成果，发表论文70余篇。拉贾拉曼在积极推动印度理工学院计算机学科创建的同时，还在诸多计算机专业学术组织和机构中担任要职（见表1-11）。

表1-9 拉贾拉曼学习经历[②]

学校	专业/学历/学术方向	毕业时间
马德拉斯教育协会（现称德里泰米尔教育协会）高级中学 The Madras Education Association (known as DTEA) Higher Secondary School		1949
德里大学圣史蒂芬学院 (St. Stephen's College of the University of Delhi)	物理学学士学位（荣誉） (Physics)	1952
印度科学学院 (Indian Institute of Science, Bangalore)	电子通信工程文凭 (Diploma in Electrical Communication Engineering)	1955
麻省理工学院 (Massachusetts Institute of Technology)	电气工程硕士学位 (Master's Degree in Electrical Engineering)	1959
威斯康星大学 (University of Wisconsin)	PHD 博士学位（从事自适应控制系统研究）	1961

---

① E. C. Subbarao, An Eye for Excellence—Fifty Innovative Years of IIT Kanpur, New Delhi: Harper Collins Publishers India, 2008: 240.

② Indian Fellow, (Feb. 15, 2020), http://www.insaindia.res.in/detail/N82-0589.

表1-10 拉贾拉曼部分代表性著作成果[1]

序号	成果英文原版名称	成果中文译名
1	Principles of Computer Programming	计算机编程原理
2	Computer Programming in FORTRAN 90 and 95	FORTRAN 90 和 95 计算机编程
3	Computer Oriented Numerical Methods	计算机定向数值方法
4	Analog Computation and Simulation	模拟计算和仿真
5	Analysis and Design of Information Systems	信息系统分析和设计
6	Computer Basics and C Programming	计算机基础与 C 编程
7	Computer Programming in C	C 语言中的计算机编程
8	Computer Programming in FORTRAN 77（With an Introduction to FORTRAN 90）	FORTRAN 77 计算机编程（FORTRAN 90 简介）
9	Essentials of E-Commerce Technology	电子商务技术要点
10	Introduction to Information Technology	信息技术入门
11	Fundamentals of Computers	计算机基础
12	Parallel Computers—Architecture and Programming	并行计算机——体系结构和程序设计
13	Computer Organization and Architecture	计算机组织与体系结构
14	Digital Logic and Computer Organization	数字逻辑与计算机组织
15	Introduction to Digital Computer Design	数字计算机设计导论
16	Fundamentals of Computers	计算机基础知识

---

[1] Indian Fellow, (Feb. 15, 2020), http://www.insaindia.res.in/detail/N82-0589.

表1-11 拉贾拉曼任职经历 [1][2]

时间	机构	职位/学术方向
1957	印度科学学院（Indian Institute of Science, Bangalore）	进修/模拟计算机非线性单元的设计及制造并应用于解决实际工程问题
1961	威斯康星大学（University of Wisconsin）	统计学助理教授
1962	印度理工学院坎普尔分校（Indian Institute of Technology Kanpur）	电气工程助理教授
1964—1966	加州大学伯克利分校（The University of California, Berkley）	电气工程学客座助理教授（学术兴趣转移至新兴计算机科学领域）
1967—1970	印度理工学院坎普尔分校（Indian Institute of Technology Kanpur）	印度理工学院坎普尔分校计算机中心主任
1973—1979	印度理工学院坎普尔分校（Indian Institute of Technology Kanpur）	印度理工学院坎普尔分校计算机中心主任
1979—1982	印度电子委员会（The Electronics Commission）	委员

拉贾拉曼对印度理工学院计算机学科的创建和早期发展作出了卓越贡献，同时也是印度计算机教育的开创者之一。1976年，印度政府授予拉贾拉曼尚蒂·斯瓦鲁普·巴特那加奖（Shanti Swarup Bhatnagar Prize）以表彰拉贾拉曼在印度计算机科学领域作出的开创性贡献。[3]

2. 印度理工学院计算机教育的领路人——马哈巴拉

马哈巴拉先后在印度理工学院坎普尔分校和马德拉斯分校任教。1963年，马哈巴拉从加拿大萨斯喀彻温大学（University of Saskatchewan）获电气工程博士学位后加入印度理工学院坎普尔分校，也正是在这一年，坎普尔分校引进了IBM1620计算机。马哈巴拉对印度理工学院计算机学科的历史贡献在于：在入职印度理工学院早期阶段（1963—1972），他推动了坎普尔分校计算机科学学

---

[1] IEEE Computer Society, V. Rajaraman, History of Computing in India(1955-2010), 2012: 87.

[2] Surya Pratap Mehrotra & Prajapati Prasad Sah, The fourth IIT: the Saga of IIT Kanpur (1960-2010), Penguin Enterprise, 2015: 412.

[3] Indian National Science Academy—Indian Fellow Professor Vidyeswaran Rajaraman, (March1, 2020), http://www.insaindia.res.in/detail/N82-0589.

术计划的启动；1973年马哈巴拉加入马德拉斯分校后又因启动跨学科计算机科学与工程学位计划而广受赞誉。马哈巴拉致力于计算机课程教授与学生培养。他讲授的计算机课程有25余门之多，培养的学生活跃于印度知名信息技术产业前沿。马哈巴拉十分注重激发学生对计算机科学的兴趣，他对计算机科学的兴起以及计算机学科广阔的发展前景有独到见解。他认为计算机对于聪明的年轻人有着极大的吸引力，这也解释了科学技术能够得以发展并且具有如此强大力量的原因。计算机的强大魅力从学生们的痴迷程度中可见一斑：学生们舍不得回家，不愿离开实验室，甚至一连几天都不记得洗澡……马哈巴拉用深厚的学识、敏锐的洞察力和幽默的讲授风格使学生们对计算机科学产生了浓厚的学习兴趣，为他们将来成为印度信息技术产业的领军人物打下了扎实的专业基础。他的学生、印孚瑟斯公司创始人之一高帕拉克里斯纳曾回忆，是马哈巴拉使他明晰了自己的学术兴趣，使他能够接触到专业的计算机学术训练，为将来的职业发展道路指明了方向并终身受益。

1977年，我22岁，一天，学习物理专业的我载着一摞计算机书籍在印度理工学院马德拉斯分校骑行。一位骑行的中年教授跟上我，问道："你是对计算机科学感兴趣吗？"我毫不犹豫地回答："是的。"教授立刻建议我："学校有一个关于FORTRAN编程的免费课程，你感兴趣的话可以免费参加！欢迎你的加入。"

教授的一番话顿时激起了高帕拉克里斯纳对计算机知识学习的极大兴趣，也使他坚定了学习的信心。接下来，他不但参加了FORTRAN编程课程的学习，而且还继续深造获得了计算机工程硕士学位。4年以后，高帕拉克里斯纳与志同道合的另外6人一起创业，成立了印孚瑟斯公司。高帕拉克里斯纳感叹道："在校园中与马哈巴拉教授的邂逅改变了我的生活和事业。事实证明，这件事情是我的学术生涯乃至人生中的一个转折点。从此，我的兴趣与之后的工作、生活建立了紧密的联系。"[①]

3. 推动印度理工学院计算机学科早期发展的其他优秀师资

印度理工学院计算机学科创立后汇集招揽了一批优秀师资，他们具有共同的特点：年轻、精力充沛、富有学术激情、拥有海外留学或访学经历、获得博

[①] Meet Professor HN Mahabala, the Man Who Mentored India's IT Icons, (March 5, 2020).

士学位。这些具有开放自由的学术理念、掌握前沿知识的青年学者为印度理工学院计算机学科的早期发展注入了无限活力。除了上文提及的拉贾拉曼和马哈巴拉，印度理工学院孟买分校计算机科学学科带头人 J. R. 艾萨克（J. R. Isaac）也是优秀师资中的佼佼者。他带领团队成员安装了从苏联引进的 Minsk Ⅱ 大型机，充实了计算机中心的设备数量。拉贾拉曼曾经这样评价艾萨克："他有两大爱好：一是教学，二是写作。"[①]为了使学生了解计算机学科前沿专业知识，艾萨克自编方便携带和阅读的口袋杂志——《计算机教育》（Computer Education for You），一经出版便大受欢迎和好评。印度国家信息技术研究所主席拉金·S. 帕瓦（Rajendra S. Pawar）认为："在印度，艾萨克教授是最早构想创建'信息社会'的专家之一。"[②]国家信息技术研究所董事、总经理维杰·萨达尼（Vijay Thadani）回忆道："艾萨克教授是真正的印度计算机科学领域专家级人物。他先于其生活的时代预见了即将到来的'信息革命'，培养了一大批信息时代所需要的专门人才。"[③]P. C. P. 巴特（P. C. P. Bhatt）、C. R. 穆图克里希南（C. R. Muthukrishnan）也为印度理工学院计算机学科的早期发展作出了卓越贡献。他们分别在德里分校和马德拉斯分校开设了计算机科学系列课程，致力于计算机科学学术计划的设立与实施，推动了相关学术项目的日益成熟和完善。

在拉贾拉曼、马哈巴拉、艾萨克、巴特、穆图克里希南等计算机教育先驱们的带领下，印度理工学院计算机学科一经创立便展示出巨大的发展潜力。毫无疑问，优秀的师资队伍是学科发展的基本要素，同时，学校管理者在政策制定以及学科方向确立方面也发挥着重要的作用。印度理工学院坎普尔分校校长凯尔卡便是典型代表之一。凯尔卡于 1959 年至 1970 年担任坎普尔分校的首任校长。在 20 世纪 60 年代计算机并未被大众所认知的时代，凯尔卡就确立了将坎普尔分校建成印度"计算机科学教育之都"（Computer Science Education Capital）的远大愿景。他高度重视计算机教育，深知招募高质量学者组成优秀

---

① Indian Techonline—Vetern Computer Guru Prof J. R. Isaac Passes Away, (March 5, 2020), https://www.indiatechonline.com/it-happened-in-india.php?id=3265.

② Indian Techonline—Vetern Computer Guru Prof J. R. Isaac Passes Away, (March 6, 2020), https://www.indiatechonline.com/it-happened-in-india.php?id=3265.

③ Indian Techonline—Vetern Computer Guru Prof J. R. Isaac Passes Away, (March 5, 2020), https://www.indiatechonline.com/it-happened-in-india.php?id=3265.

第一章　印度理工学院计算机学科的创立与早期发展（1963—1982年）

师资队伍的重要性。凯尔卡坚持要求引进的师资必须拥有博士学位和留学经历，要能够熟练掌握并操作计算机，能在各自擅长的学术领域确立深入研究的学术目标。根据凯尔卡的师资招募标准，首先到任的是拉贾拉曼，他拥有麻省理工学院电气工程硕士学位以及威斯康星大学博士学位，长期从事模拟计算研究工作。另一位引进的优秀学者是 H. K. 凯萨万（H. K. Kesavan），他拥有伊利诺伊大学电气工程硕士学位以及密歇根州立大学电气工程博士学位，曾任安大略省滑铁卢大学电气工程系教授，担任系主任职务。随后，凯尔卡和凯萨万又相继招募引进了多名拥有留学经历的教职人员，包括凯萨万在滑铁卢大学的同事、拥有萨斯喀彻温大学电气工程博士学位的马哈巴拉。计算机学科的师资队伍不断充实扩大。[①]

（二）加强国际交流与合作，聘请国外专家到校任职任教

1. 国际计算机专家频繁到访

印度理工学院计算机学科成功创立并取得显著的早期发展成效是以下因素共同作用的结果：美、苏、德等国的支持和援助，积极的国际学术互动，先进计算机设备的引进以及计算机科学相关专业知识的交流传播。在坎普尔印美计划的支持下，以美国计算机设计先驱哈里·赫斯基（Harry Husky）为首的国际知名计算机专家团于1963年来到印度理工学院坎普尔分校，帮助计算机中心安装 IBM1620 并指导计算机中心的工作人员正确使用该设备。1963年至1964年间，学校先后邀请众多国际知名专家学者来校开展学术交流。在扩大印度理工学院计算机学科知名度的同时也获取了有益的学科建设经验。来访的专家代表包括：普林斯顿大学福尔曼·S. 阿克顿（Forman S. Acton）、凯斯理工学院罗伯特·R. 阿彻（Robert R. Archer）、墨西哥城大学城中心校区 S. 贝尔特拉（S. Beltran）、悉尼大学 J. 本内特（J. Bennett）、《卡特学校计算机技术报告》作者劳罗·卡特（Lauror Carter）、加利福尼亚大学伯克利分校大卫·C. 艾文斯（David C. Evans）、IBM 公司布鲁斯·吉尔克里斯特（Bruce Gilchrist）、加利福尼亚大学圣地亚哥分校克雷佩里（Clay Perry）、东京大学森口茂一（Sigeiti Moriguiti）、加利福尼亚大学伯克利分校吉奥·维德霍尔德（Gio Wiederhold）、阿姆斯特丹数学中心阿德里安·范·维恩加登（Adriaan

---

① Surya Pratap Mehrotra, Prajapati Prasad Sah, The Fourth IIT—The Saga of IIT Kanpur (1960-2010), Haryana: Penguin Enterprise, 2015: 167.

Van Wijngaarden）以及剑桥大学莫里斯·威尔克斯（Morris Wilkes）。[1]

2. 国际知名计算机专家凯萨万担任计算机中心主任

秉持将坎普尔分校建成印度理工学院乃至全印度"计算机科学教育之都"[2]理念的坎普尔分校首任校长凯尔卡意识到，拥有高水平专业造诣和国际学术声誉的知名专家是实现该目标的必备条件。凯尔卡将橄榄枝投向凯萨万。凯萨万不仅具有高水平的学术成就，而且颇具管理才能。1964年至1967年间，凯萨万被委以重任，担任印度理工学院坎普尔分校计算机中心主任，兼任电气工程系主任。凯萨万任职于坎普尔分校计算机中心成立初期，在他的出色领导下，计算机中心的学术影响力迅速扩大，很快发展成为印度理工学院计算机教育的中心，甚至成为全印计算机教育的重镇要地。凯萨万在人才培养方面同样作出了卓越的贡献。他培养了印度理工学院计算机科学和系统科学首批工程硕士和博士毕业生，他们中的大部分人或活跃于印度计算机科学学术研究前沿阵地，或在信息技术企业中担任要职。印度计算机学会终身会员哈里·V. 萨哈斯拉布德（Hari V. Sahashrabuddhe）是其中的典型代表。萨哈斯拉布德于1968年在坎普尔分校获得博士学位，毕业后先后在坎普尔分校和孟买分校从事计算机科学学术研究和人才培养工作，后期在计算音乐学及教育技术方向开展学术研究，学术成果颇为丰富。[3]凯萨万还活跃在印度计算机科学学术机构和组织中，曾在印度计算机学会创建过程中发挥重要作用。[4]

三、确立以计算机基础理论为主导的科学研究方向

有效开展科学研究是提高教师学术水平和学生培养质量的前提。印度理工学院计算机学科发展早期就将科学研究作为学科建设的重要内容："教师开展教学工作的时间应与科研工作进行平衡，确保有足够的时间和精力开展科学研究。同时，应向教师提供用以开展科研工作的必备设施。"[5]尼赫鲁也曾要求

---

[1] Harry Huskey, (March 8, 2020), https://en.wikipedia.org/wiki/Harry_Huskey.

[2] E. C. Subbarao, An Eye for Excellence—Fifty Innovative Years of IIT Kanpur, New Delhi: HarperCollins Publishers India, 2008: 231.

[3] Boi Data—Hari Vasudeo Sahasrabuddhe, (March 10, 2020), https://www.cse.iitb.ac.in/~hvs/hvsbio.html.

[4] E. C. Subbarao, An Eye for Excellence—Fifty Innovative Years of IIT Kanpur, New Delhi: HarperCollins Publishers India, 2008: 240.

[5] Surya Pratap Mehrotra, Prajapati Prasad Sah, The Fourth IIT—The Saga of IIT Kanpur (1960−2010), Haryana: Penguin Enterprise, 2015: 222.

印度理工学院的教师应从事研究、设计与发展工作以帮助国家实现技术上的自力更生。坎普尔分校作为印度理工学院计算机学科萌芽创建的中心，对科学研究活动的开展十分重视，这点可以从首任校长凯尔卡的学术理念中窥见一斑："研究是一种生活方式，研究要与教学、实验、工业产业相结合。"[①] 计算机学科的发展定位一开始就以研究为导向：应向大学三年级的本科生开放研究生水平的选修课程，开设计算机科学与工程硕士与博士学位课程，对学生进行学术训练，鼓励学生参与教师科研项目，毕业设计需具有一定的学术水平。[②] 学科在师资招聘和选择方面也十分注重教师的学术素质及科研潜力。聘任教师除了需要具备顺利开展日常教学工作的能力，还需具有"研究气质"（Research Temperament）。[③]

印度理工学院计算机学科发展早期开展的科学研究以计算机科学基础理论探究为主，涉及计算机基础理论、软件基础及应用基础领域。具体内容包括自动机论与形式语言理论、程序理论、形式语义学以及算法分析。这方面以拉贾拉曼和卡马拉·克里提瓦桑（Kamala Krithivasan）的科研工作最为典型。拉贾拉曼的主要研究方向为使用决策表的开发与应用。他指导博士生进行科研探究，主要内容包括用于信息检索的并行搜索算法研究，数据库中查询优化及制定计算机程序的可靠性度量研究等。[④] 马德拉斯分校的克里提瓦桑拥有理论计算机科学专业博士学位，于1975年加入马德拉斯分校。在潜心教学的同时，她一直从事理论计算机科学研究工作，主要研究方向为形式语言理论和非常规计算模型，如DNA计算、膜计算和离散层析成像等。

1981年，印度计算机科学研究协会（Indian Association for Research in Computing Science，简称IARCS）创办软件技术与理论计算机科学基金会（Foundations of Software Technology and Theoretical Computer Science，简称FSTTCS）。自1981年起，每年12月，来自世界计算机科学学术研究领域的专

[①] Surya Pratap Mehrotra, Prajapati Prasad Sah, The Fourth IIT—The Saga of IIT Kanpur (1960-2010), Haryana: Penguin Enterprise, 2015: 221.

[②] Surya Pratap Mehrotra, Prajapati Prasad Sah, The Fourth IIT—The Saga of IIT Kanpur (1960-2010), Haryana: Penguin Enterprise, 2015: 221.

[③] Surya Pratap Mehrotra, Prajapati Prasad Sah, The Fourth IIT—The Saga of IIT Kanpur (1960-2010), Haryana: Penguin Enterprise, 2015: 223.

[④] Indian National Science Academy—Indian Fellow Professor Vidyeswaran Rajaraman, (March 1, 2020), http://www.insaindia.res.in/detail/N82-0589.

家学者们齐聚一堂，围绕各自在计算机科学和软件技术基础理论方面的见解和研究成果进行展示、交流与讨论。①印度理工学院是软件技术与理论计算机科学基金会的主要筹备单位，德里分校的纳文·加尔格（Naveen Garg）和坎普尔分校的安尼尔·塞斯（Anil Seth）在会议指导委员会担任要职。软件技术与理论计算机科学基金会是印度首屈一指的计算机科学交流平台，为印度理工学院计算机学科发展早期科学研究活动的开展提供了重要的学术平台。

由于此时处于学科发展的初级阶段，受师资力量相对薄弱、研究设备有限、对学科知识认知不完全、国际学术交流活动开展不充分等因素的影响，印度理工学院计算机学科的科学研究活动更多以基础理论探究为主，技术应用方面的研究并不多见。

四、以掌握计算机基础理论与基本技能为中心的人才培养

印度理工学院计算机学科发展早期以培养掌握计算机基础理论知识，具备计算机操作基本技能，能够运用所学专业知识选定研究方向，开展学术探究，完成毕业设计的计算机人才培养为主要目标。

（一）学位课程

如前文所述，印度理工学院计算机学科课程的设置及学位项目的启动是从开设研究生及博士课程、实施硕士学位学术计划开始的。20世纪60年代中期，计算机科学工程硕士及博士学位课程开设；70年代初期，计算机科学硕士学位计划启动；70年代中期，跨学科计算机科学与工程学位计划启动。学位课程逐步完善优化，内容以传授计算机基础理论知识，培养学生获得计算机基本操作技能，重视实操训练为主。以软件及应用专业硕士学位课程为例（见表1-12）。

表1-12　计算机软件及应用专业硕士学位主要课程②

序号	课程英文名称	课程中文译名
1	Introductory Programming and Data Structures	编程和数据结构入门
2	Discrete Mathematics	离散数学

---

① FSTTCS, (March 6, 2020), https://www.fsttcs.org.in/.
② V. Rajaraman, "Computer Science Education in India", in Utpal Kumar Banerjee, Computer Education in India—Past Present and Future, New Delhi: Concept Publishing Company, 1996: 48-49.

续表 1-12

序号	课程英文名称	课程中文译名
3	Programming Languages and Their Translators	编程语言及其翻译
4	Operating Systems Design	操作系统设计
5	Computer Systems Architecture	计算机系统架构
6	Operations Research and Computer Methods	操作研究和计算机方法
7	Design of Business Information Systems	商业信息系统设计
8	Database Management Systems	数据库管理系统
9	Numerical Analysis	数值分析

在专业必修课程之外还设有数学、工程及管理科学的选修课程供学生习得相关专业知识，丰富知识储备。除此之外，6个月的研究或开发项目及3个月的工业实践培训是学术素养培养及实践的必修环节。[①]

（二）毕业设计

计算机学科毕业生除了必须完成修学期间培养计划规定的所有课程并获得规定的最低学分外，还必须选定某一专业方向领域，在导师的指导下开展课题研究，完成毕业设计，通过毕业答辩，最终获得学位。在计算机学科发展早期，人才培养以帮助学生掌握计算机基础理论知识、习得计算机基本操作技能为导向，毕业设计选题侧重理论计算机科学。以前文提到的马德拉斯分校理论计算机科学代表人物卡马拉·克里提瓦桑培养的学生为例：在20世纪70年代中期至80年代之间，克里提瓦桑作为导师指导学生灵活运用计算机基础理论知识，在理论计算机科学领域展开学术探索。下文列举了部分学生毕业设计选题（见表1-13）。

[①] V. Rajaraman, "Computer Science Education in India", in Utpal Kumar Banerjee, Computer Education in India—Past Present and Future, New Delhi: Concept Publishing Company, 1996: 49.

表1-13　卡马拉·克里提瓦桑指导的学生及其毕业设计选题[①]（1975—1979）

指导学生姓名	毕业设计选题	修学年限	获得学位
M. 拉姆汉 （M. Rammohan）	正则语法和DOL数组系统的句法推论 （Syntactic Inference of Regular Grammars and DOL Array Systems）	1975.08— 1977.05	工程硕士 M. Tech
纳利纳西·尼尔玛 （Nalinakshi Nirmal）	2D开发系统和语言研究 （Studies in 2D Development Systems and Languages）	1975.09— 1979.04	博士 Ph. D.
S. 兰加拉扬 （S. Rangarajan）	句法模式识别 （Syntactic Pattern Recognition）	1977.08— 1979.05	工程硕士 M. Tech
戈皮纳斯 （Gopinath）	解析器生成器 （Parser Generator）	1977.08— 1979.05	工程硕士 M. Tech
P. 斯里·苏雷什 （P. Sri Suresh）	手写英文字母的描述生成和识别 （Description Generation and Recognition of Handwritten English Alphabets）	1977.08— 1981.05	工程学士 B. Tech
R. 阿帕纳 （R. Aparna）	上下文无关图语法和矩阵语言的研究 （Studies in Context Free Graph Grammars and Matrix Languages）	1979.01— 1981.08	科学硕士 M. S.

IBM1620的引进安装为学生进行专业学术探究提供了必备的硬件支持。1976年，一篇题为《对编译器优化的全局程序流分析问题的调查》的博士学位论文顺利通过答辩，该论文在IBM1620计算机上进行设计并实现了区间算术软件包[②]，被认为是印度理工学院在该领域开展研究的第一篇博士学位论文，反映了学生对计算机基础理论知识的掌握及应用情况。

五、争取国际援助为学科发展提供硬件与资金支持

印度理工学院计算机学科的早期发展阶段，来自美、苏、德、英等国的援助为学科发展提供了可贵的物资支持，并且推动了学科多元化工程技术教育特

[①] Kamala Krithivasan, (March 1, 2020), http://www.cse.iitm.ac.in/Kalmala/cv.

[②] V. Rajaraman, "Computer Science Education in India", in Utpal Kumar Banerjee, Computer Education in India—Past Present and Future, New Delhi: Concept Publishing Company, 1996: 127.

色的形成。[①]

(一) 坎普尔印美计划

印度理工学院是以美国麻省理工学院为样本创建的。麻省理工学院与印度的历史渊源要追溯到19世纪后期。当时，一部分受英语教育的中产印度人开始意识到技术对社会发展的重要作用，他们把目光投向美国，特别是当时以应用科学与工程学而著称的麻省理工学院。此后，印度精英们纷纷进入麻省理工学院进行深造。毫无疑问，麻省理工学院的教育对这些印度精英们技术理念的形成起到了重要的塑造作用。[②] 在第二次世界大战和冷战期间，麻省理工学院的研究人员在计算机、雷达以及惯性导航系统研发方面作出了重要贡献。第二次世界大战后，麻省理工学院凭借其满足美国国防科技需要的研发优势，迅速崛起并以顶尖的工程学和计算机科学而闻名世界。[③] 印度独立后，将科技视为印度崛起重要动力的尼赫鲁再一次将目光投向麻省理工学院。他认为，以麻省理工学院为模板创立印度国家重点院校对培养印度崛起所需的工程技术人才具有十分重要的作用。与此同时，麻省理工学院计算机优势学科对印度理工学院计算机学科的创立也具有积极的参考意义。自1958年起，尼赫鲁与美国政府多次就麻省理工学院援助印度创建印度理工学院进行洽谈和商讨。1961年8月，在美国机械工程师诺曼·C.达尔（Norman C. Dahl）领导的3人小组报告[④]的建议下，麻省理工学院最终确定与美国其他8所大学一起组成联盟，帮助创办印度理工学院坎普尔分校及计算机学科。这就是对印度理工学院坎普尔分校创建及计算机中心的创立具有重要里程碑意义的坎普尔印美计划。联盟内的9所大学分别为：麻省理工学院、加利福尼亚理工学院、卡内基理工学院、凯斯理工学院、俄亥俄州立大学、普林斯顿大学、普渡大学、加利福尼亚大学伯克利分校以及密歇根大学。该项目第一期持续10年，援助及支持计划包括三部分：第

[①] Dinesh Sharma, The Outsourcer—The Story of India's IT Revolution, Cambridge, Massachusetts: The MIT Press, 2015: 29-30.

[②] Ross Bassett, The Technical Indian, Cambridge, Massachusetts: Harvard University Press, 2016: 5.

[③] 麻省理工学院, (March 13, 2020), https://baike.baidu.com/item/.

[④] Dinesh Sharma, The Outsourcer—The Story of India's IT Revolution, Cambridge, Massachusetts: The MIT Press, 2015: 29-30. 注释：3人小组受麻省理工学院的任命，研究麻省理工学院援助印度理工学院坎普尔分校的可行性及具体方式和内容并向麻省理工学院提交了研究报告。

一，9所学校委派教职工在项目主任的领导下参与坎普尔分校的创建及计算机中心的设立；第二，坎普尔分校选派师资代表赴联盟高校深造或访问学习，获取学科发展前沿知识，积累学科建设经验；第三，帮助印度理工学院坎普尔分校获取学科发展所需的必备设施、相关学术书籍及学术期刊。据统计，在一期计划实施的10年中，先后共有122名美国教职员工来到坎普尔分校开展交流服务活动，共有50名坎普尔分校的教职工在美国联盟高校中接受培训，有5人获得博士学位。用于设备购买的资金总额达到750万美元，其中的重点设备就是IBM1620。[①]

根据坎普尔印美计划，美方派出计算机专家来到坎普尔分校开展合作、指导与交流活动。这些专家中就包括前文提及的哈里·赫斯基、阿克顿以及欧文·拉比诺维兹。在IBM 1620安装测试完成后，这3位专家策划并负责开展了为期10天的计算机课程集中培训。哈里·赫斯基将授课对象扩大到全印范围，这成为该培训项目的最大特色，这一举措迅速扩大了印度理工学院计算机学科在印度的影响力。该项目共持续了12年（1963—1975），每年举办3期，全印共有1500多名来自各个高等院校及研究实验室的教学科研人员接受了FORTRAN编程及数值方法与分析方面的培训，受益面较广。[②]

美国计算机专家对印度理工学院计算机学科早期发展的助推作用是显而易见的。计算机基础知识及理论培训活动的开展奠定了学院在印度计算机教育界的领导地位，国际计算机会议的举办扩大了学院在世界计算机专业领域的学术影响。1965年初，由哈里·赫斯基发起，美国国际开发署（United States Agency for International Development，简称USAID）出资在坎普尔分校举办了国际计算机会议。会议邀请了世界计算机领域著名专家教授分享他们对计算机前沿研究及计算机未来发展的见解。参会人员除印度理工学院坎普尔分校教师外，还包括来自国内外相关领域的重要机构和组织代表，如印度国防研究与发展组织（Defense Research and Development Organization，简称DRDO）的A. 巴拉苏波拉马尼尔（A. Balasubramanian）、贾达普布尔大学

[①] Kanpur Indo-American Program: Final Report, (Newton, MA: Education Development Center, 1972)E1. 转引自 Dinesh Sharma, The Outsourcer—The Story of India's IT Revolution, Cambridge, Massachusetts: The MIT Press, 2015: 29-31.

[②] Supercomputer Education and Research Centre, Indian Insitute of Science, V. Rajaraman, History of Computing in Indian (1955-2010), 2012: 17-18.

（Jadavpur University）的 B. 纳格（B. Nag）、国际计算机有限公司（International Computers Ltd.，简称 ICL）P. P. 古普塔（P. P. Gupta）、艾哈迈达巴德物理研究实验室的 S. R. 塔卡尔（S. R. Thakore），以及来自塔塔基础研究所（Tata Institute of Fundamental Research，简称 TIFR）的 P. V. S. 拉普（P. V. S. Rap）等。会议还邀请国际知名计算机学者发表了主旨演讲，主要代表有剑桥大学的 M. 威尔克斯（M. Wilkes）、悉尼大学的 J. 班尼特（J. Bennet）、墨西哥大学的 A. 贝尔特兰（A. Beltran）以及控制数据公司（Control Data Corporation，简称 CDC）的 S. 巴顿（S. Barton）等。[①]在坎普尔印美计划的大力支持下，印度理工学院举办的首次计算机国际会议取得了圆满成功。会议还通过了一项重要决议：将1964年成立的"IBM 计算机用户小组"（IBM Computer Users Group）设立为专业协会组织，命名为"印度计算机协会"（Computer Society of India，简称 CSI）。

坎普尔印美计划为印度理工学院计算机学科提供了开展学术活动的硬件设备，资助了面向全印度的计算机集中培训项目，举办了国际计算机会议，并邀请国外著名计算机专家作会议主旨发言。这些举措都为印度理工学院计算机学科的早期发展奠定了良好的学术基础。

（二）孟买－苏联双边援助协议

1955年9月5日至10月11日期间，印度、苏联高等教育部（USSR Ministry for Higher Education）及其经济关系主要机构（Main Board for Economic Relations）和联合国教科文组织三方代表召开了对于印度理工学院孟买分校具有重大历史意义的会议，商讨在孟买建立一所高等工程技术教育院校。[②]此后，尼赫鲁总理批准了在创建院校过程中接受苏联援助的决议。1958年11月中旬，印度教育部副秘书长 G. K. 钱迪拉玛尼（G. K. Chandiramani）与印度理工学院新任校长博瑞格·玻斯（Brig Bose）前往莫斯科与苏方就援助具体事宜进行协

---

① V. Rajaraman, "Impact of Computer Science Education—IIT Kanpur on Information Technology in India", in R. K. Shyamasundar & M. A. Pai, Homi Bhabha and the Computer Revolution, Oxford University Press, 2011: 97.

② Rohit Manchanda, Monastery, Sanctuary, Laboratory—50 Years of IIT-Bombay, Macmillan Indian Ltd., 2008: 21.

商。①1958年12月12日，印度政府与苏联政府正式签署双边协议——孟买－苏联双边援助协议。协议约定苏联对印度理工学院孟买分校的创建及重点学科专业的设立给予如下三方面的资助及援助：①安排教授及教学人员在援助周期内组织和开展培训与科学研究工作；②为学院实验室选配应用于教学及科研工作的设备设施；③苏联高等院校提供培训设施及资源，印方选派20名教师接受高级培训并开展研究工作。②截至1966年，苏联根据双边援助计划协议的要求共资助拨款360万卢比③，印度理工学院孟买分校引进了苏联第二代计算机"明斯克Ⅱ"（Minsk Ⅱ）。

"明斯克Ⅱ"是大型计算机，体积较大，使用基于离散晶体管电路，带有纸带输入输出设备。设备从安装到正式投入使用历经近1年时间，计算机的操作手册和技术文件都是俄文版，这就要求教职工必须学习俄语才能读懂与设备相关的技术细节。1974年，苏联计算机EC-1030被引进，这是第三代基于集成电路的计算机，软件完全从IBM机器复制而来。孟买分校计算机研发小组后期还对其进行了升级。"明斯克Ⅱ"和EC-1030这两台从苏联引进的计算机为师生学习和研究活动的开展提供了强大的支持，使学生具备了既精通硬件设备知识又掌握软件系统开发技术的能力。④从学科发展角度来考察，硬件设备的不断更新升级为计算机学科的发展提供了必要的硬件支持，促进了教学实践和科研探索活动的开展。

（三）马德拉斯－印德协议

印度理工学院马德拉斯分校的创建和计算机硬件设备的引进也是在尼赫鲁的大力推动下实现的。尼赫鲁总理亲自访问西德并与联邦政府商议援助印度政府创建印度理工学院马德拉斯分校。以鲁克（Rucker）为首的德国使团来到印

---

① Rohit Manchanda, Monastery, Sanctuary, Laboratory—50 Years of IIT-Bombay, Macmillan Indian Ltd., 2008: 48.

② Rohit Manchanda, Monastery, Sanctuary, Laboratory—50 Years of IIT-Bombay, Macmillan Indian Ltd., 2008: 21.

③ Rohit Manchanda, Monastery, Sanctuary, Laboratory—50 Years of IIT-Bombay, Macmillan Indian Ltd., 2008: 229.

④ Dinesh Sharma, The Long Revolution: the Birth and Growth of India's IT Industry, New Delhi: HarperCollins Publishers India, 2009: 186.

度进行了现场考察，最终两国签订了马德拉斯-印德协议。①1959年，在德国全方位的支持下，马德拉斯分校正式创建。1969年4月，来自亚琛工业大学的豪普特（Haupt）和阿默琳（Amelin）访问马德拉斯分校，拉开了德方援助印度理工学院并在马德拉斯分校安装现代计算机设备的序幕。印度理工学院向德国来访专家介绍了计算机在学科发展需求及国家工业发展中的重要作用。马德拉斯分校校长A. 拉马尚德兰（A. Ramachandran）和印度政府教育顾问L. S. 昌德拉坎特（L. S. Chandrakant）是推动该计划实施的核心人物。与此同时，印度电子委员会主席梅农（Menon）成立了全国委员会，评估了印度理工学院计算机学科的发展对计算机设备的需求，进一步推动了该计划的实施。1971年12月，委员会提交报告，建议在德国援助计划框架内引进安装计算机系统，并在适当时机增强系统功能以满足不断增长的设备需求。委员会还针对引进的系统规格制定了蓝图，包括与之配套的硬件配置和软件支持。1972年1月，马德拉斯分校在全球范围内公开招标，校长任招标组组长，由组长、高级教职人员、来自学术研究机构及工业机构多名计算机专家组成的技术委员会对设备进行详细的技术评估。1972年7月，S370-155获得评审会评委们的一致青睐，7月31日，正式签订订购合同。1973年8月1日，S370-155运抵马德拉斯。3个月后，设备经过安装、测试并最终通过调试，很快投入使用。②该设备的成功引进不仅对印度理工学院，而且对印度社会计算机技术的发展都具有深远的意义。该设备拥有大型现代化系统，运行特征和操作功能超越了印度同期其他的计算机设备。1973年11月17日，马德拉斯分校举办S370-155启用仪式。工业发展联盟部部长C. 苏布拉马尼姆（C. Subramaniam）致辞："今天，印度理工学院启动了价值1500万卢比的新型计算机系统，科学所传递的信息以及技术带来的奇迹将在普通民众身上体现。这将会影响民众的思想，改变民众传统观点，使民众对所处的自然环境以及自己的能力具有更加理性的看法。"③苏布拉马尼姆认为应

---

① Utpal Kumar Banerjee, Computer Education in India—Past Present and Future, New Delhi: Concept Publishing Company, 1996: 129.

② Prof S. Sampath, "The Computer at IIT, Madras", in Utpal K. Banerjee, Computer Education in India—Past Present and Future, New Delhi: Concept Publishing Company, 1996: 130.

③ Utpal Kumar Banerjee, Computer Education in India—Past Present and Future, New Delhi: Concept Publishing Company, 1996: 128.

该在更加广泛的范围内以更加长远的眼光看待计算机的角色，以便更加高效地利用有效资源为个人、学校、社会创造更佳环境。

六、开展学科治理体制建设，为学科发展提供组织保障

学科的健康发展离不开学科治理体制的保障。20世纪70年代中期，随着学科建设工作的全面展开，印度理工学院在学校层面及院系层面逐步建立起分别面向教师、学生和学术事务的专门治理机构，初步形成较为完整的学科治理体制，各分支机构相互配合，保证教学、科研、管理工作的有序进行。学科治理体制的建设为计算机学科的早期发展提供了组织保障。

（一）教师组织选配优秀师资

20世纪70年代中期，坎普尔分校率先设立"校级教务委员会"（Institutional Faculty Affairs Committee）和"院系级教务委员会"（Departmental Faculty Affairs Committee），建立了确保学校及学院现有教职员工参与筛选教职职位的民主制度。"院系级教务委员会"根据各院系的师资需求，在充分考察新兴学科及前沿研究领域所需师资的具体情况下，对所有入职人员的申请进行筛选并发布建议和意见，将其建议和意见上报至上一级组织——"校级教务委员会"。"校级教务委员会"根据下级院系委员会的意见和建议，在综合考虑学院和学科建设现有情况及新兴学科发展趋势等综合因素的基础上对其进行审议，并在必要时进行进一步筛选，最终确定师资人选。[①] 在校级、院系级教务委员会及师资筛选民主制度的保障和推动下，印度理工学院根据印度国内计算机技术发展需求，结合学院的学术定位，确立了学院招聘师资的规模和规格标准。学校充分利用与美、德、苏等国以及其他国际组织开展的国际合作及援助项目，聘请到一批国际计算机知名专家学者，招聘了一批拥有海外留学及访学经历的优秀青年教师，他们均在取得博士学位后拥有1至2年的教学经验或具有博士后研究经历，这批具备计算机学科深厚专业知识及较强学术科研发展潜能的年轻学者逐渐成长为计算机学科的中坚力量，学科由此具有了蓬勃发展的光明前景。

（二）学生组织确保学生参与学术自治管理

在学生管理方面，印度理工学院设立了学生会和学生参议院，主席和成员均由学生选举产生。学生会是印度理工学院民主自治制度文化表现形式之一，

---

① Surya Pratap Mehrotra, Prajapati Prasad Sah, The Fourth IIT—The Saga of IIT Kanpur (1960-2010), Haryana: Penguin Enterprise, 2015: 28.

学院在管理制度和学术领域的自由精神通过学生组织得到了充分的体现，并逐渐渗透到学科建设的核心要素之中。印度理工学院将学生团体视为完全责任成员，具有履行学科发展相关事务的责任。学生组织代表具有与教职员工同等的权利，成为管理组织及学术委员会的当然成员并享有选举权。这些管理组织包括：印度理工学院参议院本科及研究生委员会（Senate Undergraduate and Postgraduate Committees）、院系本科生和研究生委员会（Departmental Undergraduate and Postgraduate Committees）、教育政策委员会（Educational Policy Committee）、参议院奖学金和奖项委员会（Senate Scholarships and Prizes Committee）、参议院学生事务委员会（Senate Student Affairs Committee）及参议院图书馆委员会（Senate Library Committee）。[1]

（三）学术管理组织确保学术管理自治与学术自由

印度理工学院作为国家重点建设的高等院校，肩负着为国家培养高级工程技术人才的重任。学术事务管理机构作为学院众多重要管理职能部门之一，在人才培养过程中扮演着举足轻重的角色。学术管理自治是实现学术自由并根据学科建设及发展的不同时期、不同特点及时制定和调整培养方案的基本保障机制。印度理工学院崇尚开放与自由，鼓励教师与学生共同参与行政管理，坚持行政管理与学术管理相分离，强调校级行政权力下放及各院系学科之间积极开展合作交流活动。学院实行学术管理委员会管理制度，设立各类学术管理委员会，有效管理日常学术事务。坎普尔分校于1964年设立"本科委员会"（Undergraduate Committee）。[2]自设立之初，便明确了本科委员会独立于学院其他行政机构的自主地位。本科委员会委员由各个院系的学科专家代表组成，主要工作是讨论制定并完善本科课程。委员会第一次全体会议的主要议题除了选举委员会主席外，主要内容是讨论时任印度理工学院副校长穆萨纳（M. S. Muthana）能否被吸纳成为委员会成员的问题。与会代表经过激烈的讨论，一致认为，学校行政副校长受其行政管理职能的影响，会形成对某项学术决议进行行政干预的隐患。代表们最终达成一致意见，作出如下回复：

---

[1] Surya Pratap Mehrotra, Prajapati Prasad Sah, The Fourth IIT—The Saga of IIT Kanpur (1960-2010), Haryana: Penguin Enterprise, 2015: 34-36.

[2] Surya Pratap Mehrotra, Prajapati Prasad Sah, The Fourth IIT—The Saga of IIT Kanpur (1960-2010), Haryana: Penguin Enterprise, 2015: 133.

本委员会获悉尊敬的副校长先生对加入委员会并参与委员会各项事务持有浓厚的兴趣。然而，考虑到副校长作为行政管理主要负责人的行政职责，委员会全体成员认为：尊敬的副校长先生参与本组织所有会议尚有不妥。鉴于副校长先生本人对学术事务的浓厚兴趣及在管理方面拥有宝贵经验，委员会将邀请您参加对您有实质性意义的会议。①

本科委员会的最终决议明确了学校行政部门与学术部门相互独立的关系，这在最大程度上从组织政策层面保证了印度理工学院各学科学术管理自治和学术自由的实现。印度理工学院在管理层面的举措成为突破印度传统高等教育机构等级性学术管理机制的创新性成果。

七、积极开展计算机社会咨询服务

人才培养、科学研究和服务社会是现代高等教育院校的三大基本职能。学科是大学的组成细胞，大学是以学科为基础实现其三大职能的。②印度理工学院计算机学科在早期发展阶段便通过开展培训项目、开展知识咨询及工业咨询活动、参与合作项目等方式履行其社会服务职能。

（一）实施质量提升计划

1970年，由印度教育部制定并资助，授权印度理工学院孟买分校、德里分校、坎普尔分校、马德拉斯分校以及卡哈拉格普尔分校实施的"质量提升计划"正式启动，该计划旨在面向全印工程技术院校提升教师的基础业务知识水平，更新教学方法。该计划采用继续教育的形式，具有广泛而专业性强的特点。广泛指的是该项目面向全印度社会开放，实施范围广；专业性强指的是计划的实施对象是印度工程技术院校教师，实施对象具有专业化特征。此外，课程种类丰富，主要类型有学位课程、短期在职课程以及专业发展课程。每期课程参训学员均为印度各级工程技术院校教学经验丰富，具备一定科研能力的骨干教师。③"质量提升计划"最大的特色与亮点在于研究生学位课程培训人员按照培养计划的规定修完理论课程，完成实验课程及实践活动之后，通过最终考核测试可以获得工程硕士或博士学位。该计划对印度技术教育标准和质量的提升产生了积极

---

① Surya Pratap Mehrotra, Prajapati Prasad Sah, The Fourth IIT—The Saga of IIT Kanpur (1960-2010), Haryana: Penguin Enterprise, 2015: 31-32.
② 康兰：《关于大学学科和大学学科建设概念的思考》，《科教文汇》2010年第5期。
③ E. C. Subbarao, An Eye for Excellence—Fifty Innovative Years of IIT Kanpur, New Delhi: HarperCollins Publishers India, 2008: 219-221.

第一章 印度理工学院计算机学科的创立与早期发展（1963—1982 年）

影响，为印度工程技术教育活动的顺利实施培养了优秀的专业教育人才，是计算机学科服务社会的生动体现。下文将对培训课程，培训周期及具体参训人员情况进行梳理（见表1-14至表1-15）。

表1-14 印度理工学院马德拉斯分校质量提升计划之学位课程项目[①]

年度	1971—1972	1973—1974	1974—1975	1975—1976	1976—1977	1977—1978	1978—1979	1979—1980	1980—1981
工程硕士学位获得人数	14	23	21	17	8	8	7	9	2
博士学位获得人数	15	14	11	10	8	14	17	50	12

表1-15 印度理工学院马德拉斯分校质量提升计划之短期在职课程培训项目[②]

年度	课程名称	课程周期	参训人数
1971—1972	数学	15天	32
1972—1973	工作坊教学法	15天	24
	教学技术	15天	42
1973—1974	计算机工程与应用	28天	33
1975—1976	计算机工程与应用	21天	28
	工程教育基础	2天	324
1976—1977	计算机工程与应用	21天	28
	结构分析中矩阵计算机方法	21天	26
1977—1978	计算机工程与应用	21天	13
	结构分析中矩阵计算机方法	21天	26
1978—1979	建模	21天	—
	现代电力设备分析	21天	—
1980—1981	雷达系统	14天	—

---

① Indian Institute of Technology Madras, Annual Report, 1971-1981.
② Indian Institute of Technology Madras, Annual Report, 1971-1981.

（二）开展产业咨询项目

印度理工学院的建校理念为：为国家培养高级科学技术人才，促进国家经济发展，实现印度工业化。计算机学科的建设与发展方向以此为宗旨而确立。在学科早期发展阶段，学院积极开展产业咨询服务，增进与工业界和企业界的联系。[①]1973 年 4 月，马德拉斯分校首创"工业咨询中心"（Industrial Consultancy Center），服务于加强工业与学校之间的联系，协调学校开展的各项工业联络活动。工业咨询中心主任由印度理工学院管理委员会任命。同时，设立"工业咨询中心咨询委员会"，定期开展检查评估咨询项目工作，对项目相关问题进行讨论和审议。20 世纪 70 年代，印度理工学院马德拉斯分校产业咨询项目由"工业咨询中心"统一监管并在院系、中心层面具体实施（见表 1-16）。

表 1-16 印度理工学院马德拉斯分校产业咨询项目一览表[②]（1973—1981）

年度	实施单位	咨询项目名称	资助单位
1973—1974	电气工程系	塔塔咨询工程师计算机程序开发	塔塔咨询服务公司，孟买
	计算机中心	TDC 16 COBOL 编译器开发	印度电子有限公司，海德拉巴
1974—1975	计算机中心	开发项目咨询服务	印度电子有限公司，海德拉巴
1977—1978	计算机中心	国家营养状况综合模拟模型开发项目	泰米尔纳德邦营养食品部
		产量与利润最优化肥料计量模型	泰米尔纳德邦农业部
		ABC 算法开发	印度货币政策委员会
		分布式网络分析计算机模型	金迪工程学院，马德拉斯
		生产配送和仓储系统高效运营计算机开发项目	印度肥料有限公司
		结核病预防资料分析	印度医学研究理事会
		改善现金流开票系统开发项目	南部石化工业公司
		现金流折扣分析	印度石油公司
		软件和计算机系统顾问咨询服务	塔塔咨询服务公司
		最佳模具设计计算机程序开发	孔巴托职业发展中心

---

① 付军龙、温恒福、王守纪：《大学创新教育论》，教育科学出版社 2012 年版，第 161-162 页。

② Indian Institute of Technology Madras, Annual Report, 1973-1981.

续表 1-16

年度	实施单位	咨询项目名称	资助单位
1978—1979	计算机中心	建立肥料经济模型	泰米尔纳德邦农业部
		软件和计算机系统顾问咨询服务	塔塔咨询服务公司
		泰米尔纳德邦的营养系统综合仿真模型	食品营养部
		营销信息系统	南部石化工业公司
		单轨模拟	研究设计与标准组织
		营养不良儿童喂养计划有效性模拟	泰米尔纳德邦社会福利部
		电话簿计算机化项目	马德拉斯电话局
		最佳油轮调度计划	印度石油公司
		计算机系统仿真软件开发	印度行政参谋学院
		模具设计系统的软件转换	孔巴托控制与驱动公司
	电气工程系	计算机对称三相短路研究	泰米尔纳德邦电力局
1979—1980		潮流解决方案的计算机程序开发项目	塔塔咨询服务公司, 孟买
	计算机中心	海上班轮计算机调度系统的开发	印度航运公司
		电话簿计算机化项目	马德拉斯电话局
		项目控制系统计算机化开发项目	南部石化工业公司
		单轨模拟	研究设计与标准组织
		泰米尔纳德邦和喀拉拉邦营养系统集成模拟模型	食品与营养部
		调查数据分析	韦洛尔基督教医学院
		人事信息系统计算机化	泰米尔纳德邦电力系统
		计算机系统选择	阿斯霍克雷兰德汽车公司

续表 1-16

年度	实施单位	咨询项目名称	资助单位
1980—1981	计算机中心	内外全科医学士课程入学考试处理系统	韦洛尔基督教医学院
		水泥厂最佳位置的线性规划模型	财务管理与研究所
		单轨铁路仿真系统	印度铁路研究设计与标准组织
		项目监控与管理	昌迪加尔信息技术促进会
		人事信息系统	泰米尔纳德邦电力委员会
		统计研究	泰米尔纳德邦营养计划项目
		用于大面积泛光灯设计的照明度计算软件开发	孟买通用电气公司
		调查数据的统计数据分析	马德拉斯克莱瑞顾问公司
		农业系统分析	泰米尔纳德邦农业部
		医院信息化计算机系统	印度政府电子部
		在线查询项目	印度科学技术部

从表 1-16 可知，马德拉斯分校开展的产业咨询项目具有明显的地域性特征，服务对象以校址所属地泰米尔纳德邦的国有或私营企业为主，咨询项目涉及领域范围较广，咨询方式多样，主要咨询内容为：产品的计算机辅助设计和技术开发[1]、活动统计调查数据处理、工程设计、系统优化、普查数据处理以及建模和仿真等。[2] 计算机中心、电气工程学院为咨询项目主要实施单位，骨干教师是项目具体负责人，项目数量逐年递增。1973 年，在工业咨询中心设立之初，咨询项目仅有 2 项，到 1981 年，承接项目数量多达 10 余项，项目服务对象也更加广泛。

---

[1] Indian Institute of Technology Madras, Annual Report, 1979−1980: 27.
[2] Indian Institute of Technology Madras, Annual Report, 1976−1977: 71.

第三节　印度理工学院计算机学科早期发展取得的成效与存在的问题

1963年至1982年是印度理工学院计算机学科创立与早期发展时期。在学科创立后，印度理工学院采取了一系列措施推动计算机学科向前发展，在学术平台、师资队伍、人才培养、争取国际援助、组织政策保障以及社会服务等方面取得了一定的成效，但同时也暴露出一些问题。

一、印度理工学院计算机学科早期发展取得的成效

（一）初步搭建起学科发展的基础平台

1963年，在印度政府和"坎普尔印美计划"的合力推动下，坎普尔分校计算机中心正式成立，为学科的创立搭建了平台。以坎普尔分校计算机中心的成立为主要标志，印度理工学院计算机学科正式创立。计算机中心成立后开展了一系列计算机教学与研究活动，开启了印度理工学院乃至印度计算机教育的先河。进入20世纪70年代后，学术平台逐步扩展与完善，计算机教学与研究活动开展的平台数量增多，形成了包括计算机中心、电气工程系和数学系在内的多平台互补模式，计算机教育逐步走向专业化。与此同时，印度理工学院计算机学科从创建之初就强调了学科的实践性特征。计算机中心为学生和教师提供了优良的实践平台。全年免费开放、资源共享的学术环境极大地激发了师生学习、工作和研究的热情，也为学科的健康发展奠定了良好的学术基础。

（二）招揽国内优秀师资及国际知名专家组建了高水平的师资队伍

优秀师资队伍提供的人力资源支撑是学科发展的关键要素，高质量的师资队伍将推动学科快速发展。印度理工学院计算机学科从创建之初就充分意识到高质量的优秀师资对学科发展的重要作用，采用了招揽印度国内优秀计算机教育先锋和开拓者、引进国际计算机学科知名专家的方式汇集了一批高质量的优秀人才，组建师资队伍，确保学科建设平台具有较高的专业化水准。印度国内知名计算机教育专家为印度理工学院计算机学科的创立和早期发展立下了汗马功劳。拉贾拉曼是印度理工学院计算机科学学术项目的先驱，马哈巴拉致力于计算机课程研究与学生培养，当之无愧成为印度理工学院计算机教育的领路人。在拉贾拉曼、马哈巴拉、艾萨克、穆图克里希南、巴特等学者的带领下，计算

机学科汇聚了一批专业素质强、学科背景丰富、精力充沛、干劲十足、年轻有为的优秀计算机学者，学科在创立之初便具有光明的发展前景。

国际合作项目不但为学科创建提供了资金、设备、资源等方面的援助，国际知名学者来访、交流、任职任教无疑为学科的发展提供了直接的帮助。印度理工学院计算机中心初设时的 16 名教职工和 3 名高级顾问中有 4 人是国际知名学者。在学科早期发展时期，来自普林斯顿大学、凯斯理工学院、墨西哥城大学城中心校区、悉尼大学、加利福尼亚大学伯克利分校、东京大学等十余所高等教育机构的知名学者来到计算机中心开展学术交流活动，学院在扩大学科学术影响力的同时，获取了有益的学科建设经验。

（三）初步构建了相对完善的人才培养体系

计算机中心是印度理工学院计算机教育活动实施的重要基地。对内，计算机中心在本科培养阶段开设各具特色的计算机基础课程，如面向三年级本科生开设技术艺术课程，包括计算尺、台式计算器、模拟和数字计算机编程以及数值方法等计算范围的绝大部分内容；面向四年级本科生开设数值方法课程；面向五年级本科生开设模拟和数字计算技术以及脉冲和数字电路课程。对外，计算机中心还面向印度社会开放教育资源，组织开展了连续性的短期集中培训。1963 年至 1969 年计算机中心组织的短期集中培训活动使包括印度理工学院在内的来自印度 66 个学术机构、研究机构、工业机构以及国家相关组织的培训人员参与了数值分析、计算机逻辑等计算机基础课程的学习，为印度社会各界人士习得计算机基础知识，获取计算机基本技能作出了开创性的贡献。

电气工程系和数学系开设的计算机课程进一步丰富了计算机教育活动内容，课程结构日趋合理，学术项目也日益完善。计算机科学工程硕士与博士学位课程、计算机科学硕士学位计划及跨学科计算机科学与工程学位计划在电气工程系逐步实施。1965 年，在坎普尔分校电气工程硕士项目计划中引入了计算机科学专业学术项目，随后，计算机科学专业电气工程博士学位课程于 1968 年在坎普尔分校电气工程系开设，促使教师改善教学水平，开展科学研究活动，为印度理工学院及印度高校在新兴的计算机科学领域培养了一批优秀的学术人才。在 20 世纪 60 年代中期，坎普尔分校是印度国内唯一一所为对计算机科学具有浓厚学术兴趣的学习者提供专业化计算机课程学习的高等学府，其中，在系统编程和数字逻辑设计方面的培训更为突出。1971 年坎普尔分校再做创举，启动了计算机科学硕士学位计划,该计划的毕业生在印度信息技术公司开发与设计部门担任要职,展现了出色的领导才能。这些公司中的典型代表包括:塔塔咨询服务公司、印度斯坦计算机有限公司、印孚瑟斯公司、威普罗公司等。[1]20世纪70年代后期,随着计算机技术的不断发展以及社会对计算机专业人才需求的不断增长,成熟的计算机科学工程学士计划项目的启动与实施成为学科专业化发展的必然趋势。1978年,独立的计算机科学工程学士计划项目在印度理工学院坎普尔分校正式启动,这是印度理工学院计算机学科早期发展取得的又一里程碑式成果。

坎普尔分校培养的计算机科学学士与硕士毕业生不但在国内软件业及学术界崭露头角,其影响力还辐射海外。他们或开设国内及国际软件公司成为出色的企业家(见表1-17),或进入国内外著名高等教育机构从事计算机教学与研究活动,成为知名计算机专家(见表1-18)。

表1-17 坎普尔分校毕业生印度国内外软件公司企业家代表[2]

地区	公司	印度理工学院毕业生
国内	印孚瑟斯公司 (Infosys)	N. R. 纳拉亚纳·穆尔迪 (N. R. Narayana Murthy)
	Kale 咨询公司 (Kale Consultants)	纳伦德拉·凯尔 (Narendra Kale) 维普尔·贾恩 (Vipul Jain)
	太阳微系统公司 (Sun)	巴斯卡·普拉曼尼克 (Bhaskar Pramanik)
	印度数据安全委员会 (DEC/HP)	索姆·米塔尔 (Som Mittal)
	威普罗公司 (Wipro)	拉克斯曼·布迪加 (Laxman Budiga)

---

[1] V. Rajaraman, "Impact of Computer Science Education—IIT Kanpur on Information Technology in India", in R. K. Shyamasundar & M. A. Pai, Homi Bhabha and the Computer Revolution, Oxford University Press, 2011: 95.

[2] E. C. Subbarao. An Eye for Excellence—Fifty Innovative Years of IIT Kanpur, New Delhi: HarperCollins Publishers India, 2008: 237-238.

续表 1-17

地区	公司	印度理工学院毕业生
国内	系统技术公司 （Systech）	纳拉扬·皮萨罗蒂 （Narayan Pisharoty）
	Xansa 技术服务公司 （Xansa）	萨拉·斯瑞瓦 （Saurabh Srivastava）
	Adobe 印度 （Adobe India）	纳伦德拉·古普塔 （Narendra Gupta）
	Innomedia 技术公司 （Innomedia Technologies）	莫汉·坦贝 （Mohan Tambe）
国际	Dual 科技公司 （Dual Technologies）	普拉巴卡·戈尔 （Prabhu Goel）
	Keystone 系统公司 （Keystone Systems）	乌曼·古普塔 （Umang Gupta）
	瞻博网络 （Juniper Networks）	普拉迪普·桑德 （Pradeep Sindhu）
	Selectica 公司 （Selectica）	桑杰·米塔尔 （Sanjay Mittal）
	LCC 国际有限公司 （LCC International）	拉杰德拉·辛格 （Rajendra Singh）
	Portola 通信公司 Yield UP 国际有限公司 （Yield Up, Portola）	阿帕·蒲山 （Abhay Bhushan）

第一章　印度理工学院计算机学科的创立与早期发展（1963—1982年）

表1-18　坎普尔分校毕业生印度国内外高等教育机构代表[①]

地区	高等教育机构	印度理工学院毕业生
国内	印度理工学院马德拉斯分校（IIT, Madras）	C. R. 穆图克里希南（C. R. Muthukrishnan）
	印度理工学院孟买分校（IIT, Bombay）	H. V. 萨哈什拉布德赫（H. V. Sahashrabuddhe）
	印度理工学院德里分校（IIT, Delhi）	P. C. P. 巴特（P. C. P. Bhatt） 拉杰德拉·贾恩（Rajendra Jain）
	海得拉巴信息技术学院（IIIT, Hyderabad）	拉杰夫·桑加尔（Rajeev Sangal）
	特里凡德琅信息技术学院（IIIT, Trivandrum）	K. R. 斯里瓦斯坦（K. R. Srivastan）
	班加罗尔印度科学学院（IISc, Bangalore）	阿努拉格·库玛（Anurag Kumar）
国际	麻省理工学院（MIT）	阿文德（Arvind） 姆里甘卡·苏尔（Mriganka Sur） 桑杰·萨玛（Sanjay Sarma）
	加利福尼亚大学伯克利分校（UC, Berkeley）	吉滕德拉·马利克（Jitendra Mallick）
	卡内基梅隆大学（CMU）	V. K. 博格瓦图拉（V. K. Bhagavatula）
	亚利桑那大学（University of Arizona）	维杰·维塔尔（Vijay Vittal）

[①] E. C. Subbarao, An Eye for Excellence—Fifty Innovative Years of IIT Kanpur, New Delhi: HarperCollins Publishers India, 2008: 239.

续表 1-18

地区	高等教育机构	印度理工学院毕业生
国际	密歇根州立大学（Michigan State University）	阿尼尔·贾恩（Anil Jain）
	佛罗里达大学（University of Florida）	萨塔吉·萨尼（Sartaj Sahni）
	康奈尔大学（Cornell）	K. 潘加利（K. Pingali） 桑迪普·蒂瓦里（Sandip Tiwari）
	斯坦福大学（Stanford）	拉杰夫·莫特瓦尼（Rajeev Motwani）
	德克萨斯大学奥斯汀分校（University of Texas, Austin）	杰伊德夫·米斯拉（Jaydev Misra） 维杰·加格（Vijay Garg）
	康考迪亚大学（Concordia University）	T. 拉达克里希南（T. Radhakrishnan）

（四）国际援助为早期发展提供了必要的物资支持

1947 年，英国对印度长达 200 年的殖民统治宣告结束，印度取得了独立。开国总理尼赫鲁意识到大力发展科学技术将对国家经济恢复起到关键性作用，通过了大力发展现代工程技术教育的决议。面对建国初期国家资源严重不足，难以独立支持完成创建现代高等工程技术教育院校的社会现状，寻求国外技术和财政援助成为现实需求。尼赫鲁不与任何超级大国结盟的外交战略使"争取多国援助，与多国开展交流活动"[①]成为国际合作的主要方式。印度理工学院计算机学科的创立和早期发展离不开来自美国、德国、苏联、英国等多国在设备、专家、资金等方面的大力援助和支持（见表 1-19）。坎普尔印美计划、孟买 - 苏联双边援助协议、马德拉斯 - 印德协议等一系列国际双边协议的签订明确了印度政府通过开展国际交流与合作支持学科发展的策略。

---

① Dinesh C. Sharma, The Outsourcer—The Story of India's IT Revolution, Cambridge, Massachusetts: The MIT Press, 2015: 29-30.

表 1-19　美、德、苏、英国际援助一览表[①]

印度理工学院	专家（名）	设备金额（美元）	师资培训人数（名）	资金总额（美元）
孟买分校	1271	4 000 000	27	7 200 000
马德拉斯分校	1048	4 000 000	80	7 500 000
坎普尔分校	2604	7 600 000	80	14 500 000
德里分校	920	2 000 000	45	4 800 000

1964年8月，IBM1620入驻计算机中心，为计算机教育活动的开展提供了必备的设备支持。设备成功安装后免费供校内校外计算机学习者和专业人员使用。一系列面向印度社会高等科研院所的计算机培训课程成功开设，向印度社会普及了计算机科学基础知识和基本理论，开拓了印度计算机教育的新纪元。随着国际合作的不断深化，在孟买-苏联双边援助协议、马德拉斯-印德协议的支持下，第二代苏联计算机"明斯克Ⅱ"、EC-1030、S370-155相继入驻印度理工学院，为计算机中心增加了计算机教学和研究活动顺利实施必不可少的设备资源，推动了计算机学科教学与科学研究活动迈向新台阶。印度理工学院马德拉斯分校校长潘达莱（K. A. V. Pandalai）称："将此大型系统引入我们的校园将对我们的所有活动（包括教育，研究与发展）产生重要的影响。我希望印度理工学院直接参与解决行业和政府所面临的信息处理和优化问题。"[②]

教学和科研工作的开展离不开人力资源的支撑。国际援助项目在为计算机学科早期建设提供平台、硬件与资金支持的同时，还为学科的发展提供了有力的师资保障。以美国计算机专家哈里·赫斯基为首的国际计算机专家学者率先来到印度理工学院，协助创建计算机中心、指导安装使用计算机设备、开展交流访问活动。国际知名计算机专家凯萨万担任计算机中心主任，采取了一系列措施扩大计算机中心的学术影响力，吸引了更多的国际计算机科学领域专家学者来访交流，学科进入良性发展阶段。

[①] Kim Patrick Sebaly, The Assistance of Four Nations in the Establishment of the Indian Institute of Technology, 1945-1970, Ph. D. dissertation, University of Michigan, 1972.

[②] Utpal K. Banerjee, Computer Education in India——Past Present and Future, New Delhi: Concept Publishing Company, 1996: 128-129.

（五）建立了健全的学术管理组织

学科管理作为学科建设基本要素之一在学科建设和发展中发挥着重要的作用。健全的教师、学生及学术管理组织结构为学科健康稳定地发展提供有力的组织保障。20世纪70年代中期，印度理工学院在学校层面和院系层面建立了教师、学生及学术管理组织和委员会，保证了各层级部门顺畅有效地沟通，确保了教学、科研、师资队伍建设、人才培养及管理等各项工作顺利有序地开展。在师资选配方面，设立校级教务委员会和院系级教务委员会，建立民主筛选教职职位制度，根据学科建设师资需求现状，两级委员会协调配合，在充分尊重下级院系委员会意见的基础上，综合考虑计算机学科作为新兴学科的发展趋势，最终确定师资人选。在师资选配管理政策的有力保障下，一批具有深厚专业知识和较强学术科研发展潜能的青年学者加入教师行列，扩充了师资队伍。在国内、国际知名计算机专家学者的带领下逐渐成长为计算机学科发展的生力军。在学生管理方面同样体现了印度理工学院民主自治的管理机制。设立学生会、学生参议院等学生自主管理机构和组织，力图确保管理自治。在学术管理方面实行学术管理委员会制度，设立了包括本科委员会、研究生委员会、教育政策委员会、学生事务委员会等各级学术委员会在内的学术管理组织，建立了各层级学术委员会管理自治机制，有效管理日常学术事务，坚持行政管理与学术管理相互独立，实现学术管理自治与学术自由。印度理工学院管理制度和学术领域民主自治的特征渗透到学科建设的各个要素中，为学科的健康良性发展提供了制度保障。

（六）积极发挥社会服务职能，为印度社会培养专业化人才

计算机学科在学科建设早期通过面向印度社会开展知识咨询与工业咨询活动、实施培训项目等方式积极发挥社会服务职能。印度理工学院实施的"质量提升计划"对印度技术教育标准和质量的提升产生了积极影响，为印度工程技术教育活动的顺利实施培养了一批专业化人才。马德拉斯分校1971年至1981年十学年间开展的质量提升计划项目呈现出持续性较强的特点，共培养了109名工程硕士、151名博士，开设了包括计算机工程与应用、教学技术、工程教育基础、结构分析中矩阵计算机方法等以计算机基础理论知识和基本技能培训为主的短期在职课程，课程周期最短14天，最长21天，共有576人参加了课

程培训,①对印度技术教育标准和质量的提升产生了积极的影响,为印度工程技术教育活动的顺利实施培养了优秀的专业教育人才。与此同时,计算机学科的建设与发展方向始终以学校的建校理念为宗旨:为国家培养高级科学技术人才,促进国家工业产业发展,实现印度工业化。为此,计算机学科积极开展产业咨询服务及工业合作项目。马德拉斯分校首创"工业咨询中心",1973 年至 1981 年,依托计算机中心、电气工程系积极开展产业咨询项目,为印度国内 30 余所企业提供了 45 项产业咨询服务,②将学科发展与工业界和企业界联系在一起,建立学科、工业、企业协作机制,共同推动印度经济社会发展。

二、印度理工学院计算机学科早期发展存在的问题

在学科创立与发展早期,在师资队伍建设、人才培养、争取国际援助、组织政策保障以及社会服务等学科建设核心要素方面均取得了一定的成效,为学科的蓬勃发展奠定了良好的基础。但是,从学术平台建设、学术团队组建、科学研究与发展活动开展等学科建设基本要素考量,在学科发展早期阶段也存在着明显的短板和不足。

不可否认的是,计算机中心、电气工程系和数学系作为计算机教育活动实施的主要基地,为计算机学科早期发展提供了重要的学术平台。但同时,由于受到计算机设备数量不足的局限,学术活动内容较为单一,学术活动形式缺乏多样性。随着学术项目的日益丰富与完善,规范、独立的学科组织的设立成为学科发展的必然要求。在国内优秀计算机学者与国际知名计算机专家的共同推动下,以计算机基本技能和基础理论知识普及和传授为主的计算机教育培训活动蓬勃开展,成为学科发展早期阶段学术活动的主要内容。但这也从另一个侧面反映出了一定的问题:学术活动的开展主要以教师个人实施教学活动为主,尚未形成团队合力。同时,由于受到此期印度经济发展水平整体不高的影响,计算机学科科学研究与发展活动仍处于起步阶段,科研项目形式较单一,科研水平有限。在社会服务活动开展方面,主要是通过实施培训项目的方式面向印度社会开展计算机知识传授与普及活动,多样性有待提高。

---

① Indian Institute of Technology Madras, Annual Report, 1971–1981.
② Indian Institute of Technology Madras, Annual Report, 1973–1981.

第二章 印度理工学院计算机学科的快速崛起（1983—1991 年）

1983 年，印度理工学院计算机科学与工程系正式成立，为计算机学科的进一步发展搭建了更加规范化、专业化的学术平台。印度理工学院计算机学科进入新的发展阶段，快速成长为国内一流计算机学科。

第一节 印度理工学院计算机学科快速崛起的背景

一、第三次科学技术革命的蓬勃开展

20 世纪 80 年代，以信息技术、新材料、新能源、生物工程、海洋工程等高科技为标志的第三次科学技术革命蓬勃开展，推动了人类社会由工业经济形态向信息社会或知识经济形态的过渡，极大地促进了经济和社会的发展。在世界信息技术浪潮的推动下，世界经济逐步向全球化时代迈进。在这样的国际大背景下，印度的经济发展也进入以发展信息产业和知识经济为主要目标的新阶段。印度政府结合国内经济发展现状和产业人员结构特征，采取了大力支持发展计算机行业的战略方针，极大促进了印度软件业的发展。软件业是以知识和

信息技术为经营载体的知识密集型产业，它是知识经济的核心。[1]软件业的发展需要强大的高级计算机人才队伍的支撑。印度理工学院承担着培养高质量计算机高级人才的重任，成为印度高水平计算机人才的孵化中心。因此，在世界信息技术浪潮、印度政府、国家科技政策以及社会需求等多重合力的作用下，印度理工学院计算机学科在20世纪80年代进入快速崛起期。

二、"计算机总理"拉吉夫·甘地带领印度迈向信息时代的决心

面对世界各地蓬勃兴起的以电子技术为主要标志的新技术革命浪潮，印度政府积极行动起来，大力发展高新技术。[2]1983年，印度议会通过了《技术政策声明》。这部声明是印度独立后由议会通过的、在科学技术领域具有重要指导意义的纲领性文件。在《技术政策声明》的指引下，印度科学与工业研究部推出了"促进和支持咨询服务业"的发展措施。一批知名信息技术咨询企业孕育而生，成为世界软件业的翘楚，其中的典型代表有：威普罗技术公司（Wipo Technology Limited）、珀拉瑞斯软件公司（Polaris Software Limited）、艾-佛莱克斯公司（IFlex Solutions Limited）以及萨蒂扬软件公司（SATYAM）等。一场具有划时代意义的信息技术革命拉开了序幕，一大批具有计算机专业知识和技能的计算机人才成为这场革命的生力军，也成为20世纪80年代带领印度迈向信息时代的人才大军。[3]1984年底，40岁的拉吉夫·甘地（Rajiv Gandhi）上台执政，成为印度独立后最年轻的总理。这位曾经有过伦敦帝国学院和剑桥大学学习经历[4]的总理十分重视科学技术对经济发展的推动作用，看到了电子技术的发展前景。1986年12月，甘地政府颁布了《计算机软件出口开发和培训政策》。在该政策有力的推动下，印度电子业迅速发展，拉吉夫本人也获得了印度"计算机总理"以及"印度信息技术和电信革命之父"的称号。拉吉夫·甘地的著名言论是："印度错过了19世纪工业革命的'公共汽车'，但不能错过'电子革命'或称为'计算机革命'这班车，我们必须在后面紧紧跟上，追上并跳上去。"[5]

---

[1] 《印度软件业发展》，https://www.kekeshici.com/wenhua/yindu/206166.html.
[2] 文富德、唐鹏琪：《印度科学技术》，巴蜀书社2004年版，第64-65页。
[3] 董磊：《战后经济发展之路——印度篇》，经济科学出版社2013年版，第172-175页。
[4] 拉吉夫·甘地，https://baike.baidu.com/item/.
[5] 美国：时代周刊，1986年10月16日。

他决心要用电子技术把印度带入 21 世纪。[①] 他为印度在信息科技方面走在世界前列作出了重要贡献。[②]

第二节　印度理工学院计算机学科快速崛起的举措

在第三次科学技术革命的影响和拉吉夫·甘地建设信息技术超级大国执政目标的指引下，培养掌握先进计算机科学专业知识并具有实践应用能力的信息技术人才成为印度高等工程技术院校人才培养的主要方向。印度理工学院紧跟国家战略发展部署，突出其在计算机学科的优势地位，在学术平台、教学科研、人才培养、社会服务等学科建设各个方面采取了一系列举措，推动计算机学科快速发展。

一、计算机学科学术平台的专业化发展

20 世纪 60 年代至 80 年代初，印度理工学院计算机教育活动主要是由计算机中心、电气工程系和数学系实施的。20 世纪 80 年代，计算机中心设备不断更新换代升级，为教学与研究活动的开展提供了更加高效、更加实用的硬件支持。与此同时，随着计算机学术项目的进一步完善，印度社会对计算机人才专业化程度的要求也越来越高，独立的计算机科学行政学术单位的建立成为学科发展的必然趋势。孟买分校、德里分校、坎普尔分校、马德拉斯分校以及卡哈拉格普尔分校纷纷设立了计算机科学与工程系，为计算机学科的快速崛起提供了更加专业化的平台。学术平台专业化发展促使印度理工学院计算机学科进入快速发展期，并在师资、科研、人才培养、学术交流、社会服务等方面呈现出不同的发展特征，学科知名度不断提升。

（一）计算机中心的升级改造

20 世纪 80 年代中期，印度理工学院计算机中心计算机设备更新升级，专业化程度越来越高，满足了印度计算机教育及社会服务活动多样化开展的社会

---

① 文富德、唐鹏琪：《印度科学技术》，巴蜀书社 2004 年版，第 40 页。
② 张双鼓、薛克翘、张敏秋：《印度科技与教育发展》，人民教育出版社 2003 年版，第 40 页。

需求。马德拉斯分校计算机中心的设备不断升级以满足对大型设施尤其是数据库应用程序的要求,促进了计算机在工程、社会科学及管理优化中的应用,如提供额外的 1270MB 的在线存储空间,2MB 的主存储空间以及与中央处理器兼容的辅助中央处理器。教学实践环节中的更新升级也在进行,可同时提供至少 8 位用户的交互式计算,以满足工程学计算机应用本科课程的计算能力要求。1984 年,计算机设备的使用频率大幅提高,计算机中心决定采用分时系统确保服务质量,通过 IPL-80 单元扩展现有的 S370-155,支持 8 个终端,在一定程度上消除了拥塞状况。[①] 1987 年,计算机中心增加了可用于人工智能、信号处理和专家系统的拥有 4 个带有高分辨率图形和软件的 Micro-VAX II 系统。同时,中心为了使对话、交易和批处理更加便利化,从德国购买了约 80 个终端的西门子 7580-E 分时系统,有效满足了学校各学术行政院系、中心及实验室不断增长的资源使用率,也实现了由使用 IBM370 主机进行批处理到利用 SIEMENS 7580-E 进行交互式计算的技术升级。[②]

(二)计算机科学与工程系的设立

印度理工学院是印度国家重点建设的高等工程技术教育与研究机构,以培养国家经济发展所需要的高级工程技术人才为办学特色。就计算机科学领域而言,最先设立的学术项目是 1971 年在印度理工学院坎普尔分校电气工程系启动的计算机科学硕士学位计划项目。经过十几年的发展,随着印度社会对计算机人才需求量的日益增多,各级计算机技术人才专业化程度不断提高,学术项目的完善成为学科发展的必然要求。在以拉贾拉曼为首的计算机专家们的呼吁下,1978 年,印度理工学院五年制计算机科学工程学士计划(BTech)在坎普尔分校电气工程系顺利实施。学术项目日趋完善,学科基础日益牢固,更加规范化的计算机科学行政学术单位的建立成为必然选择。1983 年印度理工学院计算机科学与工程系正式成立,为计算机学科的快速崛起搭建了更加完备的规范化、专业化学术平台,也标志着印度理工学院计算机学科进入了一个新的发展阶段。印度教育部以及电子部为计算机学科的发展提供了有力的财政支持,印度理工学院教学指导委员会也对专业必修课程设置提出了具体而详细的指导意见。计算机科学与工程系设有计算机科学与工程、计算机技术、计算机应用 3 个专业。

---

① Computer Center, Indian Institute of Technology Madras, Annual Report, 2003–2004.
② Indian Institute of Technology Madras, Annual Report, 1986–1987.

每门必修课程规定了明确的周学时数及授课、指导和实践的学时比例分配（见表2-1）。例如，"计算机组织与构架Ⅰ"课程授课、指导与实践的学时分配比例为3-1-0，也就是每周包括3个小时的授课，1个小时的指导以及0小时的实践。[1]除此之外，对每门课程的学分数也做出了明确的规定。

表2-1 计算机科学与工程系专业必修课程目录[2]

课程名称	授课/指导/实践	学分
计算机组织与构架Ⅰ	3-1-0	4
计算机组织与构架Ⅱ	3-1-0	4
系统编程（程序）	3-1-0	4
操作系统	3-1-0	4
算法设计与分析	3-1-0	4
数字计算机组织简介	3-0-0	3
硬件实验Ⅰ	0-0-3	2
硬件实验Ⅱ	0-0-6	4
软件实验Ⅲ	0-0-3	2
软件实验Ⅳ	0-0-3	2
编译器设计	3-1-0	4
计算机网络	3-0-0	3
数据库管理系统	3-1-0	4
计算理论	3-0-0	3
应用图论	3-0-0	3
图像处理与场景分析	3-0-0	3
微处理器及其应用	3-0-0	3
建模与仿真	3-0-0	3
计算机图形学及其应用	3-0-0	3

---

[1] 浙江大学：《印度理工学院调研报告》，《透视与借鉴——国外著名高等学校调研报告》，高等教育出版社2008年版，第415页。

[2] Utpal Kumar Banerjee, Computer Education in Indian: Past, Present and Future, New Delhi: Concept Publishing Company, 1996: 116-117.

续表 2-1

课程名称	授课/指导/实践	学分
VLSI 系统设计	3-0-0	3
计算机系统性能评估	3-0-0	3
计算机辅助设计	3-0-0	3
信息系统设计	3-0-0	3
编程语言理论	3-0-0	3
并行与分布式处理	3-0-0	3
自动机与形式语言理论	3-0-0	3
逻辑编程	3-0-0	3
软件工程	3-0-0	3
计算几何	3-0-0	3
计算机视觉	3-0-0	3
并行算法	3-0-0	3
数据库管理介绍	3-0-0	3
编程方法和数据结构	3-0-0	3
设计实验	0-0-3	2
计算机辅助设计在系统架构中的应用	0-0-3	2

从计算机科学与工程系专业必修课程目录中可以看出，必修课程类型主要分为理论型课程和实践型课程。实践教学是高等院校计算机专业培养学生获得专业技能的重要环节。理论型课程和实践型课程相结合的课程设置是由计算机学科理、工结合的学科性质所决定的，既要培养计算机理论研究和基本系统开发人才，还要培养应用系统开发及应用人才。[①] 计算机学科教育管理实行学分制，课程设置分为核心课程（见表 2-2）、选修课程（见表 2-3）以及实践类课程（设计类、项目类、论文类）。如计算机科学与工程硕士学位项目，最低学分要求为 48 学分，其中核心课程及选修课程最低学分为 32 学分，实践类课程学分要求为最低 12 学分、最高 18 学分。课程计划有一定灵活性，可针对学生需求量

---

① 蒋宗礼：《计算机科学与技术学科硕士研究生教育》，清华大学出版社 2005 年版，第 1 页。

身定制。课程的选择权主要在学生手中,学生在导师的指导下最终确定所选课程。选课基本要求为:计算机科学软件实验/微型项目至少获得4学分,主修至少1门硬件核心课程、1门软件核心课程、1门理论核心课程以及2门跨学科选修课程。[1]

表2-2 核心课程目录[2]

核心课程类型	课程编号	课程名称
硬件课程	CS 718	大型系统架构
软件课程	CS 741	编程方法
	CS 765	逻辑与函数编程简介
理论课程	CS 746	算法分析与设计
	CS 755	计算机科学的数学基础

表2-3 选修课程目录[3]

课程编号	课程名称
CS 710	VLSI中的算法
CS 712	计算机系统中的资源管理
CS 716	基于微处理器的系统设计
CS 719	数字系统中的计算机辅助设计
CS 740	软件工程
CS 760	模式识别
CS 766	机器人学导论
CS 768	基于知识的系统设计
CS 770	数据工程

---

[1] H. N. Mahabala, "Computers in the Indian Context", in Utpal Kumar Banerjee, Computer Education in India —Past Present and Future, New Delhi: Concept Publishing Company, 1996: 133.

[2] Utpal Kumar Banerjee, Computer Education in Indian—Past, Present and Future, New Delhi: Concept Publishing Company, 1996: 133-134.

[3] Utpal Kumar Banerjee, Computer Education in Indian—Past, Present and Future, New Delhi: Concept Publishing Company, 1996: 133-134.

续表 2-3

课程编号	课程名称
CS 781	计算机图形学
CS 783	数字图像分析
CS 811	性能评估
CS 816	分布式算法
CS 818	容错计算
CS 820	计算机网络
CS 827	分布式计算
CS 831	编程语言语义学
CS 833	编译理论
CS 843	算法组合
CS 850	复杂性理论
CS 851	算法图形理论
CS 852	计算几何
CS 855	逻辑编程基础
CS 856	数学编程
CS 860	主机接口

二、构建以学术认同为基础的内聚性学术团队

印度理工学院计算机学科早期发展时期汇集招揽了一批印度国内首屈一指的计算机高级专家，以拉贾拉曼和马哈巴拉为典型代表。拉贾拉曼积极促进印度计算机教育活动的开展并推动了印度理工学院计算机科学学士计划项目的启动。马哈巴拉是印度著名的计算机专家，他致力于计算机教学与科研工作，培养的优秀学生活跃于印度计算机行业前沿。20世纪80年代中期，随着学术平台的日益完备以及各项学术组织政策的落地，计算机学科师资队伍不断扩充，师资力量不断增强。了解掌握本学科专业学术知识前沿动态的青年学者的不断加入使师资队伍呈现出更具专业化的特点。多名秉持相同学术兴趣、具有同一科学研究方向的学者汇聚在一起，致力于在共同的学术领域开展教学科研活动，

构建了以学术认同为基础的内聚性学术团队。[①] 拥有相似的学术理念，具有相同的研究兴趣，遵循同一学术规范使学术团队的凝聚力不断增强，内聚性特征凸显。这也是学术团队高效产出科研成果的保障。在学术带头人的带领下，团队成员共同探讨学术问题，紧密合作，协调分工，确保学术成果不断积累，为学科的发展提供了坚实的人才保证。印度理工学院孟买分校校长比斯瓦吉特·纳格（Biswajit Nag）带领的学术团队致力于计算机科学与工程学术课程结构调整及计算机系统研究。比斯瓦吉特·纳格是印度知名的计算机科学家，也是印度最受赞誉的计算机系统设计专家之一。1984年，纳格担任印度理工学院孟买分校校长，连任两届。作为一位富有开创精神的教育家，纳格推动了印度计算机科学与工程研究工作的开展。[②] 纳格团队成员包括来自印度理工学院孟买分校计算机科学与工程系的迪帕克·B.法塔克（Deepak B. Phatak）和S.S.S.P·尧，均为印度知名计算机应用程序和数据库专家。该团队积极顺应信息化时代需求，共同围绕着数据库和信息系统、软件工程、系统绩效评估、计算机战略规划等研究方向开展学术探索，迎接数字化时代的挑战。[③] 紧跟时代步伐不断满足国家战略发展需求并时刻保持敏锐的学术敏感性是内聚性学术团队得以持续发展的基本前提。纳格团队成员兼任国家电子信息技术组织重要职位：纳格担任印度电子部秘书及印度电子委员会主席[④]；迪帕克·B.法塔克与印度计算机学会保持长期的合作关系，是计算机学会重要活动的主要参与者。团队成员积极承担印度政府资助及企业咨询项目（见表2-4），扩大了印度理工学院计算机学科在印度国内的知名度，在提升学科学术声誉的同时使学术团队保持着持久良好的发展态势。

[①] 张铭、何振海：《吉森大学李比希学派的历史贡献及其原因探析——基于一流学科培育的视角》，《现代大学教育》2019年第5期。

[②] Rohit Manchanda, Monastery, Sanctuary, Laboratory—50 Years of IIT-Bombay, Macmillan Indian Ltd., 2008: 150.

[③] Biswajit Nag, https://en.wikipedia.org/wiki.

[④] Rohit Manchanda, Monastery, Sanctuary, Laboratory—50 Years of IIT-Bombay, Macmillan Indian Ltd., 2008: 150.

表 2-4　比斯瓦吉特·纳格教授学术团队承担的政府资助及企业咨询项目[①]

序号	项目名称	资助/咨询机构
1	台式计算器及小型计算机开发	巴拉特电子有限公司（Bharat Electronics Limited）
2	个人计算机模拟器开发	印度航空发展局（Indian Aeronautical Development Agency）
3	智能卡技术开发与发展项目——银行借记卡申请应用	印度储备银行（Reserve Bank of India）
4	智能卡技术开发与发展项目——银行借记卡申请应用	印度国家银行（State Bank of India）
5	股票证券市场监管系统开发	印度证券交易委员会（Securities and Exchange Board of India）
6	计算机工程教师培训项目——基于毕业设计公开网络指导平台	印度技术教育学会（Indian Society for Technical Education）

三、确立以计算机应用为主导的科学研究方向

20世纪80年代，第三次科学技术革命的蓬勃开展对人们的日常生活、工作以及学习方式产生着重大影响，计算机科学研究也经历着从理论计算机科学到应用计算机科学的变化。顺应世界计算机领域科学研究的发展变化，印度理工学院计算机学科科学研究的主要内容也呈现出新的特点，计算机技术应用成为研究热点并得以关注。围绕计算机图形学和可视化、自然语言处理、信息科学、计算机体系结构和工程等应用计算机科学领域开展的科研合作与开发项目成为科研活动的主要形式。与此同时，产学研项目的开展促进了科研成果的应用转化，形成了良性互动的和谐局面：科研成果有效应用于实践，企业赞助与咨询项目为科研的深入开展提供资金支持和保障。

（一）创建计算机辅助设计中心，积极开展产学研合作项目

1984年，印度电子部与联合国开发计划署共同出资3.4亿卢比在印度理工学院坎普尔分校、孟买分校建立计算机辅助设计中心，开展计算机辅助设计软件开发与人力资源项目实施工作。[②]中心主要负责人桑贾伊·戈文·德汉德（Sanjay

---

[①] Deepak. B. Phatak, https://en.wikipedia.org/wiki/Deepak. B. Phatak.

[②] Bangalore: Supercomputer Education and Research Centre, Indian Institute of Science, V. Rajaraman, History of Computing in Indian (1955−2010), 2012: 35.

Govind Dhande）在成立大会中指出："计算机辅助设计中心致力于为印度工程行业开发计算机辅助软件，并为计算机辅助设计领域行业提供咨询服务。"[①] 计算机辅助设计中心承担了帮助印度化学和冶金工程部门有效使用计算机以提高生产效率的任务。为确保项目顺利实施，中心购买了 Norsk 数据计算系统和相关支持软件。[②] 计算机辅助设计中心的建立是产业界、学术界、社会与政府之间创建新型合作伙伴关系的具体体现。学生通过开展计算机辅助设计咨询项目，能够在实践中获取知识和技能，掌握新技术，及时了解社会需求。教师在合作项目中将科研成果直接应用于产业实际，促进成果转化，最终达到帮助企业解决工业难题、提高生产效率、增加产出效益的目的。该项目的重要意义在于：率先在印度工业中使用了计算机辅助设计的方法和工具。[③] 产学研项目的持续开展促进了印度理工学院计算机学科专家学者们对应用计算机科学的深入探究。与此同时，也使科学研究呈现出以计算机技术应用为主导的特征，实践意义更强。

（二）开展实施图形和印度文字终端技术开发项目

印度民族众多，语言复杂。据统计，印度共有 1652 种语言和方言，其中使用人数超过百万的多达 33 种。[④] 1983 年，印度电子部发布"集成梵文字母计算机终端"（Integrated Devanagari Computer Terminal）设计与开发项目，用以解决印度人机语言界面复杂性的问题。该项目对印度的社会人际沟通具有重要的意义，电子部对该项目的开展和实施十分重视。印度理工学院坎普尔分校凭借其雄厚的计算机学科实力成为该项目的主要实施单位，体现了学科重视应用研发的科研特征。马赫什·辛哈（Mahesh Sinha）和莫汉·坦贝（Mohan Tambe）作为该项目的主持人设计了梵文字母输入的键盘方案。该设计方案的主要技术思路为使用国际标准信息交换代码（International Standard Code for Information Interchange）进行文本的内容表示，同时使用文本编写模块将脚本呈现在显示器及其他输出设备上。"集成梵文字母计算机终端"设计历时 8 个月，后在德

---

① Surya Pratap Mehrotra, Prajapati Prasad Sah, The Fourth IIT—The Saga of IIT Kanpur (1960−2010), Haryana: Penguin Enterprise, 2015: 281.

② Arvind P Kudchadker, Creating a 21st century technological institute, Chennai: Notion Press, 2018: 19−20.

③ Surya Pratap Mehrotra, Prajapati Prasad Sah, The Fourth IIT—The Saga of IIT Kanpur (1960−2010), Haryana: Penguin Enterprise, 2015: 230.

④ 印度语言, https://baike.baidu.com/item/.

里举行的"第三届世界印地语大会"（Third World Hindi Convention）上发布。"集成梵文字母计算机终端"是使用具有多任务固件的 Intel 8086 处理器开发的，后期进行深入研发，使用 32 位 68000 微处理器实现了相同的技术，最终该项技术被命名为"图形和印度文字终端（Graphics and Indian Script Terminal）技术"。[①] 1988 年，图形和印度文字终端卡研发成功，可插入 IBM 个人电脑使用，实现了现有的以字符为基础的软件包与所有印地语文本一起使用的研发目标。[②] 图形和印度文字终端技术研发项目的顺利实施是印度理工学院在应用计算机科学自然语言处理领域取得的重大科研成果，是印度理工学院计算机学科具有国内一流计算机科学研发水平的有力证明。

四、以实践型计算机人才培养为中心

随着信息技术产业的快速增长，计算机的使用渗透到更广泛的产业领域，印度社会对应用实践型计算机人才的需求量大幅增长。印度相关高校开始全力地应对这一需求，开设了更多的计算机科学专业课程，设立了类型多样的计算机学位授予项目。印度理工学院计算机学科紧跟国家人才需求，及时调整人才培养重点，将学科发展早期以培养掌握基础理论知识、具备基本操作技能为中心的人才培养目标转向以培养实践型高级应用人才为中心，在此基础上设立了新的学位项目，并及时调整更新培养方案，从而培养出一批高质量实践型计算机人才，满足了印度社会的人才需求。

（一）计算机应用硕士学位项目的设立

20 世纪 80 年代，随着小型及微型计算机价格的降低，印度企业中计算机的普及度越来越高，信息化的企业管理及数据处理成为热门需求，随之而来的是对计算机应用专业人才需求量的大幅上升。1980 年 1 月，印度电子委员会与人力资源开发部针对新兴计算机行业人力资源短缺的现状，召集印度计算机高级专家学者成立了计算机人力开发委员会，委员会主席由印度理工学院坎普尔分校拉贾拉曼担任。计算机人力开发委员会成立后召开了一系列会议，对印度现有的计算机人才需求状况及计算机科学与工程专业课程进行

---

① R. Mahesh K. Sinha, https://sites.google.com/site/profrmksinha/research-projects/develop-ment-of-integrated-devanagari-computer-idc-graphics-and-indian-script-terminal-gist-multilingual-techno-logy/.

② IEEE Annuals of the History of Computing, IEEE Computer Society, R. Mahesh K. Sinha, A Journey for Indian Scripts Processing to Indian Language Processing, 2009: 24.

了评估，对课程设置进行了讨论。委员会建议印度理工学院增设计算机科学与工程学位学术计划以满足不断增长的人才需求。经过多轮会议商讨，委员会通过了启动新型计算机硕士学位项目的建议，该学术项目定名为"计算机应用硕士学位项目"（Master of Computer Applications）[1]，专门培养高级计算机应用人才。1983年，印度电子委员会批准了该学术项目，并进一步明确了培养目标：培养具备在商业、工业和社会服务行业综合运用计算机使用知识和技能解决实际应用问题的高级计算机应用人才，培养熟练掌握计算机应用技能的应用系统设计人才和管理人才。[2]清晰的培养目标明确了培养对象在毕业时应具备以下基本素质和能力：对计算机系统及其功能全面了解，能够有效识别计算机应用环境，具备管理大型复杂软件项目的能力以及扎实掌握定量工具和技术专业基础知识。计算机应用硕士学位项目学制三年（6个学期），每学期教学周为14至16周，扣除考试复习及考试周，最低授课时数为70学时。设置有4个相关专业：数学科学、计算机科学与计算、管理科学和分析技术。4个专业的课程设置包括核心课程和选修课程（见表2-5），其中核心课程为必修课程，选修课程拓展学生专业知识，使学生紧跟技术发展前沿，了解最新工具和技术发展动态。

表2-5 计算机应用硕士学位项目专业设置及课程目录[3]

专业	核心课程	选修课程
数学科学	计算机科学数学基础	线性代数
	概率统计	高级统计方法
	组合图论	数值分析

---

[1] Bangalore: Supercomputer Education and Research Centre, Indian Institute of Science, V. Rajaraman. History of Computing in Indian (1955−2010), 2012: 34−35.

[2] Utpal Kumar Banerjee, Computer Education in Indian—Past, Present and Future, New Delhi: Concept Publishing Company, 1996: 155.

[3] Utpal Kumar Banerjee, Computer Education in Indian—Past, Present and Future, New Delhi: Concept Publishing Company, 1996: 157−158.

续表 2-5

专业	核心课程	选修课程
计算机科学与计算	计算机编程与问题解决	算法分析与设计
	计算机组织与汇编语言编程	计算机架构
	数据与文件结构	人工智能
	系统软件与 C 语言编程	软件工程
	操作系统	数据库设计
	数据库管理系统	决策支持系统
	交互式计算机图形学	电脑软件
	信息系统设计与实施	UNIX 与 SHELL 编程
	分布式计算、网络与应用	计算机中心管理
	—	计算机系统性能评估
		微处理器及其应用
		计算机外围设备及其维护
管理科学	会计与财务管理	管理经济学
	组织结构与人员管理	物资管理
	系统分析与设计	企业策划
	计算机辅助管理	高级管理技术
	—	印度商业环境
		计算机与社会
分析技术	基于计算机的数值与统计技术	高级优化技术
	基于计算机的优化技术	工业质量保证
	仿真与建模	动态系统建模

　　计算机应用硕士学位项目课程设置的特色是实践课权重加大，使学生获得更多的实践动手机会，培养解决实际技术性问题的能力。除此之外，学生在毕业之前还需要完成毕业设计项目，锻炼学生能够将理论有效应用于实践的能力。因此，在第六学期要求学生参与学术会议研讨并进行毕业设计的开题、中检以及答辩等活动。理论和实践课程主要安排在前五个学期，每个学期开设至少 5

门课程（见表2-6）。在第四学期结束、第五学期开始之前，学生还需进入企业开展为期8周的实习培训。

表2-6 计算机应用硕士学位项目课程设置 [①]

序号	课程名称	授课	指导	实践	小计
第一学期					
1	计算机科学数学基础	3	1	0	4
2	概率统计	3	1	0	4
3	计算机编程与问题解决	3	1	4	8
4	计算机组织与汇编语言编程	3	1	4	8
5	会计与财务管理	3	1	0	4
6	机构课程 I	3	1	0	4
	总学时	18	6	8	32
第二学期					
1	组合图论	3	1	0	4
2	商业数据处理	3	1	4	8
3	数据与文件结构	3	1	4	8
4	基于计算机的数值与统计技术	3	1	4	8
5	组织结构与人事管理	3	1	0	4
	总学时	15	5	12	32
第三学期					
1	系统软件与C语言编程	3	1	4	8
2	数据库管理系统	3	1	4	8
3	系统分析与设计	3	1	0	4
4	基于计算机的优化	3	1	4	8
5	机构课程 II	3	1	0	4

① Utpal Kumar Banerjee, Computer Education in Indian—Past, Present and Future, New Delhi: Concept Publishing Company, 1996: 160-161.

续表 2-6

序号	课程名称	学时分配（周课时）			
		授课	指导	实践	小计
	总学时	15	5	12	32
	第四学期				
1	操作系统	3	1	4	8
2	信息系统设计与实践	3	1	4	8
3	计算机辅助管理	3	1	0	4
4	选修 I	3	1	0	4
5	选修 II	3	1	4	8
	总学时	15	5	12	32

注：选修 I 可以从数学科学专业课程目录中选择，选修 II 可以从分析技术专业课程目录中选择。

序号	课程名称	授课	指导	实践	小计
	第五学期				
1	交互式计算机图形学	3	1	4	8
2	分布式计算网络及应用	3	1	4	8
3	仿真与建模	3	1	4	8
4	选修 III	3	1	0	4
5	选修 IV	3	1	0	4
	总学时	15	5	12	32
	第六学期				
1	座谈会 / 研讨会	0	0	4	4
2	论文 / 毕业设计	0	0	20	20
	总学时	0	0	24	24

（二）五年制本硕连读联合培养工程硕士学位项目的设立

20 世纪 80 年代中期，印度社会对具备设计、技术和制造管理理论与实践能力的计算机人才需求量明显增大。在这种情况下，印度理工学院计算机学科对人才培养方案做出了及时调整，1984 年孟买分校率先设立"五年制本硕连读联合培养工程硕士学位项目"（Five-year Cooperative Integrated MTech Programme），为行业提供接受过产业实训、具有较强实践经验的实践型高级计算机人才。与学科传统的学术项目相比，该项目具有两大特点，一是"本硕连读"，二是"联合培养"。"本硕连读"指的是该项目的招生对象是通过"印度理工学院联合入学考试"招收的学生，采用五年一贯制培养方式，5年培养期满并达到学位授予资格后直接授予工程硕士学位。"联合培养"指的是"合作"项目，合作双方分别是印度理工学院计算机科学与工程系和印度信息技术企业。企业通过派出企业导师（Industry Sponsor）的方式直接参与人才培养过程，合作企业为培养对象提供实习场地和机会，与校方共同培养符合行业需求的计算机人才。良好的行业互动以及校企之间紧密的协作确保该项目在最大程度上契合了行业需求。企业参与人才培养的方式还体现在资金支持方面。从培养对象入学开始，企业每年为学生提供15000卢比的助学金，连续资助5年。培养期内，企业还要为学生提供15至18个月的驻企实习机会。毕业设计由校方导师和企业导师共同指导完成。[①] 五年制本硕连读联合培养工程硕士学位项目是印度理工学院人才培养计划的一项创新性举措，突出了以实践型计算机人才培养为导向的人才培养目标，为印度信息技术企业输送了大量优秀的计算机人才。

五、不断加强国内外学术交流

学术交流是推动高校科学研究发展，增强学科相关专业领域学者之间进行知识交流和学术互动的重要手段。通过举办学术讲座、学术研讨会及成果交流会，专家学者们可以进行专业知识分享，开展经验成果交流推广并自由地进行学术争鸣。20世纪80年代，印度理工学院计算机学科专业领域的学术交流活动频繁，推动了学科的蓬勃发展。本时期的学术交流活动以"学习"为主，通过"请进来""走出去"两种方式为本校学者提供了解计算机科学领域前沿发展动态和国外最新研究成果的机会。通过国内外专家面对面的交流，学术同仁们互相分享学术研究成果，最终达到拓宽学术研究视野、激发学术热情、提升学术水平的目的。[②] "请进来"指邀请国际计算机学科领域专家学者走进印度理工学院，

---

① Arvind P Kudchadker, Creating a 21st Century Technological Institute, Chennai: Notion Press, 2018: 93-95.
② 陈媛媛：《高校学术交流管理探究》，《中国多媒体与网络教学学报（上旬刊）》2020年第2期。

通过举办专题讲座、作学术报告、开展交流研讨的方式推动学术交流与互动。"走出去"指校方大力支持和鼓励本校学者赴国外著名计算机高等教育院校及研究机构访问或访学,参加计算机学科国际研讨会,了解国际计算机学科前沿研究动态,掌握最新研究成果,拓展自身研究思路,完善研究计划,解决研究难题。与此同时,印度理工学院计算机学科充分发挥其在印度国内领先的学术地位,举办系列学术会议,进一步扩大了学科知名度。专家学者在会上互相分享学术研究成果,不断进行学术思想碰撞,学习对方的科学探索精神,在自由积极的学术氛围中激发学术热情,形成新的学术思想。印度理工学院计算机学科的学术优势还表现在专业教师在国内权威计算机学术组织担任主席、委员及学会成员,受聘于国内其他信息技术工程院校任专家指导开展信息技术产业咨询服务等方面。下文将以印度理工学院马德拉斯分校从 20 世纪 80 年代初至 20 世纪 90 年代初开展的国内外学术交流活动为例,从一个侧面展现国内外学术交流活动开展的主要形式和特征。

(一)邀请国际计算机学科领域专家学者开展交流

20 世纪 80 年代初至 20 世纪 90 年代初,马德拉斯分校通过邀请国际计算机学科专家学者来印举办专题学术讲座、开办报告会等方式开展计算机学科学术交流活动。来访专家主要来自美国、德国、英国、法国、加拿大等国,也有个别专家来自苏联、日本、澳大利亚、南斯拉夫以及马来西亚。其中,与美国、德国和英国开展的国际交流活动较为频繁。具体交流内容详见表 2-7 至表 2-16。

表 2-7 计算机学科国际专家来访交流情况统计表[①]

(印度理工学院马德拉斯分校 1980—1991)

来访国	1980—1981	1982—1983	1983—1984	1984—1985	1985—1986	1986—1987	1987—1988	1989—1990	1990—1991
美国	3	7	6	1	2	1	3	10	8
德国			1		1		6	2	2
英国		1		4	1	5	3		1
法国	1								
加拿大			2	1		1		1	1

① Indian Institute of Technology Madras, Annual Report, 1979-1991.

续表 2-7

来访国	1980—1981	1982—1983	1983—1984	1984—1985	1985—1986	1986—1987	1987—1988	1989—1990	1990—1991
苏联						1			
日本	1								
澳大利亚	1								
南斯拉夫	1								
马来西亚		1							

表 2-8　计算机学科国际专家来访交流情况[①]

（印度理工学院马德拉斯分校 1980—1981）

序号	来访专家	所属国	所属机构/担任职位	交流主题
1	R. 克里西瓦桑（R. Krithivasan）	美国	犹他大学	计算机科学研究
2	S. 斯里尼瓦斯（S. Srinivas）	美国	贝尔电话实验室	集成语音和通信实验系统
3	尼瓦特（Nivat）	法国	巴黎大学程序设计中心	递归程序方案
4	R. L. 卡什雅普（R. L. Kashyap）	美国	普渡大学	句法模式识别
5	中村（Nakamura）	日本	广岛大学应用数学系	等距阵列 L-系统
6	布兰科·索克（Branco Soucek）	南斯拉夫	萨格勒布大学	微型计算机及其接口
7	卡鲁纳尼迪（Karunanidhi）	澳大利亚	系统分析师	数据处理行业的机遇

---

① Indian Institute of Technology Madras, Annual Report, 1980−1981: 59.

表 2-9　计算机学科国际专家来访交流情况[1]

（印度理工学院马德拉斯分校 1982—1983）

序号	来访专家	所属国	所属地/机构	交流主题
1	马哈德万·加纳帕蒂（Mahadevan Ganapathi）	美国	斯坦福大学	汇编者的编译器系列讲座
2	G. 维贾扬（G. Vijayan）	美国	普林斯顿大学	直线图及其嵌入
3	E. D. 拉达克里希南（E. D. Radhakrishnan）	美国	亚利桑那州凤凰城	电子交换系统和软件开发
4	奥斯卡·N. 加西亚（Oscar N. Garcia）	美国	电机电子工程师学会计算机协会主席	分布式计算机体系结构与网络
5	拉达克里希纳（Radhakrishna）	加拿大	康考迪亚大学	康考迪亚大学本地微处理器网络
6	拉曼·西梅达比（Raman Simedarby）	马来西亚	吉隆坡	商业与个人计算的现代化趋势
7	坎达斯瓦米（Kandaswamy）	美国	贝尔和豪威尔公司	计算机辅助教学
8	加纳帕蒂（Ganapathi）	美国	贝尔实验室	计算机图形无损评估技术
9	泰勒（Taylor）	英国	利物浦大学计算机实验室	过程控制中的微处理器
10	斯瓦米（Swamy）	加拿大	康考迪亚大学	教师/师资交流
11	理查德·常（Richard Chang）	美国	耶鲁大学	教师/师资交流

[1] Indian Institute of Technology Madras, Annual Report, 1982-1983: 62-63.

表2-10 计算机学科国际专家来访交流情况[①]

（印度理工学院马德拉斯分校 1983—1984）

序号	来访专家	所属国	所属地/机构	交流主题
1	莎拉德·塞思（Sharad Seth）	美国	内布拉斯加州大学	—
2	阿拉格（Alager）	加拿大	康考迪亚大学	区域矩形划分的有效算法
3	阿尼尔·贾恩（Anil Jain）	美国	密歇根州立大学	—
4	豪普特（Haupt）	德国	亚琛大学	—
5	香卡·纳塔拉然（Shankar Natarajan）	美国	得克萨斯大学奥斯汀分校	逻辑定理证明
6	莫汉（Mohan）	美国	IBM圣何塞实验室	系统R
7	拉维·南（Ravi Kannan）	美国	卡内基梅隆大学	格算法
8	霍普克罗夫特（Hopcroft）	美国	康奈尔大学	算法分析

表2-11 计算机学科国际专家来访交流情况[②]

（印度理工学院马德拉斯分校 1984—1985）

序号	来访专家	所属国	所属地/机构	交流主题
1	R.M 麦凯格（R.M Mckeag）	英国	贝尔法斯特女王大学	少儿软件设计
2	M. 贝农（M. Beynon）	英国	沃里克大学	计划电路可计算的单调布尔函数
3	M. 阿特金森（M. Atkinson）	英国	格拉斯哥大学	持久编程的进展

---

① Indian Institute of Technology Madras, Annual Report, 1983−1984: 66.
② Indian Institute of Technology Madras, Annual Report, 1984−1985: 60.

续表 2-11

序号	来访专家	所属国	所属地/机构	交流主题
4	R. 莫里森 （R. Morrison）	英国	圣安德鲁斯大学	ICL Perq 的永久图形功能
5	M. 萨塔亚纳拉亚纳 （M. Satyanarayana）	美国	匹兹堡卡内基梅隆大学	信息系统技术项目概述

表 2-12　计算机学科国际专家来访交流情况[①]

（印度理工学院马德拉斯分校 1985—1986）

序号	来访专家	所属国	所属地/机构/职务
1	雷迪 （Reddy）	美国	人工智能实验室
2	斯里·达斯·古普塔 （Sri Das Gupta）	德国	慕尼黑西门子计算机研发中心 高级工程师
3	普拉萨德亚拉巴马 （Prasad Subramaniam）	美国	AT & T 贝尔实验室
4	科瓦尔斯基 （Kowalski）	英国	伦敦帝国理工学院
5	维迪桑卡 （Vidyasankar）	加拿大	纽芬兰纪念大学

表 2-13　计算机学科国际专家来访交流情况[②]

（印度理工学院马德拉斯分校 1986—1987）

序号	来访专家	所属国	所属地/机构
1	科瓦尔斯基 （Kowalski）	英国	伦敦大学帝国学院
2	克里斯·亚当斯 （Chris Adams）	英国	卢瑟福·阿普尔顿实验室

---

① Indian Institute of Technology Madras, Annual Report, 1985–1986: 63.
② Indian Institute of Technology Madras, Annual Report, 1986–1987: 66.

续表 2-13

序号	来访专家	所属国	所属地/机构
3	莱斯利 （Leslie）	英国	剑桥大学
4	布莱恩·奥克利 （Brian Oakley）	英国	阿尔维高级信息技术委员会
5	V. M. 马特罗索夫 （V. M. Matrosov）	苏联	苏联科学院西伯利亚计算机中心
6	M. 肯·麦肯齐 （M. Ken Maclenzie）	英国	英国文化协会新闻和信息部
7	M. 文卡特山 （M. Venkatesan）	美国	明尼苏达大学

表 2-14 计算机学科国际专家来访交流情况 [①]

（印度理工学院马德拉斯分校 1987—1988）

序号	来访专家	所属国	所属地/机构
1	萨蒂什·特里帕蒂 （Satish. Tripathi）	美国	马里兰大学
2	兰·M. 莱斯利 （Lan M. Leslie）	英国	剑桥大学
3	克里斯·亚当斯 （Chris Adams）	英国	卢瑟福·阿普尔顿实验室
4	多娜·纳夫 （Dona Nav）	美国	马里兰大学
5	拉达克里希南 （Radakrishnan）	加拿大	康考迪亚大学
6	伯克尔 （Burkle）	德国	凯泽斯劳滕大学
7	豪普特 （Haupt）	德国	亚琛大学

---

① Indian Institute of Technology Madras, Annual Report, 1987−1988: 62−63.

续表 2-14

序号	来访专家	所属国	所属地/机构
8	图切尔（Tuchel）	德国	亚琛大学
9	巴科斯（Backus）	德国	凯泽斯劳滕大学
10	沃登（Worden）	德国	凯泽斯劳滕大学
11	K. 库里克（K. Culik）	美国	南卡罗来纳大学
12	J. W. R. 格里菲思（J. W. R. Griffiths）	英国	拉夫堡大学
13	贝尔格里希（Berslich）	德国	不来梅大学

表 2-15　计算机学科国际专家来访交流情况[①]

（印度理工学院马德拉斯分校 1989—1990）

序号	来访专家	所属国	所属地/机构
1	P. 洛肯德拉·萨斯特瑞（P. Lokendra Sastry）	美国	费城大学计算机科学系
2	P. 莫尔兹伯格（P. Molzberger）	德国	德国联邦大学
3	阿文德（Arvind）	美国	麻省理工学院计算机科学实验室
4	彼得·斯特劳斯（Peter Struss）	德国	西门子人工智能团队
5	阿文·乔希（Arvind Joshi）	美国	摩尔工程学院计算机科学系
6	安丹丹（Andandan）	美国	耶鲁大学计算机科学系

---

① Indian Institute of Technology Madras, Annual Report, 1989−1990: 113−114.

续表 2-15

序号	来访专家	所属国	所属地/机构
7	D. C. 布朗（D. C. Brown）	美国	伍斯特理工学院计算机科学系
8	普拉巴卡拉加万（Prabhakar Raghavan）	美国	约克敦高地 IBM 实验室
9	穆克吉（Mukherjee）	美国	佛罗里达大学
10	钱德拉穆利·维斯瓦拉伊（Chandramouli Visweswaraiah）	美国	约克敦高地 IBM 实验室
11	S. K. 特瑞帕缇（S. K. Tripathi）	美国	马里兰大学计算机科学系
12	G. V. 博赫曼（G. V. Bochmann）	加拿大	蒙特利尔大学
13	阿文德乔希（Arvind Joshi）	美国	宾夕法尼亚大学

表 2-16 计算机学科国际专家来访交流情况[①]

（印度理工学院马德拉斯分校 1990—1991）

序号	来访专家	所属国	所属地/机构	交流主题
1	S. 塞纳克尔（S. Seinekel）	德国	西门子信息系统	相干光通信系统用于计算机的4-G位光链路
2	贝斯里奇（Besslich）	德国	不来梅大学	单眼图像三维信息开关功能光谱处理
3	古纳·塞塔拉曼（Guna Seetharaman）	美国	美国西南大学	强度图像恢复3D形状与方向
4	旺卡特什·普拉萨德（Venkatesh Prasad）	美国	罗格斯大学新布伦瑞克分校	从散焦图像中提取深度信息讲座

---

① Indian Institute of Technology Madras, Annual Report, 1990-1991: 80-82.

续表 2-16

序号	来访专家	所属国	所属地/机构	交流主题
5	巴拉特·德希（Bharat Deshj）	美国	贝尔实验室	集成宽带网络讲座
6	斯里拉姆（Sriram）	美国	AT和T贝尔实验室	集成访问和交叉连接系统讲座
7	曼克·克里希纳（Mhan Krishna）	美国	英特尔公司	超大规模集成电路设计最新方法讲座
8	L. L. 莱（L. L. Rai）	英国	伦敦城市大学	集成式 EMS/SCADA 控制分布式网络
9	N. 乔杜里（N. Choudry）	美国	电气与电子工程师协会	电话网络中回声消除
10	维杰·里恩加（Vijay Lyengar）	美国	IBM托马斯沃森研究中心	数字IC延迟故障测试
11	S. S. 文卡塔（S. S. Venkata）	美国	华盛顿大学	人工智能在电力系统保护中的应用

（二）鼓励国内学者赴国外开展访学交流

在邀请国际计算机专家学者来访交流的同时，马德拉斯分校也十分注重教师自身学术水平的提升。校方投入大量资金鼓励教师赴国外开展访问和访学交流，及时掌握学科发展前沿动态。学者到境外会获得更加充裕的资源和专业的平台，获取更多的科学知识，有助于将先进的学术思想带回本校，最终形成学术交流良性互动的氛围。[①]主要学术交流活动包括参加大学计算机学科教研和科研项目推进研讨活动，参加计算机科学与工程学术热点及前沿研讨，参加国际计算机学科研讨会了解学科学术最新发展，参加联合国教科文组织等国际权威机构或组织开展的计算机教育及科研项目交流活动（见表2-17至表2-24）。从统计数据来看，主要出访国为美国和德国，究其原因，主要有两点：第一，印度理工学院是以美国麻省理工学院为蓝本设计创建的，同时，坎普尔印美计划使印度理工学院与美国高校之间开展频繁交流互动成为可能；第二，马德拉

---

① [美] 伯顿·克拉克：《高等教育新论——多学科的研究》，王承绪等译，浙江教育出版社2001年版，第155页。

斯-印德协议为教师开展国外学术交流活动提供了极大的政策和资金支持。

1. 开展出国访问交流活动。

表2-17 印度理工学院计算机学科教师开展出国学术交流活动情况统计表[①]（马德拉斯分校1984—1991）

访问国	1984—1985	1985—1986	1986—1987	1987—1988	1989—1990	1990—1991
美国	1	2	1	2	3	1
德国	2	1		5	5	
英国			1	1		
法国					1	
加拿大				1		1
日本	1					
澳大利亚	1					
泰国		1			1	
荷兰					1	
中国						1

表2-18 印度理工学院教师代表出国访问交流情况[②]（马德拉斯分校1984—1985）

序号	出访人	出访国家	访问活动
1	C. 潘杜兰甘（C. Pandurangan）	德国	参加计算机科学图论概念交流研讨活动
2	H. N. 马哈巴拉（H. N. Mahabala）	日本	计算机教育交流活动
		澳大利亚	计算机与通信国际会议
3	B. 叶尼亚纳拉亚那（B. Yegnanarayana）	美国	参观佛罗里达大学
4	C. R. 穆苏克瑞斯南（C. R. Muthukrishnan）	德国	赴亚琛大学交流计算机系统选择/配置项目

---

① Indian Institute of Technology Madras, Annual Report, 1984-1991.
② Indian Institute of Technology Madras, Annual Report, 1984-1985: 60.

第二章　印度理工学院计算机学科的快速崛起（1983—1991年）

表 2-19　印度理工学院教师代表出国访问交流情况[1]

（马德拉斯分校 1985—1986）

序号	出访人	出访国家及机构	访问活动
1	H. N. 马哈巴拉（H. N. Mahabala）	美国	参加"政府专家系统"交流研讨
2	H. N. 马哈巴拉（H. N. Mahabala）	泰国曼谷	教科文组织计算机教育专家委员会访问交流
3	H. N. 马哈巴拉（H. N. Mahabala）	美国斯坦福大学	联合国教科文组织计算机教育研发方向专家委员会访问交流
4	卡马拉·克里提瓦桑（Kamala Krithivasan）	德国	计算机科学图论概念工作坊

表 2-20　印度理工学院教师代表出国访问交流情况[2]

（马德拉斯分校 1986—1987）

序号	出访人	出访国家及机构	访问活动
1	B. 叶尼亚纳拉亚那（B. Yegnanarayana）	英国爱丁堡语音研究技术中心	"语音的单词相关分析和印地语停止常数识别"研讨交流
2	H. N. 马哈巴拉（H. N. Mahabala）	美国人工智能实验室	基于知识的计算机系统项目研讨交流

表 2-21　印度理工学院教师代表出国访问交流情况[3]

（马德拉斯分校 1987—1988）

序号	出访人	出访国家及机构	访问活动
1	S. V. 拉加万（S. V. Raghavan）	美国和英国	开发计划署 ERNET 项目研讨交流活动
		加拿大	参加 1987 年 ACM 计算机系统测量和建模学会年度会议

---

[1] Indian Institute of Technology Madras, Annual Report, 1985-1986: 63.
[2] Indian Institute of Technology Madras, Annual Report, 1986-1987: 65.
[3] Indian Institute of Technology Madras, Annual Report, 1987-1988: 62.

续表 2-21

序号	出访人	出访国家及机构	访问活动
2	斯里·P. 赛沙赛 （Sri P. Seshasayi）	德国	参加西门子 7580-E 系统培训项目
3	M. K. 拉马努贾姆 （M. K. Ramanujam）	德国	参加西门子 7580-E 系统培训项目
4	S. K. 拉梅什 （S K. Ramesh）	德国	参加西门子 7580-E 系统培训项目
5	V. 莫汉库玛 （V. Mohankumar）	德国	参加西门子 7580-E 系统培训项目
6	R. 德纳达亚鲁 （R. Deenadayalu）	德国	参加西门子 7580-E 系统培训项目
7	S. 贾亚普拉卡什 （S. Jayaprakash）	美国马里兰大学	开发计划署 ERNET 项目研讨交流活动

表 2-22 印度理工学院教师代表出国访问交流情况[①]

（马德拉斯分校 1989—1990)

序号	出访人	出访国家及地区	访问活动
1	C. 潘都·兰甘 （C. Pandu Rangan）	美国	伊利诺伊大学厄巴纳香槟分校交流活动
		美国	约克敦高地 IBM 实验室研究交流活动
		德国慕尼黑	西门子研发中心联合项目研究讨论
2	卡马拉·克里提瓦桑 （Kamala Krithivasan）	德国	萨尔大学访问交流
		德国	帕绍大学访问交流
		德国	奥尔登堡大学访问交流
3	G. 拉维·普拉卡什 （G. Ravi Prakash）	美国匹兹堡	卡内基梅隆大学，联合国开发计划署研究项目资助访问交流

① Indian Institute of Technology Madras, Annual Report, 1989-1990: 112.

续表 2-22

序号	出访人	出访国家及地区	访问活动
4	B. 叶尼亚纳拉亚那（B. Yegnanarayana）	德国	不来梅大学印德项目资助访问交流
5	S. V. 拉加万（S. V. Raghavan）	荷兰	国际信息处理联合会国际会议
6	钱德拉塞卡（C. Chandrasekhar）	泰国	亚洲语言计算机处理工作坊
7	拉玛娜·尧（G.V.Ramana Rao）	法国	语音、通信与技术欧洲研讨会

表 2-23　印度理工学院教师代表出国访问交流情况[1]

（马德拉斯分校 1990—1991）

序号	出访人	出访国家	访问活动
1	B. 叶尼亚纳拉亚那（B. Yegnanarayana）	美国	西部高级技术中心
2	C. 潘杜兰甘（C. Pandurangan）	加拿大	萨斯喀彻温大学访问交流
		中国	台湾交通大学访问交流

2. 参加计算机国际研讨会。

表 2-24　印度理工学院教师代表参加国际研讨会情况[2]

（马德拉斯分校 1984—1991）

年代	参加人	举办国家/地区/机构	会议名称
1984—1985	H. N. 马哈巴拉（H. N. Mahabala）	澳大利亚	国际认知计算会议——数据通信会议
1985—1986	卡马拉·克里提瓦桑（Kamala Krithivasan）	德国	计算机科学图形理论概念研讨会
1987—1988	S. V. 拉加万（S. V. Raghavan）	加拿大	计算机协会测量与评估特别兴趣小组 1987 年研讨会

---

[1] Indian Institute of Technology Madras, Annual Report, 1991–1992: 68.
[2] Indian Institute of Technology Madras, Annual Report, 1984–1991.

续表 2-24

年代	参加人	举办国家/地区/机构	会议名称
1989—1990	卡马拉·克里提夫桑（Kamala Krithivasan）	德国不来梅大学	图文法研讨会
	H. N. 马哈巴拉（H. N. Mahabala）	美国密歇根州底特律	国际人工智能联合会议
		美国旧金山	世界计算机大会
		美国新泽西州	政府应用专家系统研讨会
	S. V. 拉加万（S. V. Raghavan）	荷兰	国际信息处理联合会研讨会
	G. V. 拉玛娜·尧（G. V. Ramana Rao）	巴黎	语音、通信与技术欧洲研讨会
	B. 叶尼亚纳拉亚那（B. Yegnanarayana）	美国纽约	语音技术研讨会
	C. 钱德拉塞卡（C. Chandrasekhar）	泰国曼谷	亚洲语言计算机处理研讨会
1990—1991	B. 叶尼亚纳拉亚那（B. Yegnanarayana）	加拿大	声学、语音与信号处理国际会议
		日本	语音与语言处理国际会议
		新加坡	通信系统国际会议
		法国	第十九届国际声学影像研讨会
	赫玛·默西（Hema Murthy）	加拿大	声学、语音与信号处理国际会议
		日本	语音与语言处理国际会议
		新加坡	通信系统国际会议
	A. 拉马尚德兰（A. Ramachandran）	日本	语音与语言处理国际会议
		法国	第十九届国际声学影像研讨会

续表 2-24

年代	参加人	举办国家/地区/机构	会议名称
1990—1991	拉维克汉德兰（Ravichandran）	法国	第十九届国际声学影像研讨会
		加拿大	声学、语音与信号处理国际会议
	卡马拉·克里提夫桑（Kamala Krithivasan）	美国	国际并行处理研讨会
		新加坡	自动化、机器人及计算机视觉国际研讨
	达塔（Datta）	美国	国际并行处理研讨会
		新加坡	自动化、机器人及计算机视觉国际研讨
	阿尔瓦尔（Alwar）	韩国	自然语言处理国际会议

（三）加强国内计算机学科学术交流

印度理工学院是印度首个开展计算机教育的高校，自 1963 年计算机学科创立以来，经过 20 多年的发展，计算机学科在各个方面均取得了一定的成绩，在印度国内计算学科的领军地位也日益凸显。在国内计算机科学学术交流活动中，印度理工学院计算机学科表现活跃，专家学者们积极投入各级各类计算机学科课程讲授、会议研讨、讲座、专题报告等学术交流活动中。

1. 面向国内开设计算机课程、举办计算机讲座（表2-25）。

表2-25 印度理工学院教师代表开展国内学术交流情况[①]

（马德拉斯分校 1979—1990）

时间	授课人/讲座人	课程/讲座内容
1979—1980	C. R. 穆图克里希南（C. R. Muthukrishnan）	现代计算机系统
	S. 斯里尼瓦桑（S. Srinivasan）	现代计算机系统
	卡马拉·克里提瓦桑（Kamala Krithivasan）	自动机与形式语言
1980—1981	卡马拉·克里提瓦桑（Kamala Krithivasan）	自动机理论导论
	M. K. 拉马努贾姆（M. K. Ramanujam）	面向商业编程语言的文件组织
	V. 阿拉瓦蒙丹（V. Aravamudhan）	财务应用软件系统
	S. 斯里尼瓦桑（S. Srinivasan）	分布式数据库系统
1981—1983	C. R. 穆图克里希南（C. R. Muthukrishnan）	Unix 操作系统 C 语言 信息检索假设工作站
	H. N. 马哈巴拉（H. N. Mahabala）	自动化编程
	卡马拉·克里提瓦桑（Kamala Krithivasan）	有限状态自动化数学模型
	K. B. 拉克希玛（K. B. Lakshmanan）	算法分析系列讲座
	S. 斯里尼瓦桑（S. Srinivasan）	交易处理系统

① Indian Institute of Technology Madras, Annual Report, 1979–1991.

续表 2-25

时间	授课人/讲座人	课程/讲座内容
1981—1983	G. 坎南 （G. Kannan）	SPSS 统计计算
	S. 斯里尼瓦桑 & S. 斯里达兰 （S. Srinivasan & S. Sridharan）	交易处理与数据库
	M. K. 拉马努贾姆 & S. 斯里达兰 （M. K. Ramanujam & S. Sridharan）	操作系统 VM 370
	R. 德纳达亚鲁 （R. Dheenadayalu）	计算机应用
1984—1985	C. 潘杜兰甘 （C. Pandu Rangan）	计算理论
1986—1987	C. 潘杜兰甘 （C. Pandu Rangan）	算法、总体设计及其对 AFPP 系统性能的影响技术审查
	B. 叶尼亚纳拉亚那 （B. Yegnanarayana）	语音信号处理 印度语语音的计算机识别
1987—1988	B. 叶尼亚纳拉亚那 （B. Yegnanarayana）	语音识别、民族语理解与计算机视觉
	S. V. 拉加万 （S. V. Raghavan）	印度语言的信息技术水平
	卡马拉·克里提瓦桑 （Kamala Krithivasan）	软件工程最新发展
1988—1989	S. V. 拉加万 （S. V. Raghavan）	分时主机与局域网接口
	R. S. 克里潘南丹 （R. S. Kripanandan）	分时主机与局域网接口
	西瓦·拉姆·C. 默西 （Siva Ram C. Murthy）	多处理器系统优先级与通信受限任务分配
1989—1990	T. A. 贡萨尔维斯 （T. A. Gonsalves）	实用网络设计与实施
	卡马拉·克里提瓦桑 （Kamala Krithivasan）	L 系统与 Kolam 模式
	T. A. 贡萨尔维斯 （T. A. Gonsalves）	分布式数据接口高速光纤网络

2. 参加国内计算机学科学术会议。

从相关记载可以明显看出，自 1988 年开始，印度理工学院计算机学科参加国内计算机学术会议交流活动明显增多（以马德拉斯分校为例，见表 2-26）。

表 2-26　印度理工学院教师代表参加国内计算机学科学术会议情况[①]

（马德拉斯分校 1988—1990）

时间	参会学者	会议名称	举办地
1988.9.30—1988.10.01	S. V. 拉加万（S. V. Raghavan） R. S. 克里潘南丹（R. S. Kripanandan） B. 普拉卡卡兰（B. Prabhakaran）	1988 年通信网络会议	海德拉巴
1989.11		1989 年全国电子电路与系统会议	鲁尔基
1989.12.15—1989.12.19	卡马拉·克里提夫桑（Kamala Krithivsan）	1989 年印度全国软件技术和理论计算机科学基础会议	班加罗尔
1990.02		1990 年并行处理系统研讨会	孟买
1989.12.11—1989.12.13	马哈巴拉（Mahabala）	1989 年基于知识的计算机系统会议	孟买
1989.10	T. A. 贡萨尔维斯（T. A. Gonsalves）	1989 年计算机通信全国研讨会	马德拉斯

（四）在国内计算机学科有影响力的学术组织中任职

学术组织是以知识的继承与创新为目标而进行合理的管理与协调的具有高度自主性的社会实体。[②]学术研究机构、学术团体、学术协会及专业学会是学术

---

① Indian Institute of Technology Madras, Annual Report, 1988–1990.
② 《学术组织》, https://baike.baidu.com/item/.

组织的主要组织形式。印度理工学院计算机学科专家学者在国内计算机学科权威协会、学会、专业委员会及学术期刊担任重要职务，参与计算机学科发展重要事务的讨论及交流活动，凸显了该校在印度计算机领域中举足轻重的地位。以马德拉斯分校为例，该校计算机专家学者主要受聘于国内高校计算机科学研究委员会、印度国内计算机学科专业学会、区域工程技术院校计算机学科教育与发展委员会及印度国内信息技术服务公司等学术组织（见表2-27）。这些学者通过积极参加学会及协会举办的学术交流活动，为信息服务公司提供专业咨询服务，为区域工程技术院校计算机学科发展提供建议等方式开展形式多样的学术交流活动，发挥出学科优势，扩大了学科影响。

表 2-27 印度理工学院知名学者学术兼职情况[1]

（马德拉斯分校 1982—1991）

计算机专家	时间	学术组织/机构	担任职务
H. N. 马哈巴拉（H. N. Mahabala）	1982—1983	计算机维护组织	董事会成员
	1984—1985	印度计算机学会	副会长
	1985—1986	印度政府电子委员会	委员
		学校计算机素养与学习提升计划（CLASS）指导委员会	成员
	1986—1987	印度计算机学会	会长
	1987—1988	节点中心专家系统印度第五代项目	国家协调员
卡马拉·克里提瓦桑（Kamala Krithivasan）	1982—1983	马德拉斯大学数学研究委员会	委员
		巴拉蒂达桑大学物理研究委员会	委员
	1987—1988	库塔拉姆的斯里·帕拉萨提女子学院计算机科学研究委员会	委员
	1990—1991	理论计算机科学全国会议程序委员会/评审委员会	委员

---

[1] Indian Institute of Technology Madras, Annual Report, 1982-1991.

续表 2-27

计算机专家	时间	学术组织/机构	担任职务
B. 叶尼亚纳拉亚那 （B. Yegnarayana）	1985—1986	印度电子和电信工程师学会期刊	荣誉编辑
	1986—1987	印度电子电信工程师协会期刊语音处理特辑	荣誉编辑
	1987—1988	安得拉邦技术服务有限公司董事会	成员
	1988—1989	班加罗尔印美研讨会	主持人
C. R. 穆图克里希南 （C. R. Muthukrishnan）	1985—1986	卡纳塔克邦区域工程学院（今：卡纳塔克邦国家技术学院）	董事会成员
	1987—1988	第七届软件技术与理论计算机科学基础全国会议程序委员会/评审委员会	委员
		瓦郎加而国立理工学院计算机科学研究委员会	委员
		特里奇区域工程学院计算机科学研究委员会	委员
		巴拉蒂亚大学计算机科学研究委员会	委员
		中央大学计算机科学研究委员会	委员
		奥斯曼尼亚大学计算机科学研究委员会	委员
		印度理工学院孟买分校校园教育协会常务委员会	委员
		印度理工学院孟买分校远程信息处理项目委员会	主席
R. 德纳达亚鲁 （R. Dheenadayalu）	1985—1986	马德拉斯技术教育学院计算机科学与应用学历课程制定委员会	委员
	1988—1989	泰米尔纳德邦教科书学会	计算机科学学校教材审阅人

续表 2-27

计算机专家	时间	学术组织/机构	担任职务
C. 潘杜兰甘 （C. Pandurangan）	1987—1988	并行处理及科学计算研讨会程序委员会	委员
		印度国际期刊《数学教师》编委会	委员
		浦那高级计算发展中心工作组	成员
S. V. 拉加万 （S. V. Raghavan）	1987—1988	印度计算机学会第二十三届年度大会程序委员会	主席
K. B. 拉克希玛南 （K. B. Lakshmanan）	1984—1985	印度程序委员会	委员
		印度教育部计算机科学与工程本科示范课程专家组	四名专家之一
	1985—1986	第五届软件技术与理论计算机科学基础全国会议程序委员会/评审委员会	委员
M. K. 拉马努贾姆 （M. K. Ramanujam）	1982—1983	印度计算机学会马德拉斯分会常务委员会	委员
	1986—1987	印度国家信息中心专家顾问委员会	委员
S. 拉曼 （S. Raman）	1988—1989	电气与电子工程师协会	高级会员
T. A. 贡萨尔维斯 （T. A. Gonsalves）	1990—1991	印度汉姆无线电俱乐部	咨询顾问

六、完善五级管理体制确保管理自治与学术自由

在管理体制方面，印度理工学院区别于印度其他高校，具有独特的五级管理体制，更加有效地实现了管理自治和学术自由。到 20 世纪 80 年代中期，学院的五级管理体制日益发展成熟。纵向层层监督协调，横向互相配合支撑是五级管理体制的主要特征。纵向管理体制由五个互相监督协调的层级组成（见图 2-1）。最高层为视察员，由印度现任总统担任。视察员可以指派一人或多人视察印度理工学院各个分校的工作开展情况。视察员负责审阅视察报告并采取

必要措施改善工作。第二层级为印度理工学院理事会，理事会是学院的中央机构，主要职责是协调各个分校的活动，管理各个分校的发展计划、年度预算、财政拨款、学制学位入学标准及考试制度、师资队伍的评聘管理等。理事会主要从宏观层面对各分校工作进行督查调控，但是并没有干涉各分校内部行政与学术事务的权力。第一层级和第二层级属于五级管理结构中的宏观层面，一方面体现了印度理工学院作为国家重点建设院校的性质和地位，另一方面确保各分校按照国家经济社会发展需求办学的基本原则。第三层级至第五层级为微观管理层级，是各个分校内部的主要权力或学术机构，管理各分校内部的各项行政及学术事务。第三层级是管理委员会，处于五级管理体制的中间层，主要负责确定学校的办学方向及定位，对学校的行政与学术事务等一般事务进行管理，制定学校各项规章律例制度并对第四层级议事会制定的各项制度进行审查。管理委员会的主要职能侧重于协商和调控，学校内部的各项决策仍然由各分校学者根据实际情况来制定，有效防止了行政权力对学术权力过度干预的情况发生。第四层级是议事会，是各分校重要的权力机构，具有对各分校内部常规流程进行控制，对教学以及考试标准与质量进行维护与提升，以及对规章中规定的其他事务进行直接干预的职责。议事会成员的构成为各分校的教授和学者，突显了教授治校和学术自治的管理特点，可有效避免各分校受到上一层级宏观管理机构直接干预管理的情况发生，确保各分校能够依据各自的实际情况制定相应制度，推动学校学术事务的有序开展。第五层级为各分校的重要学术机构，包括学院、系和中心。学院、系和中心是各分校的独立学术组织，负责基层学术组织开展的各项教学、科研、人才培养、社会服务、工业咨询等学术活动，同时负责人、财、物的具体管理工作，是确保学术自由、自治与独立的基本组织单位。

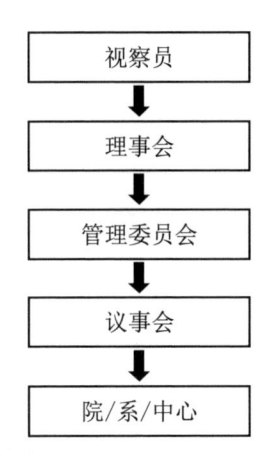

第二章　印度理工学院计算机学科的快速崛起（1983—1991 年）

```
┌──────────┐
│  视察员   │
└────┬─────┘
     ↓
┌──────────┐
│  理事会   │
└────┬─────┘
     ↓
┌──────────┐
│ 管理委员会 │
└────┬─────┘
     ↓
┌──────────┐
│  议事会   │
└────┬─────┘
     ↓
┌──────────┐
│ 院/系/中心 │
└──────────┘
```

图 2-1　印度理工学院纵向五级管理体制框架结构图[①][②]

印度理工学院五级管理体制自上而下层层紧扣，体现了国家办学、满足国家战略需求发展的建校原则。五层管理体制各层级人员互相支撑，协调关系清晰可见（见图 2-2）。最顶层的视察员由印总统担任，体现国家意志，视察员同时被赋予任命管理委员会主席的权利。各个分校的校长是各分校学术和行政管理的首席官员，负责学校各学院的行政管理、知识传承以及学科维护和发展工作。校长经视察员的同意由理事会任命，同时也是理事会的常任成员。同时，校长是法定的议事会主席，负责各分校内部的宏观管理，每年对学校的管理工作和财务状况进行总结并向管理委员会提交工作和财务报告。理事会主要由理事会主席、理事会秘书长以及理事会成员组成，其中理事会主席和秘书长由印度政府任命，印度人力资源开发部部长担任理事会主席，中央政府负责科技教育部门的官员担任秘书长。管理委员会的主席由视察员任命，管理委员会成员由以下人员组成：分校所在地政府任命的、有声望的技术专家或企业家 1 名；理事会任命的在教育、工程或自然科学方面有特殊知识或实践经验的专家 4 名；由议事会任命的教授 2 名。议事会是学校重要的权力机构，校长是当然的议事会主席，设执行副校长 1 至 2 名协助校长工作。议事会其他成员包括由学校认定或认可的教授和专家学者以及由上一级管理委员会主席和校长协商任命的 3 名在自然科学、工程学及人文学科领域享有较高声誉的教育者。[③] 教师和职工是

---

① 浙江大学：《印度理工学院调研报告》，《透视与借鉴——国外著名高等学校调研报告》，高等教育出版社 2008 年版，第 376-379 页。
② 刘筱：《印度工程技术教育发展研究》，中国社会科学出版社 2016 年版，第 111 页。
③ 浙江大学：《印度理工学院调研报告》，《透视与借鉴——国外著名高等学校调研报告》，高等教育出版社 2008 年版，第 376-379 页。

院系及中心的主要构成人员。印度理工学院各级管理机构成员关系较复杂,相互之间制约平衡。

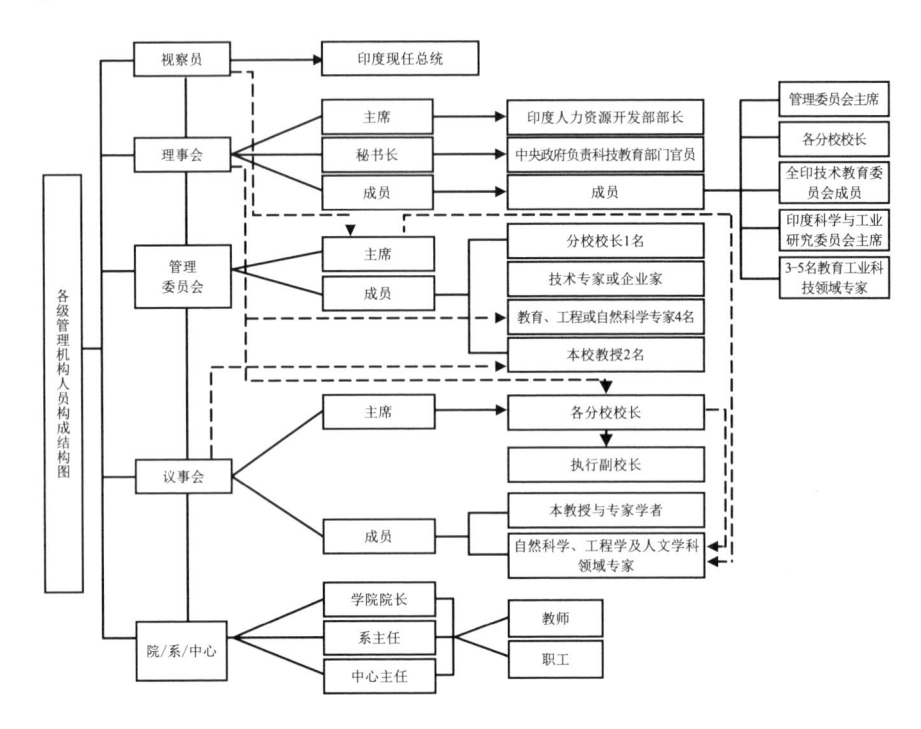

图 2-2 印度理工学院各级管理机构人员构成结构关系图

印度理工学院独特的五级管理体制确保了学院实现管理自治与学术自由。现任印度总统作为视察员实质上是一种荣誉职位,无法对各个分校的所有事务进行审查、决策和监督,由此赋予了印度理工学院各分校自治的权力,使"自治与独立"得以实现。[①] 理事会成员主要由印度中央政府科学、技术、工业研究及教育相关专家代表组成,从宏观层面对印度理工学院各分校工作进行协调督查和调控,但并不具体干涉各分校内部的行政和学术事务。五级管理体制的第三层级和第四层级是学院的管理重心,承担着具体分管各分校行政与学术等事务的职责。第三层级管理委员会中成员除各分校 2 名专家教授外,还包括工程、自然科学领域以及教育领域具有较高声望的知名专家以及著名企业家或技术专家。校外专家可以为学院学科的发展提出专业化指导意见和建议。需要明确的是,校外专家的职能主要是协商和建议,而决策权主要在本校管理及学术部门,本校学者根据实际情况以及具体的学科发展规划直接参与学科发展决策,从而

---

① 刘筱:《印度工程技术教育发展研究》,博士学位论文,西南大学,2012 年。

有效避免行政权力对学术权力的过度干预。①第四层级议事会的主要成员由教授和学者组成，确保了各分校充分行使学术管理权。同时，议事会的学术本位导向践行了印度理工学院学术自治和教授治校的办学原则。②

由此可知，印度理工学院独特的五级管理体制是一种高校管理体制的创新，从最大程度上确保了管理自治及学术独立、自由。管理自治与学术自由相辅相成，两者共同作用，促进学校各部门、各级组织及成员实现独立和自由的学术追求目标。对教师而言，他们可以自由设计课程，从课程特点出发组织具体的教学活动，采用学生喜欢的教学方式授课，从学生学习特点和教学重难点出发选择最佳的学业评估方式和内容。从科研发展角度来讲，教师可以自主选择研究领域和方向。与此同时，在教学和科研工作开展所必需的设备和材料获得方面，教师具有较灵活的自主权。对学生而言，学生与教师具有平等自由的沟通权，在课上及课下均可以适当的方式和教授就学术问题进行沟通和辩论。③在这种民主自治的管理体制下，计算机学科的师生们得以顺利开展各项教学研究工作。

七、实施学校计算机素养与学习提升计划

印度理工学院始终把满足国家当前和未来社会与经济发展需求作为办学宗旨，并能够随时根据不同历史时期的社会变化做出及时调整。20世纪80年代中期，印度理工学院计算机学科的培训计划呈现出新的特点：培训对象从20世纪70年代以印度高校教师的基础业务知识水平为主，向20世纪80年代以中等教育师生计算机基本知识和技能普及为主转变，具有范围广泛、普及性强的特征。

（一）学校计算机素养与学习提升计划的背景

计算机革命具有将工业社会迅速转变为信息社会的巨大作用，劳动对象也随之发生革命性的变化，与信息处理相关的工作成为信息社会的主要工作类型。掌握计算机基本操作技能成为信息社会成员的主要特征之一，计算机基础知识和操作技能也成为与阅读、写作、算术能力同等重要的基本技能，缺失计算机基本技能无疑将阻碍信息社会中未来职业的选择、获取信息的途径和范围、社交活动的开展以及新技能新知识的获取，对个人发展、创造力和智力潜能的发

---

① 刘筱：《印度工程技术教育发展研究》，博士学位论文，西南大学，2012年。
② 刘筱：《印度工程技术教育发展研究》，博士学位论文，西南大学，2012年。
③ Surya Pratap Mehrotra, Prajapati Prasad Sah, The Fourth IIT—The Saga of IIT Kanpur (1960-2010), Haryana: Penguin Enterprise, 2015: 21-24.

挥产生消极影响。[1]因此，对民众进行计算机基本知识和操作技能的培训成为一个国家迈入信息社会的基本要求。在此过程中，普及对象的划定、普及内容的确定、实施机构的选定将决定着最终的实施效果。1986年，印度议会批准通过了《国家教育政策》。这份具有重要历史意义的文献将计算机普及写入国家教育政策，突出强调了普及计算机教育的重要性。全文共分为12个部分，第六部分《技术和管理教育》明确提出了计算机普及教育的内容、实施范围及计算机课程开设的对象：

（六）技术和管理教育[2]

6.3 为了改善人才信息状况，要进一步发展和加强最近成立的技术人才信息体系；

……

6.5 由于计算机已经成为重要的应用工具，所以传授计算机常识和计算机应用培训将成为职业教育的一部分。要在学校范围内大规模开设计算机课程；

……

6.9 为了加强和扩大职业教育，需要大批的职业教育和提高教育技能课程方面的教师和工作人员。要实施计划完成这一需求；

……

6.11 为了满足革新课程的不断需求，应该增加新的革新技术内容；

……

（二）学校计算机素养与学习提升计划的具体实施

1. 组织机构及实施对象。

印度电子部和教育部着眼于国际科技革命大背景，结合印度社会发展现状，得出如下重要论断：教育是面向未来的社会活动，中等教育培养的对象是国家未来发展和繁荣的主力军，他们是未来的希望，教育质量的高低至关重要。在信息社会，计算机将成为生产和生活中不可或缺的工具，对家庭、企业和职业而言无一例外。随着就业形势的变化，在中等教育过程中，要涉及计算机基础

---

[1] B. Majumdar, "Computer Literacy in Schools", in Binod C. Agrawal, Larry R. Symes, Future of Computerization in Institutions of Higher Learning, New Delhi: Concept Publishing Company, 1994: 182.

[2] Ministry of Human Resources Development, Department of Education, Government of India, National Policy on Education 1986, New Delhi, 1998: 21-22.

知识和基本技能传授与培训的内容,使中等教育对象熟悉计算机的使用和应用。1984年至1985年,电子部和教育部紧密合作,联合启动了"学校计算机素养与学习提升计划"试点项目。试点项目的实施对象为九至十二年级[①]的学生。试点学校为2000个左右。启动委员会由电子部、教育部、印度理工学院、国家教育研究与培训委员会、中央中等教育委员会组成。1984年2月20日,委员会举行了第一次会议,会议研究决定国家教育研究与培训委员会将与电子部、教育与文化部以及印度理工学院联合举行全国研讨会,审议商讨该项目的具体框架。研讨会于1984年3月26日至27日举行,来自全国40多个机构的近100名代表参加了会议。[②]印度理工学院依托其计算机学科优势,成为该项目实施的主要机构,承担了课程设置和制定具体培训内容的任务。

2. 课程及培训内容。

"学校计算机素养与学习提升计划"总体目标有四点:第一,使培训对象对计算机及其应用进行广泛了解;第二,为培训对象提供实际操作机会以获得实践经验;第三,使培训对象熟悉各个行业计算机应用范围及其在控制和信息处理方面的潜在作用;第四,普及计算机的普适性及易操作性,助力培训对象工作创造力及潜能的开发。项目的重点在于计算机操作技能的培养,课程设置与教学计划安排以实操技能的传授及实践为主。结合印度社会教育现状及各邦具体的教育实施情况,启动委员会决定培训项目分阶段进行,第一阶段覆盖的学校为250所。在第一阶段实施过程中根据效果及时进行策略调整,并确定在第七个及以后的五年计划中扩大覆盖面,以期将计算机融入教育活动的各个主

[①] 注释:1968年,印度议会正式通过了印度教育史上的第一份《国家教育政策》,规定在全国各邦采用统一的"10+2+3"学制,各级教育年限的分配是:10年为普通教育(General Education)阶段,分为初等教育阶段(8年)和初级中等教育(Secondary)阶段(2年)。其中前8年为义务教育(Compulsory Education)阶段;2年为高级中等教育(Higher Secondary)阶段,这一阶段开始实行中等教育职业化;3年为高等教育第一级学位阶段,即本科阶段。由于各学科领域不同,修业年限存在差异,有些学科如医学、工程技术等第一级学位的修业年限要长一些(赵中建:《战后印度教育研究》,江西教育出版社1992年版,第71页)。印度的高等教育和研究所包括大学、准大学、国家重点学院、学院(张双鼓、薛克翘、张敏秋:《印度科技与教育发展》,人民教育出版社2003年版,第99页)。印度理工学院为印度政府创建的国家重点学院系统,本科阶段修业年限与普通大学本科阶段修业年限存在差异,几经改革,修业年限在4年或5年之间变动。

[②] R. P. Gupta, "School-level Computer Education—CLASS Project", in Utpal K. Banerjee, Computer Education in India—Past Present and Future, New Delhi: Concept Publishing Company, 1996: 73.

要环节。[1] 培训内容及版块设计围绕着充分了解并掌握各类软件包命令，熟悉具体应用领域来开展，培训计划分为初级和高级两个阶段（见表2-28至表2-29）。

表2-28 "印度学校计算机素养与学习提升计划"初级培训计划[2]

课程	学时	实践	学时
教学目标 1.项目目标 2.使用工具	2	—	—
入门 1.计算机系统识别（监视器、键盘、软盘、盒式录音机等） 2.功能及其用法说明	—	1.系统打开/关闭操作 2.交互式程序加载及运行	4
课程概述	2	—	—
文字处理 1.创建、编辑、格式化和打印文档 2.熟悉插入、删除和格式化文本的概念 3.EDWORD及NCERT WORD文字处理器	6	1.创建并打印信件 2.创建并打印报告 3.准备并打印表格	12
标识及图形 1.基本命令 2.定义和操作对象 操作排序以更简形式（DART和MATHLAND）构建复杂的图形模式	4	人机交互技巧提高练习	12
计算机化学习软件包	4	以兴趣为导向的软件包演示	10
数据库及电子表格 1.数据库概念及其使用 2.查询报告生成 3.电子表格软件包在计划、模拟项目中的使用	6	1.学校图书馆数据库及查询器设计 2.电子表格的开发和使用	12

---

[1] R. P. Gupta, "School-level Computer Education—CLASS Project", in Utpal K. Banerjee, Computer Education in India—Past Present and Future, New Delhi: Concept Publishing Company, 1996: 75.

[2] R. P. Gupta, "School-level Computer Education—CLASS Project", in Utpal K. Banerjee, Computer Education in India—Past Present and Future, New Delhi: Concept Publishing Company, 1996: 77-79.

续表 2-28

课程	学时	实践	学时
基础编程 BASIC 基础知识	4	BASIC 简单程序编写实操	8
计算机组织 1. 计算机系统基本组成部分 2. 计算机系统课堂讲授	4	软件包计算机操作模拟训练	6
计算机历史 计算机辅助教学安装包应用	1	计算机辅助教学安装包运行	4
计算机维护 1. 系统基本故障排除 2. 维护部门对接	2	系统重启操作 基本诊断程序执行练习	4
计算机监测与评估 1. 评估计划 2. 监测内容 3. 资源部门对接	2	1. 案例展示 2. 教学场景实际问题小型数据库设计与应用 3. 电子表格在物理、数学、金融学科实际问题中的设计与应用	8
总计	37	—	80

表 2-29　"印度学校计算机素养与学习提升计划"高级培训计划[①]

讲座及示范课	学时	主题	实践学时
1. 项目目标 2. 使用工具	1	—	—
计算机历史 1. 计算机演变 2. 计算机专业术语（位、字节等）	2	—	—
相关信息 1. 微型机背面连接器 2. 微型机下端连接器 3. 微型机内存使用情况 4. 随机存储内存与只读内存	—	—	2

---

① R. P. Gupta, "School-level Computer Education—CLASS Project", in Utpal K. Banerjee, Computer Education in India—Past Present and Future, New Delhi: Concept Publishing Company, 1996: 79-81.

续表 2-29

讲座及示范课	学时	主题	实践学时
课程概述	1	—	—
BASIC 计算与编程	1	BASIC 编程分级教程	—
结构化程序设计 1. 简介 2. 计算 FOR / NEXT / STEP 3. 重复 REPEAT / UNTIL 4. 功能与程序 5. 条件 IF / THEN / ELSE 6. 子程序	4	结构化编程设计与使用	10
自上而下分析 1. 复杂问题简单化处理 2. 流程图制作	2	自上而下分析法解决问题	2
光盘归档系统与实用程序 1. 验证 2. 保存、加载、运行、转储 3. 复制、启用、备份 4. 创建、类型 5. 访问 6. 压缩、驱动、列表显示 7. 帮助	3	深度优先搜索指令实操 1. 光盘使用准备 2. 保存和加载模块 3. 程序文件与文本文件转换 4. 程序文件屏幕转储 5. 文件和光盘复制方法 6. 从键盘创建文本文件并进行屏幕或打印机转储 7. 保护文件免受损坏 8. 光盘上可用空间查询 9. 驱动器、目录和库更改 10. 光盘文件信息获取 11. 通用工具	4
图形编程 模式 0、1、2、4、5 1. 色彩设计 2. 线条绘制与颜色填充 3. 调色板更改 字符重新定义 1. 窗体 2. 简单动画	2	图形设计计算机操作	6

续表 2-29

讲座及示范课	学时	主题	实践学时
音响设施 1. 包络定义 2. 多声道使用	1	计算机音乐及调音开发	2
图文可视编程模式 1. 可视控制代码程序设计 2. 可视屏幕设计	2	可视编程模式实操	6
文件处理 1. 归档原则 2. 串行文件 3. 归档命令 4. 打开、打印、输入 / 关闭命令 5. 编写结构化程序以创建、读取和更新串行文件 6. 随机访问文件 7. 编写结构化程序以创建、读取和更新随机访问文件	4	不同格式文件创建及其操作	10
按键编程 1. 功能键和光标控制键 2. 控制打印机	2	—	2
1. 禁用 ESCAPE，光标编辑 2. 清除键盘缓冲区 ——改变闪光和自动重复率	1	实操训练	2
机器码介绍简介	1	—	—
基本汇编器简介	2	—	—
总计	29	—	46

培训活动组织的方式主要以演示、小组讨论、活动汇报反馈以及自主实践为主。各项活动分小组进行，每个小组包括 3～4 名成员。为了达到使培训对象在最大程度上掌握软件应用技能的教学目的，个人或小组需完成至少 60 个小时的实操机时。除此之外，参与学校还将不定期为邻校学生及附近社区居民举

办演讲及示范活动，普及计算机知识，提高民众使用计算机的意识。

"学校计算机素养与学习提升计划"第一阶段实施效果良好，评估结果显示基本达到了预期效果。计算机素养的普遍提升不仅从一定程度上促进了印度国民对现代信息技术手段的了解，还促进了计算机教育软件的开发，并为计算机辅助教学及学习领域实验项目的开发铺平了道路。1985年至1986年，第二阶段计划开始实施，参与学校增加了500所；1986年至1987年，新增学校500所；1987至1989年，又新增学校700所。[①]

第三节 印度理工学院计算机学科快速崛起取得的成效与存在的问题

1983年，印度理工学院计算机科学与工程系正式成立，为计算机学科的蓬勃发展搭建了更加规范、专业化的学术平台。在近代第三次科学技术革命蓬勃开展的国际大背景下，印度总理拉吉夫·甘地采取积极行动，大力支持发展高新技术，[②]带领印度大踏步迈向信息时代。在国家政策的激励和保障下，印度理工学院采取了一系列措施，推动计算机学科快速发展，学科建设的各个方面均取得了一定的成绩。

一、印度理工学院计算机学科快速崛起取得的成效

（一）搭建了完备的专业化学术平台

印度理工学院紧跟国家战略发展部署，满足国家战略发展需求，突出计算机学科的优势地位，积极推进计算机教育与研究平台的专业化发展。在计算机学科早期发展阶段，计算机中心、电气工程系和数学系作为主要的学术平台，面向校内校外开展了丰富的计算机教育活动，在满足印度计算机人才需求的同时，提高了学科的知名度。在学科发展新时期，计算机学科科学研究活动逐步增加，学术专业化程度越来越高。随着学术课程的日益丰富以及学术项目的日

[①] R. P. Gupta, "School-level Computer Education—CLASS Project", in Utpal K. Banerjee, Computer Education in India—Past Present and Future, New Delhi: Concept Publishing Company, 1996: 84.

[②] 文富德、唐鹏琪：《印度科学技术》，巴蜀书社2004年版，第64-65页。

益完善，独立的计算机科学行政学术单位的创建成为必然要求，符合学科发展的历史规律。1983年，印度理工学院结合计算机学科的工学学科特征，充分考虑其具有较强实践性与应用性的学科特点，集计算机科学、计算机工程、软件工程、信息系统以及信息技术等分支专业内容为一体，创建了更加规范化的学术平台，并最终将其定名为"计算机科学与工程系"，为计算机学科的快速崛起搭建了更加完备的专业化学术平台，计算机学科进入蓬勃发展、快速崛起的历史时期。

（二）师资结构合理，学术团队内聚性特征明显

20世纪80年代，计算机学科进入快速发展期，专任教师专业技术职务及岗位设置完备合理：设置了包括教授、副教授、助理教授及讲师在内的专业技术职务以及包括高级科技职员、高级系统程序员、高级系统工程师、系统工程师、助理系统职员、初级系统职员在内的教辅人员岗位，师生比为1∶10。学术师资队伍建设也呈现出新的特点，构建起了以学术认同为基础的内聚性学术团队，团队开展的学术活动呈现出更加专业化的特点，由学科发展早期的以实施计算机教育教学活动为主要内容扩展到教研、科研活动并重。与此同时，学术平台的日益完备以及管理机制的逐步完善促使计算机学科师资队伍不断扩充，优秀师资纷纷加入师资队伍中，师资力量进一步增强。具有相同学术兴趣，致力于同一研究领域的学者们汇聚在一起，他们秉持着相同的学术理念，遵循同一学术规范，在学术带头人的带领下相互协作，紧密合作，高效产出。各分校学术团队数量增长，孟买分校学术团队的典型代表有从事编译器优化理论研究的达姆赫尔（Dhamdhere）、比斯瓦斯（Biswas）、萨亚尔（Sanyal）团队，从事数据库领域研究的萨达（Sarda）、帕塔克（Pathak）、塞沙德里（Seshadri）团队，在超大规模集成电路计算机辅助设计领域开展深入研究的文卡特什（Venkatesh）、舍列卡（Sherlekar）团队，围绕计算机图形学开展研究活动的沙拉特·钱德兰（Sharat Chandran）、凯克雷（Kekre）、拉马克里希纳（Ramakrishna）团队等。德里分校学术团队的典型代表包括在计算机网络、实时系统开展学术研究的B. N. 贾恩（B. N. Jain）团队，以单处理器与多处理器体系结构及网络为研究方向的马丹（Madan）教授团队，从事计算机算法研究

的马赫什瓦里（Maheshwari）教授团队等。[①]

（三）注重计算机应用学术研究活动，培养出高质量应用型计算机人才

随着计算机学科学术平台的完善和师资队伍的扩充，科学研究工作也取得了突出的成就。在对计算机基础理论研究进行深入探索的同时，确立了以计算机应用为主导的科学研究方向。计算机技术应用成为研究发展活动的重点内容之一，主要涉及计算机图形学和可视化、自然语言处理、信息科学、计算机体系结构和工程等应用计算机科学领域。1984年印度理工学院计算机辅助设计中心的创建开启了产业界、学术界、社会与政府间创建新型合作关系的新篇章，推动了产学研合作项目的顺利开展，率先在印度工业中应用计算机辅助设计方法和工具促进科研成果的高效应用和转化。1985年至1990年间开展了联合国开发计划署以及航空发展局资助的科研项目，教师在科研项目开展过程中注重科研成果转化，及时有效解决痛点和难点问题。与此同时，计算机学科科学研究与发展工作的开展立足于印度本国现实需求，注重实际应用，有利于项目落地。根据印度民族众多、语言复杂的现实国情，印度理工学院承担了"集成梵文字母计算机终端"设计与开发项目的研究，力图解决印度语人机语言界面复杂性问题，对印度社会人际交往顺利沟通具有十分重要的现实意义。1988年，图形和印度文字终端卡的成功研发标志着印度理工学院在应用计算机科学自然语言处理领域取得了重大科研进展，是印度理工学院国内一流计算机应用研究领域研发能力和水平的有力证明。

随着信息技术产业的快速发展，印度社会对具备实践应用技能的高级计算机人才的需求量大幅增加。印度理工学院计算机学科在人才培养方面迅速做出响应，紧跟国家人才需求现状，进一步调整明确了人才培养目标，将学科发展早期以培养掌握计算机基础理论知识、具备计算机基本操作技能的人才培养目标及时调整为以培养能够进行工程设计和开发的工程学高级人才以及产业所需的掌握信息处理技术的高级应用程序员为主要目标，以实用型计算机人才培养为中心，旨在满足国民经济不同部门对计算机应用高级人才的需求。设立了计算机应用硕士学位项目和五年制本硕连读联合培养工程硕士学位项目，创新了人才培养计划，培养出一大批高质量的应用型计算机人才，为印度信息技术企

[①] Office of Naval Research, Asian Office, Krithi Ramamritham, A Detailed Report on R&D at Indian Computer-Science Establishments, 1995.

业提供了人力支撑。计算机应用硕士学位项目学制 3 年，每年为印度社会培养 300 名高级计算机应用技术人才。[①] 五年制本硕连读联合培养工程硕士学位项目为行业提供了接受过产业实训并具有较强实践经验的高级计算机人才，契合行业人才需求现状。

（四）开展了多样化的国内外学术交流活动

优秀师资队伍的扩充和稳定学术团队的组建推动了学术交流活动的蓬勃开展。学者之间进行知识交流分享，开展学术探讨，探索学术前沿，不断进行学术思想碰撞推动科学研究活动的深入开展，促使学科发展充满活力。20 世纪 80 年代中期至 20 世纪 90 年代初期，印度理工学院计算机学科学术交流活动形式多样化，主要以"学习"为主，通过邀请国际计算机学科领域专家学者来印走进印度理工学院开设专题讲座、举办专题报告会、开展交流探讨的方式拓宽研究视野，激发学术热情，提升学术水平。1983 至 1991 年，马德拉斯分校来访的国际专家共 62 人，分别来自美国、德国、英国、法国、加拿大和苏联，其中来自美国的学者有 31 人、德国学者 11 人、英国学者 14 人、加拿大学者 4 人以及法国和苏联学者各 1 人。[②] 同时，在资金和政策上给予支持，鼓励教师赴境外开展访学和访问交流活动。与国际知名计算机专家学者进行学术探讨，不断提升自身学术素养，及时了解学科发展前沿动态，形成学术交流良性互动的学术氛围。[③]1984 至 1991 年期间，马德拉斯分校资助 20 余名计算机学者赴美国、德国、英国、法国、加拿大、日本、澳大利亚、荷兰、泰国、新加坡以及中国等国开展访问交流活动、参加计算机国际研讨会，其中以美国和德国为主要出访国。计算机学科充分发挥其在印度国内一流学科的学术地位，面向国内开设计算机课程、举办计算机讲座，参加国内计算机学科学术会议，加强国内计算机学科学术交流。包括卡马拉·克里提瓦桑、穆图克里希南、B. 叶尼亚纳拉亚那、C. 潘杜兰甘等学者在内的 20 余名计算机领域专家面向印度社会举办各级各类计算机学科讲座、专题报告会，进一步扩大了学科专业知名度。马德拉斯分校马哈巴拉、S. V. 拉加万、德纳达亚鲁、拉克希玛南等计算机学者在印度计算机

---

① Utpal Kumar Banerjee, Computer Education in Indian: Past, Present and Future, New Delhi: Concept Publishing Company, 1996: 432.

② Indian Institute of Technology Madras, Annual Report, 1983–1991.

③ [美] 伯顿·克拉克：《高等教育新论——多学科的研究》，王承绪等译，浙江教育出版社 2001 年版，第 155 页。

学科权威协会、学会、专业委员会等学术组织中担任会长、副会长、高级会员、咨询顾问等重要职务[①],积极参与计算机学科发展事务交流及讨论,凸显了印度理工学院计算机学科在印度计算机领域的重要学术地位。

（五）建立了独特的行政及学术管理体制

确保管理自治和学术自由一直都是印度理工学院行政和学术管理体制努力追求的目标。印度理工学院纵横交错的五级管理体制不断发展完善并日趋成熟。纵向而言，各层级机构保持相对独立的地位，互相之间监督协调；横向而言，各层级机构相互配合，互为支撑。独特的五级管理体制运行良好，从最大程度上确保管理民主自治与学术独立自由，使追求卓越优异的学术成就成为可能。教师根据教育对象和教学活动的特点自主制定教学计划，实施教学活动，自制学业评估方式。学生结合自身的学习需求和兴趣与教师开展平等的学术交流探讨。对科学研究发展活动而言，教师根据个人研究兴趣选取研究方向，结合研究前沿课题开展深入研究，可以充分调动教师的科研积极性，丰富科研活动内容，促进高质量科研成果的产出。

（六）促进了印度社会计算机基础知识的普及

满足国家当前和未来社会与经济发展需求，为经济社会发展培养高质量计算机人才始终是印度理工学院计算机学科建设和发展的宗旨和目标。根据不同时期学科发展的不同特征，计算机学科社会服务功能的体现有所不同。20世纪70年代印度理工学院实施的质量提升计划已无法满足社会对计算机人才的需求，全国范围内更加广泛的计算机人才培养成为社会所需。其中，计算机基本素质培养成为重要内容。在民众中进行计算机基本知识和基本操作技能的普及成为印度迈入信息社会的基本要求。印度理工学院充分发挥其国内一流计算机学科的优势，积极承担"学校计算机素养与学习提升计划"，负责计算机普及教育课程设置及培训计划制定的重要工作。1984年至1989年，来自印度初级中等教育阶段和高级中等教育阶段九至十二年级的共计1950所学校参与了计划实施，参加了计算机初级及

---

① Indian Institute of Technology Madras, Annual Report, 1982-1991.

高级培训活动。①评估委员会评估结果显示，该计划基本达到预期目标，培训对象的计算机素养得到普遍提升，一定程度上促进了印度国民对现代计算机手段的了解，为计算机应用领域进一步发展铺平了道路，同时也为该计划的持续长远发展奠定了基础。

二、印度理工学院计算机学科快速崛起过程中存在的问题

20世纪80年代中期至20世纪90年代初期，印度理工学院计算机学科进入快速发展期，在平台建设、学术团队组建、科学研究活动开展、人才培养、国内外学术交流及社会服务等学科建设基本要素各个方面均取得了卓有成效的成绩。但是，在学科迅速崛起过程中也出现了一些问题，对学科的持续高速发展造成了一定的影响。尽管有些问题在后期学科稳步提升阶段得到了修正和改进，但曾经出现过的问题不可忽视。

1981年，印度理工学院工程学士修业年限由5年缩短为4年。1983年，工程硕士修业年限也由4个学期缩短为3个学期。短期而言，本科和硕士研究生学制缩短对课程设置和人才培养方案制定产生了直接的影响；长期来看，人才培养质量也受到一定影响。受学科特点影响，实践环节是计算机人才培养过程中不可或缺的组成部分。学制调整后，工程学士修业年限缩短了20%，实践教学环节也随之减少。对工程硕士人才培养而言，修业年限由2年缩短到1年半，修业时间也减少了25%。仅仅3个学期的培养，对研究生科学研究能力的提升明显不足。学制的修订从表面上看是审查委员会从学科建设和发展方面提出的建议，但在一定程度上也反映了印度政府对学校事务的干预。直到21世纪初期，经过严谨的论证，在校方和专家学者们强烈的呼吁及共同努力下，工程硕士研究生修业年限恢复到2年。

20世纪80年代，顺应世界蓬勃兴起的以电子技术为主要标志的新技术革命浪潮，印度政府进一步加速了电子技术的研究与开发活动，并将重心放在软件技术的研究与开发方面。②在国家战略政策的影响下，印度理工学院计算机学科无论是人才培养，还是科学研究，重点都明显向"软件"方面倾斜，从而导

---

① R. P. Gupta, "School-level Computer Education—CLASS Project", in Utpal K. Banerjee, Computer Education in India—Past Present and Future, New Delhi: Concept Publishing Company, 1996: 84.

② 文富德、唐鹏琪：《印度科学技术》，巴蜀书社2004年版，第45页。

致硬件人才培养和硬件技术研发有所欠缺。进入20世纪90年代,随着信息技术在世界经济发展领域内应用范围的扩大,印度政府意识到电子硬件技术与计算机软件技术平衡发展的必要性,决定大力开发超级计算机及国防通信设备等电子硬件技术。[①]印度理工学院承担了超级计算机研制的国家重点科技项目,为印度超级计算机研发活动取得突破式、跨越式发展作出了突出贡献。

[①] 文富德、唐鹏琪:《印度科学技术》,巴蜀书社2004年版,第46页。

第三章 印度理工学院计算机学科的稳步提升（1992年至今）

1992年，印度理工学院"创新与技术转移基金会"在德里分校正式成立，计算机学科进入产、教、研有机融合、持续稳步发展的新阶段。由此，学科与国内、国际计算机企业之间互动明显增多，共同推动国家经济社会的发展，形成了国家与学术界和产业界三方融合、三方互动、三方受益的健康发展模式，培养的杰出计算人才在国际知名计算机企业崭露头角。

第一节 印度理工学院计算机学科稳步提升的背景

一、世界信息革命浪潮的推动

20世纪90年代，以电子技术、通信技术等为主要代表的信息技术在世界各地得以广泛应用，进一步凸显了科学技术对经济社会发展的重要作用，推动各国相继进入以信息经济为主要特征的知识经济时代。[①]在计算机技术快速发展、信息经济激烈比拼的国际大环境下，印度深感压力与动力并存。自20世纪80

---

① 文富德、唐鹏琪：《印度科学技术》，巴蜀书社2004年版，第46、72页。

年代以来，印度政府紧跟信息技术革命浪潮，大力发展计算机技术，在计算机软件技术开发方面取得了突出的成绩，但也暴露出在计算机硬件制造技术方面相对落后的问题。印度时任领导人深知，均衡的计算机技术发展至关重要，因此在继续支持软件开发的同时，也要给予硬件制造技术研发项目一定的政策倾斜，尤其是应充分发挥印度理工学院计算机学科在师资队伍、科学研究及高质量人才培养等方面的优势，鼓励其积极探索计算机前沿研究领域，深入开展国际合作，承担国家级科研项目，形成产教融合促进国家经济发展的学科建设新模式，为印度在世界信息革命浪潮中占有一席之地作出贡献。

二、印度领导人建立信息产业超级大国战略目标的指引

自1947年印度独立后，印度历届政府领导人都重视科学技术对经济社会发展的推动作用，将信息技术产业的发展放在重要位置，大力支持计算机行业的发展。20世纪80年代初，英迪拉·甘地政府重视计算机软件业的发展，制定了发展计算机的优惠政策；20世纪80年代中期，拉吉夫·甘地政府更是注重计算机的开发，提出了"要用电子革命把印度带入21世纪"的响亮口号，积极扶持计算机软件工业。[①]1991年6月，帕穆拉帕提·文卡塔·纳拉辛哈·拉奥（Pamulaparthi Venkata Narasimha Rao）任总理，继续支持信息产业的发展，并于1993年以立法形式颁布了《新技术政策声明》，明确了信息产业发展的法律地位。1996年出任总理的阿塔尔·比哈里·瓦杰帕伊（Atal Bihari Vajpayee）也曾指出："信息技术是印度能够迅速建立全球优势的领域。"[②]1999年，瓦杰帕伊政府组建了"国家信息技术特别工作组"并亲任组长，制定了"印度信息技术发展计划"，提出将印度建为"全球信息技术超级大国"和"信息革命时代先驱"的战略目标，并把信息技术作为印度知识型产业的重点发展对象。[③]在2003年1月第九十届印度科技大会上，印度政府发布了自独立以来制定的最完整的一部科学技术政策——《2003年科技政策》，清晰阐述了印度发展科学技术政策的15条目标和实现政策目标的15个战略重点，要点包括：大力支持大学、科学和工程学研究机构开展科学研究活动；赋予大学必要的自主权，创造一种鼓励研究工作的环境气氛；强调信息是当代科技发展的关键，要加强大

---

① 文富德、唐鹏琪：《印度科学技术》，巴蜀书社2004年版，第199页。
② 文富德、唐鹏琪：《印度科学技术》，巴蜀书社2004年版，第46页。
③ 文富德、唐鹏琪：《印度科学技术》，巴蜀书社2004年版，第204页。

学和研究机构的基础设施建设，着手科学与工程学院基础设施的现代化建设；进一步加强基础研究的资助机制；对印度具有发展机会或天然优势的科学领域配备世界级水平的设备以提高这些学科领域的国际竞争力；加强工业与科学的研究开发，帮助建立科学家和技术专家向产业界转移技术知识的机制，同时鼓励产业界接受和支持教育和研究开发机构的研究，使研究与开发活动有明确的目标；同时重视国际科技合作，鼓励印度大学研究机构和国家实验室与世界各国对口研究机构进行国际合作。[①] 在建立信息产业超级大国的战略目标以及《新技术政策声明》和《2023年科技政策》的引领支持下，印度理工学院计算机学科作为印度国内重点建设学科，在新的历史阶段呈现出新的发展特点，积极与国家政府机构、公营企业、私营企业进行合作，开展科学技术研究开发活动，发展计算机硬件制造技术。印度理工学院计算机学科继20世纪80年代快速崛起后，在20世纪90年代保持稳步提升，培养的高质量计算机人才享有世界声誉。

第二节　印度理工学院计算机学科稳步提升的举措

一、计算机学科学术平台及设施的现代化更新

20世纪90年代，印度理工学院计算机学科发展呈现出新的特点，学术平台与时代发展保持同步，进行了现代化更新。尤其是进入21世纪之后，在新科技政策强有力的指导和支持下，学术平台基础设施进行了现代化更新升级，计算机学科的国际竞争力得到显著提高。与此同时，1992年，印度理工学院"创新与技术转移基金会"在德里分校成立，有效促进了计算机学科与国内外计算机企业的有机融合。以创新与技术转移基金会为主要依托平台，产教融合、产学研相互促进的新型发展模式成为促进印度理工学院计算机学科可持续发展的主要推动力。

（一）成立创新与技术转移基金会

满足经济社会发展需求一直都是印度理工学院计算机学科建设与发展的主要战略目标。计算机学科服务社会的职能特征显著，加强产业界与学术界的有

---

① 文富德、唐鹏琪：《印度科学技术》，巴蜀书社2004年版，第76-82页。

机融合与合作是推动学科持续发展的重要途径，也是学科实现可持续发展的必然选择。1992年7月9日，创新与技术转移基金会在印度理工学院德里分校正式成立。基金会设立的最初设想源于1986年德里分校审查委员会递交的审查报告。报告建议设立基金会以加强印度理工学院与工业界之间的互动与合作。印度政府肯定了审查委员会的提议并给予了财政资金支持。在政府、学院及产业界的相互配合下，基金会正式创立。自创立之日起，基金会不断创新合作方式，拓宽合作途径，成为印度理工学院与产业界相互联结的桥梁，实现了知识与技术共享、互惠、互利的目标。基金会与印度国内、国际知名企业开展战略合作，在国家级组织机构（见表3-1）的支持下，通过开展计算机技术咨询与研发活动、实施计算机专业人力资源开发项目以及建立产学研实习基地等措施，提升了印度理工学院计算机学科研究与发展能力。

表3-1 "创新与技术转移基金会"合作企业及组织机构代表[①]

合作单位类型	名称
国内企业	巴拉特重型电气有限公司 （Bharat Heavy Electricals Limited）
	印度麦克米伦教育 （Macmillan Education India）
	三星印度电子 （Samsung India Electronics）
	印度斯坦航空有限公司 （Hindustan Aeronautics Ltd.）
	明达工业有限责任公司 （Minda Industries Ltd.）
	LG印度电子有限责任公司 （LG Soft India Pvt. Ltd.）
	雷迪博士实验室 （Dr. Reddy's Labs）
	BSES Yamuna电力有限公司 （BSES Yamuna Power Ltd.）
	东芝三菱电机工业系统公司 （Toshiba Mitsubishi Electric Industrial Systems Corporation）

① FITT Collaborators, https://fitt-iitd.in/partners.

续表 3-1

合作单位类型	名称
国际企业	加利福尼亚 IKANOS 通信公司 （IKANOS Inc, California）
	奥地利北欧化工 （Borealis AG, Austria）
	法国赛峰集团 （SAFRAN AG, France）
	美国颇尔公司 （PALL Corporation, USA）
	芬兰 Wartsila 有限公司 （Wartsila Finland Qy, Finland Wartsila）
国家组织机构	印度科学技术部 （Department of Science and Technology）
	生物技术产业研究援助理事会 （Biotechnology Industry Research Assistance Council）
	技能发展与创业部 （Ministry for Skill Development & Entrepreneurship）
	电子和信息技术部 （Ministry of Electronics and Information Technology）
	技术开发委员会 （Technology Development Board）
	印度中小企业部 （Ministry of Small & Medium Enterprises）

（二）计算机中心设施现代化升级

自创办以来，印度理工学院计算机中心始终重视计算机硬件设备与软件系统的现代化更新升级。1991 年 12 月，印度理工学院实现校内计算机系统联网，是计算机中心设施现代化、信息化改造的重大进步。1994 年，印度理工学院高速校园网建成，实现了校园局域网的互联。联网分批分阶段实现，使用现有电缆连接到各院系以实现校内以太网扩展，并通过思科（CISCO）路由器和调制解调器建立了与航空航天工程系的互联网连接。1994 年至 1995 年，CISCO2501 路由器数量增至 10 个，每个路由器具有 2 个串行端口和 1 个 AUI

端口，利用现有串行电缆实现与其他院系的互联网连接，校级间网络化进程进一步加速，范围进一步扩大。① 互联网带宽从 1996 年的 64kbps 增至 2001 年的 45mbps。校园网络是基于 ATM 的高速骨干网，网络设施由 VSNL 64 kbps 无线链路提供。为满足未来日益增多的互联网访问需求，除了与 VSNL 的 64 kbps 链接外，还建立了专用于互联网连接的 2 mbps BSNL 链接。不断升级的网络环境为学校各项行政管理及教学科研工作的顺利开展提供了极大的便利条件，是现代化、信息化教学和科研活动的基本保证。

20 世纪 90 年代初期，计算机中心硬件升级为功能强大的 IBM RISC System/6000（RS/6000）系列。IBM RS/6000 系列工作站和服务器满足多种应用需求，适用于数值密集科学应用领域、图形密集的工程应用领域及高性能的商业领域。② 中央文件和数据库服务器高端系统升级，基于最新的 POWER2 体系结构的 IBM RS6000 590 型号满足全校师生对服务器的更高要求。基于 POWER 架构的 IBM RS6000 370 型号作为专用计算机服务器处理批处理作业。基于 POWER PC 架构的 IBM RS6000 25T 型工作站提供强大的图形功能。③ IBM RS6000 型号 590 型号、370 型号高速网络服务器集群提供了强大的数值性能，高速网络上的多个计算单元为教师的科研活动提供了并行和分布式计算平台。2001 年 12 月，计算机中心安装了配置有 64 处理器的 SGI3800 计算机服务器，这台高性能计算机满足了研究人员的计算要求。计算机中心的现代化设备使学生能够学习并利用最新的计算机技术和方法在具体的分析和设计中解决学术实际应用问题。印度理工学院计算机中心因其拥有现代化的先进设备成为国内同类学术机构中最为现代化的计算机学术平台。④

2014 年 6 月 3 日，印度第五台超级计算机进驻坎普尔分校计算机中心，这是世界上第 130 台超级计算机，也是印度国内第一台安装在教育机构的超级计算机。坎普尔分校副校长 S. C. 斯里瓦斯塔瓦（S. C. Srivastava）为这台超级计算机揭幕时表示："这台超级计算机将专门用于印度教学科研活动的开展并为定期举行的培训活动服务。"计算机中心主任艾希什·杜塔（Ashish Dutta）也

---

① Indian Institute of Technology Madras, Annual Report, 1994–1995: 180.
② 《IBM AIX 产品系列的最新品种——RISC System/6000 系列》，《中国计算机用户》1991 年第 9 期。
③ Indian Institute of Technology, Annual Report, 1994–1995: 179.
④ Indian Institute of Technology, Annual Report, 1996–1997: 263.

强调："超级计算机被应用于科学及工程研究的诸多领域。使用超级计算机的一般研究领域被称为高性能计算。"①高性能计算是推动国家科学发展的关键工具之一，对增强国家的科技竞争力有着不可替代的作用。自坎普尔分校安装超级计算机后，印度理工学院相继致力于研发建设更加专业化的高性能计算设施，为国家超级计算机任务贡献力量。卡哈拉格普尔分校联合高级计算机发展中心致力于建设印度第一台1.3千万亿次高功率计算机，为在重要研究领域从事科研发展活动的高科技专业人员提供大规模计算支持。同时，通过大规模提高产量和效率的方式推动了现有研究的发展。②德里分校与英伟达（NVIDIA）合作，致力于迎接百亿亿次级超级计算机的科学挑战。

（三）计算机学科专业实验室的建立

实验室是科学研究的基层单位，印度理工学院计算机学科建有专业实验室，为计算机科学与研究活动的顺利开展提供了必备的设施和人力资源。实验室配有高级计算设施用以支持开展计算机学科各项教学与研究活动。20世纪90年代以来，印度电子技术领域取得了重要进步，不仅在软件技术领域进一步发展，成为世界上重要的软件开发中心，而且电子硬件技术也获得了突破性进展，成功研制出超级计算机。③在国家超级计算机发展过程中，印度理工学院计算机学科积极发挥其拥有国内顶尖计算机专家、高水平科学研究能力及现代化专业设施的优势，建立了计算机专业实验室，为印度在超级计算机建设领域取得跨越式发展作出了突出贡献。此外，印度理工学院计算机学科自创立发展以来一直与国家科技战略发展目标保持同步，为国家科技与工业发展服务。积极创建高性能计算实验室服务于国家超级计算机任务，助力国家迎接计算机、纳米技术、材料科学、动力工程等科技领域的挑战，力争创建多样的现代化专业实验室，将计算机科学研究发展活动推向新高潮。建成的特色实验室有超大规模集成电路实验室、人工智能和数据库实验室、分布式和目标系统实验室、分布式系统和光纤网络实验室、高性能计算机网络实验室、网络系统实验室、语音和视觉

---

① IITKanpur Unveils New Supercomputer, https://www.indiatimes.com/tech-nology/enterprise/iitkanpur-unveils-new-supercomputer-152707.html.

② IIT KGP's Another First—1.3 petaFLOPS High-Performance Computing, http://www.kgpchronicle.iitkgp.ac.in/iit-kgps-another-first-1-3-petaflop-high-performance-computing/.

③ 文富德、唐鹏琪：《印度科学技术》，巴蜀书社2004年版，第76页。

实验室、理论计算科学实验室、可视与感知实验室等。一系列前沿科技项目在实验室研发实施，其中包括开展超大规模集成电路软件设计、高性能计算、计算机辅助软件工程系统、逻辑和自然语言处理人工智能知识、系统工程大规模分布式目标系统以及计算机网络语言处理速度识别等。

2012年，德里分校与英伟达公司共同合作建立百亿亿次级计算研究实验室，致力于通过在处理器架构、电路、内存架构、高速指令、编程模型、算法及应用程序等方面提供先进的研究、测试及技术开发支持，助力印度在2017年实现百亿亿次级计算的目标。根据合作协议规定，德里分校为百亿亿次级计算研究实验室提供包括软件和计算机系统在内的计算机基础设施，英伟达公司负责提供市场营销及图形处理单元加速器方面的支持。印度理工学院与国际计算机行业领军企业的战略性合作为印度高性能计算机的利用、研制、发展和创新搭建了巨大的支持平台，计算机学科的学者们也利用最新的图形处理单元技术为国家超算技术取得突破性进展助力，学科的国际知名度由此得到了显著提升。[1]

（四）新型计算机学科"研究中心"的设立

印度理工学院学术机构设置的一个特色是除了设系建院外，还设有若干专门的研究中心。研究中心与系和学院属于同一层级的独立学术机构，开展教学、科研、人才培养等活动，同时也为学校教育研究活动的顺利开展提供技术支持和服务。研究中心具有专业化和跨学科特征[2]，具有不同专业背景的教师汇聚在一起，发挥各自专长，不断促进知识融合，以全新的视角创新开拓新思路、解决科研难题，推动计算机科学研究活动蓬勃开展。他们中的典型代表有形式设计与软件验证中心、普拉巴·戈尔计算机与互联网安全研究中心以及计算与数据科学中心。随着电子技术的飞跃式发展，小到日常家用电器，大到卫星发射器，计算机系统渗透到人类生活的方方面面，与国家科技发展紧密相连。计算机系统质量关乎人类生活质量的高低。由于应用程序非常复杂，为复杂的应用系统开发高质量的软件系统或硬件配置便显得尤为重要。印度政府清醒地意识到计算机系统质量的战略性地位，尤其重视计算机系统验证技术的研究和开发。

---

[1] NVIDIA, IIT Collaborate to Develop Supercomputer, https://www.rediff.com/business/slide-show/slide-show-1-nvidia-iit-collaborate-to-develop-supercomputer/20121222.htm.

[2] 浙江大学：《印度理工学院调研报告》，《透视与借鉴——国外著名高等学校调研报告》，高等教育出版社2008年版，第381页。

1999 年 4 月，印度理工学院投入 3030 万卢比在孟买分校设立形式设计与软件验证中心，专门从事高质量计算机软件开发领域的研发，其中的特别关注点是安全关键型应用程序的正式验证技术开发。①

2003 年 3 月，坎普尔分校创建普拉巴·戈尔计算机与互联网安全研究中心。该中心以其赞助者——印度理工学院校友普拉巴·戈尔②的名字而命名，招揽各学科专家，致力于创建国家顶尖计算机和互联网安全节点研究与开发中心，通过开设本科和研究生学术项目为行业和其他机构提供培训课程，同时组织召开研讨会、开展交流互访等学术活动，为国家培养数据安全专业人才。③卡哈拉格普尔分校计算与数据科学中心于 2017 年 3 月成立，其任务是促进以最新高性能计算为平台实施的下一代跨学科研究和教育活动。该中心在印度政府国家超级计算机任务支持下获得 1 千万亿次计算能力的超级计算设施，通过提高产量和效率提升计算机研究能力和水平，为研究人员在各个国家级重要领域从事研究活动提供大规模计算支持和服务。④计算与数据科学中心的科研活动具有明显的跨学科性质，围绕高性能计算系统、数据管理及分析、可视化等专业方向开展跨学科高性能计算应用领域前沿研究，主要融合领域有计算生物学、地球科学计算、计算化学、计算物理、计算流体动力学、计算力学、新型材料多尺度建模、密码分析、药物设计、大气建模等。⑤

二、构建以探索学科核心领域为目标的传承性学术团队

20 世纪 80 年代形成的以学术认同为基础的内聚性学术团队在印度理工学院计算机学科的快速崛起期发挥了重要作用，同时也为 20 世纪 90 年代学科的稳步提升提供了强有力的人员和团队支撑。随着计算机学科学术平台及设施现代化更新的逐步实现，学术团队的构建和发展呈现出新的特点。学术团队将计

---

① Center for Formal Design and Verification of Software, http://www.cfdvs.iitb.ac.in/.
② Prabhu Goel, https://en.wikipedia.org/wiki/Prabhu_Goel. 注释：1970 年毕业于印度理工学院坎普尔分校，任电气工程师。1974 年获得卡内基梅隆大学电气工程博士学位。
③ Prabhu Goel Research Center for Computer & Internet Security, https://www.slideserve.com/dai/prabhu-goel-research-centre-for-computer-internet-security.
④ 注释：印度政府于 2015 年 3 月启动了国家超级计算机任务，该计划将投资 450 亿卢比，用来自主研发本国超级计算机。印度计划在全国各地的科研及学术机构中建立一套由 70 台超级计算机组成的网络，旨在提高印度在全球超算领域的能力。
⑤ Center for Computational and Data Sciences, http://www.iitkgp.ac.in/department/CD.

算机学科核心研究问题确立为主要研究内容，逐步构建了以导师为核心、学生为主要成员，遵循同一研究方向开展学术研究的传承性学术团队。具有相同研究兴趣的师生团队在坚定学术信念和信仰的鼓励下潜心研究，导师前期的学术研究成果为团队后期的研究奠定坚实的学术基础，学术研究不断取得新进展，研究成果享誉国际。

坎普尔分校的计算复杂性理论学术团队积极探索计算机科学技术核心研究领域并取得重大研究成果，形成了世界级学术影响力，成为传承性学术团队的典型代表。算法设计分析与计算复杂性理论研究是计算机科学技术的核心研究领域。印度理工学院计算复杂性理论学术团队的核心成员由索梅纳斯·比斯瓦斯（Somenath Biswas）、马宁德拉·阿格劳瓦尔（Manindra Agrawal）、尼丁·萨克塞纳（Nitin Saxena）和纳贾·凯拉（Neeraj Kayal）师生三代组成，他们均为印度杰出的计算机科学家，曾获得国内国际多项荣誉奖项和学术称号（见表3-2）。

表3-2 计算复杂性理论学术团队核心成员介绍

姓名	教育背景	导师	荣誉称号	获奖情况	学术兼职
索梅纳斯·比斯瓦斯（Somenath Biswas）	电子学与电子通信工程学士学位（1973）计算机科学硕士学位（1976）计算机科学博士学位（1980）		1.印度国家科学院院士（2013）2.桑杰&拉赫纳普拉丹讲席教授		1.第十一届"软件技术与理论计算机科学基金会"程序委员会主席（1991）2.印度计算机科学研究协会理事会主席（2000—2002）

续表 3-2

姓名	教育背景	导师	荣誉称号	获奖情况	学术兼职
马宁德拉·阿格劳瓦尔（Manindra Agrawal）	计算机科学与工程学士学位（1986）计算机科学与工程博士学位（1991）	博士导师：索梅纳斯·比斯瓦斯	1. 2003 拉玛·尧讲席教授 2. 美国国家科学院外籍研究员 3. 世界科学院（原名：第三世界科学院）院士 4. 印度科学院院士 5. 印度国家科学院院士 6. 印度国家工程院院士	1. 第一届印孚瑟斯数学奖（2003） 2. 尚蒂·斯瓦鲁普·巴特那加数学科学奖（2003） 3. 哥德尔奖（2006） 4. 富尔克森奖（2006） 5. 授予莲花士勋章（2013）	1. 金奈 SPIC 科学基金会数学学院研究员（1993—1995） 2. 德国乌尔姆大学的洪堡研究员（1995—1996）
尼丁·萨克塞纳（Nitin Saxena）	计算机科学与工程学士学位（2002）计算机科学与工程博士学位（2006）	博士导师：马宁德拉·阿格劳瓦尔		1. 印度理工学院坎普尔分校杰出校友奖（2003） 2. 哥德尔奖（2006） 3. 富尔克森奖（2006） 4. 尚蒂·斯瓦鲁普·巴特那加奖（2018）	
纳贾·凯拉（Neeraj Kayal）	计算机科学与工程学士学位（2002）理论计算机科学博士学位（2006）	博士导师：马宁德拉·阿格劳瓦尔		1. 印度理工学院坎普尔分校杰出校友奖 2. 哥德尔奖（2006） 3. 富尔克森奖（2006） 4. 印度国家科学院授予青年科学家奖	

马宁德拉·阿格劳瓦尔在坎普尔分校计算机科学与工程系攻读博士学位期间，师从印度著名计算机学家索梅纳斯·比斯瓦斯，在导师的学术指引下，马宁德拉·阿格劳瓦尔对计算机复杂性理论尤其是确定性多项式算法以及非确定性多项式算法研究产生了浓厚兴趣。确定性多项式算法和非确定性多项式算法被学术界公认为是七个"千禧年数学难题"之首要问题。[1] 阿格劳瓦尔与导师比斯瓦斯设计了一种新的随机算法尝试解决素数测试问题。1991年，阿格劳瓦尔获得博士学位后以研究员身份加入钦奈数学研究所（Chennai Mathematics Institute）。1995年，阿格劳瓦尔赴德国乌尔姆大学访问交流学习一年，1996年回到母校任助理教授。2002年，阿格劳瓦尔与学生尼丁·萨克塞纳和纳贾·凯拉3人宣布发现了一个多项式时间算法，证明了素数判定问题为P（确定性多项式算法）类问题，这就是21世纪初期轰动一时的"确定型的多项式时间素性测试算法"，又称为"AKS素性测试算法"。该研究成果刊登在由普林斯顿大学主办的国际顶尖杂志——《数学年鉴》上。[2] 该算法被认为是P和NP理论研究的巅峰之作[3]，其简称AKS分别取自师生3人——马宁德拉·阿格劳瓦尔、纳贾·凯拉以及尼丁·萨克塞纳的姓氏首字母。这一发现以简洁方法解决了长期以来数学和计算机科学研究的热门课题，师生3人也因其卓越成就而获得2006年哥德尔奖（Gödel Prize）[4]和2006年富尔克森奖（Fulkerson Prize）。[5]

传承性学术团队具有长久的学术生命力和强大的学术潜力。以导师为核心，师生几代人秉承相同的学术理念，在同一研究方向下对研究内容进行持续深入的研究，终将取得出色的学术研究成果。基于学术认同形成的团队具有较强的

---

[1] 注释：美国麻州克雷（Clay）数学研究所于2000年5月24日在巴黎法兰西学院宣布了七个"千禧年数学难题"：P（确定性多项式算法）对NP（非确定性多项式算法）、霍奇（Hodge）猜想、庞加莱（Poincare）猜想、黎曼（Riemann）假设、杨-米尔斯（Yang-Mills）存在性和质量缺口、纳维叶-斯托克斯（Navier-Stokes）方程的存在性与光滑性、贝赫（Birch）和斯维讷通-戴尔（Swinnerton-Dyer）猜想（来源：https://baike.baidu.com/item/）。

[2] Manindra Agrawal, Neeraj Kayal & Nitin Saxena, "PRIMES is in P" Annals of Mathematics, 2004, 160(2): 781-793.

[3] 曹正军、刘丽华《现代密码算法概论》，哈尔滨工业大学出版社2019年版，第246页。

[4] 注释：哥德尔奖（Gödel Prize），理论计算机领域最负盛名的奖项，由欧洲计算机学会与美国计算机学会基础理论专业组织于1993年共同设立。名称取自伟大的逻辑学家库尔特·哥德尔（Kurt Gödel）（来源：https://baike.baidu.com/item/）。

[5] 注释：富尔克森奖（Fulkerson Prize）由美国数学学会和美国数学规划学会联合颁发，为纪念图论和组合最优化先驱者富尔克森而设立（来源：https://baike.baidu.com/item/）。

学术凝聚力，导师确立研究方向，成为团队的核心精神领袖，激励后辈紧跟学科发展前沿不断进行学术探索。2012年，为纪念索梅纳斯·比斯瓦斯在复杂性理论研究领域作出的突出贡献，马宁德拉·阿格劳瓦尔在导师60诞辰之际邀请学术领域国际知名专家学者来到坎普尔分校参加为期3天的"计算复杂性"研讨会，与会者围绕计算复杂性理论开展学术交流，共享学术盛宴，学术研讨成果《计算复杂性视角：索梅纳斯·比斯瓦斯周年纪念卷》（Perspectives in Computational Complexity: The Somenath Biswas Anniversary Volume）编辑成册，公开发表。马宁德拉·阿格劳瓦尔在纪念卷前言部分中写道："索梅纳斯·比斯瓦斯教授是印度最早的复杂性理论专家之一。他从事计算复杂性教学和学术研究30余年，在学术研究上取得了突出的成绩，为印度在该领域的发展作出了巨大贡献，同时也为弟子们的后续研究给予了至关重要的学术奠基。作为索梅纳斯·比斯瓦斯教授的学生，我们很荣幸举行此次盛会并将成果编辑成册。我们以这种方式表达对老师无限的爱戴和崇高的敬意。"[①]

三、确立以计算机前沿领域研究为主导的科学研究方向

20世纪90年代以来，印度理工学院计算机学科不断探索计算机科学前沿领域研究课题并取得备受国际关注的研究成果。前沿科学研究领域的涉足和探索与计算机学科创建以来逐步完善的学术平台以及日益专业化的师资队伍密不可分。尤其是在20世纪最后十年以及进入21世纪后，计算机学科专业实验室的建立和计算机设施的现代化更新升级，为前沿学术研究提供了更加专业化的学术平台和设备支持。学术团队对计算机科学核心领域学术问题的探索进一步拓宽了研究思路，为前沿研究奠定了基础。前沿研究也得到了印度政府的大力支持。1993年，由印度政府联合人力资源发展部共同倡议的"技术开发使命"工程正式开始实施，为印度理工学院校际项目合作提供资金支持，鼓励工业产业与印度理工学院等高级工程技术院校开展互动交流与合作，协助行业开发最新技术，携手进入产学合作新时代。"技术开发使命"工程共涉及7个领域，所设项目的研发周期为5年。在印度政府"技术开发使命"的大力协助和支持下，印度理工学院计算机学科积极参与"通信、网络和智能自动化"合作与开发项目，

---

① Manindra Agrawal, Vikraman Arvind, "Progress in Computer Science and Applied Logic Book Volume 26", in Perspectives in Computational Complexity: The Somenath Biswas Anniversary Volume, Springer International Publishing Switzerland, 2014.

围绕电子与信息技术对电力传输与分配优化课题进行理论与实践探索。①

（一）探索计算机学科学术前沿领域

伴随着21世纪早期移动计算、客户端－服务器计算和计算机黑客3项计算领域的发展，基于平台的开发、并行与分布式计算以及安全性和信息保证3个计算机科学新兴领域随之出现。②印度理工学院的专家学者紧跟学术前沿领域开展研究，在并行、分布式计算，计算机安全，人工智能，自然语言处理等研究领域进行了积极探索。

1. 并行、分布式计算。

随着计算机网络的发展，分布式计算逐步兴起并已成为提高问题求解规模和速度、提高系统可靠性的重要手段。分布式计算在数值模拟和生物工程等应用领域得到广泛应用，网络技术的发展和网络计算的兴起又进一步推动了分布式计算技术的完善③，吸引着越来越多的学者探索这一领域。印度理工学院德里分校的高塔姆·斯洛夫（Gautam Shroff）和潘卡·梅赫拉（Pankaj Mehra）在并行计算和分布式系统领域的研究尤为值得关注。高塔姆·斯洛夫在计算数学、并行计算、分布式系统、软件结构及软件工程领域发表了30余篇高质量研究论文，他撰写的学术专著《企业云计算》和《智能网络》得到学术界的一致好评。2012年，高塔姆·斯洛夫主讲的慕课"网络智能与大数据"在"课程时代"（Coursera）上线，来自世界各地成千上万名学习者在线上注册并参与了课程的学习，主要注册学员来自美国和印度，扩大了印度理工学院在计算机学科前沿领域的学术影响力。潘卡·梅赫拉（Pankaj Mehra）的主要学术兴趣领域是并行计算，主要研究内容为构建程序行为高级视图技术，以便推断程序的消息传递模式并确定程序不同阶段的通信类型。高塔姆·斯洛夫和潘卡·梅赫拉还积极开展跨学科研究，在计算化学和计算力学方面也取得了一系列进展。④

2. 人工智能。

人工智能作为计算机学科的分支之一，与基因工程、纳米科学并称为21世

---

① Surya Pratap Mehrotra, Prajapati Prasad Sah, The Fourth IIT—The Saga of IIT Kanpur (1960-2010), Haryana: Penguin Enterprise, 2015: 233.
② Computer Science, https://www.britannica.com/science/computer-science.
③ [美]林奇：《分布式算法》，舒继武等译，机械工业出版社2004年版，第1页。
④ Krithin Ramamritham, A Detailed Report on R&D at Indian Computer-Science Establishments, 1995, p. 9.

纪三大尖端技术。人工智能致力于了解智能的实质,研究领域包括机器人、语言识别、图像识别、自然语言处理和专家系统等。①成立于1998年的IBM印度研究院与印度理工学院德里分校和孟买分校联合,共同致力于推动印度在人工智能前沿领域的深入研究与发展。印度理工学院计算学科作为印度高等工程技术院校计算机领域的领跑者,在数据挖掘、信息检索系统、自然语言处理等方面拥有深厚的研究基础。通过加入IBM印度研究院的人工智能网络,印度理工学院将充分发挥其一流师资队伍和卓越计算机人才的优势,与研究院人工智能领域专家学者们一起共同配合协作,形成优势互补,推动印度在深度学习、机器学习、自然语言处理、计算机视觉等领域的深入研究,进一步探索其相关技术在商业及工业产业中的应用。IBM全球实验室副总裁迈克尔·卡拉西克（Michael Karasick）认为：“在使用人工智能系统时,机构组织需要明确的推理和理解才能得出特定的结论,我们很高兴能与印度理工学院合作并专注于这一研究领域。通过在人工智能系统中注入推理、理解和透明性等关键特征帮助他们最终做出明智的决策。”②印度理工学院德里分校校长V. 兰戈帕尔·饶（V. Ramgopal Rao）在谈到与IBM研究院开展合作研究时称：“印度拥有巨大的计算机人才库用以加速人工智能领域及其相关技术方面的创新。我们非常荣幸能够和IBM研究院的科学家们开展合作研究,同时为我们的学生和学者们提供更多的机会以解决人工智能领域中一些复杂问题,将解决方案应用于现实生活之中。”③印度理工学院计算机与工程系的学者们积极开展自然语言处理领域的研究,取得了显著进展,得到国内外学界的赞誉。孟买分校印度语言技术中心④实验室自然语言处理研究团队主任、印度杰出计算机科学家普什帕克·巴特查里亚（Pushpak Bhattacharyya）是其中的典型代表。巴特查里亚主要从事自然语言处理、人工智能、机器学习、信息检索以及印度语言词网等领域的研究,主要成果包括多语言词汇知识库的建立,获得IBM、微软、雅虎以及联合国资金资助,

---

① 人工智能,https://baike.baidu.com/item/.
② IBM India Newsroom, https://www-03.ibm.com/press/in/en/pressrelease/54547.wss.
③ IBM India Newsroom, https://www-03.ibm.com/press/in/en/pressrelease/54547.wss.
④ 注释：印度语言技术中心在印度政府大力资助下于2000年在印度理工学院计算机科学与工程系设立。

3. 计算机与网络安全。

随着计算机技术的迅猛发展和广泛应用，计算机网络与信息安全成为计算机领域的热门课题。坎普尔分校校友普拉巴卡·戈尔（Prabhu Goel）与妻子浦南·戈尔（Poonam Goel）在计算机科学与工程系设立了"浦南·普拉巴卡讲席"（Poonam Prabhu Goel Chair），鼓励资助计算机学科学者们开展网络信息安全研究领域科学研究工作。2003年3月，普拉巴卡·戈尔在计算机科学与工程系又资助设立了普拉巴卡戈尔计算机与互联网安全研究中心，通过举办学术会议开展学术交流讨论、开设短期培训课程、设立工作坊、资助中短期访问、承担政府资助及产业咨询项目等一系列学术活动，致力于将该中心建设成为印度计算机和互联网安全的节点研发中心。

印度理工学院自20世纪90年代以来开展的前沿领域科学研究活动推动了计算机学科的稳步提升，计算机学科在印度国内的学术地位更加稳固，科学研究成果在国际计算机界也广受盛誉。

（二）超级计算机的自主研发与建设

印度超级计算机自主研发活动始于20世纪80年代后期，带有被动推动的色彩，主要原因为美国在20世纪80年代对印度实行了持续的技术禁运政策。美国的技术禁运政策导致Cray超级计算机进口受阻。[②] 面对技术封锁，印度政府于1988年3月成立了高级计算机发展中心，致力于自主研发超级计算机以满足印度国内科技领域高速计算的需求，解决科学及发展活动中快速数字运算的问题。印度理工学院德里分校管理委员会主席维杰·P. 巴特卡尔（Vijay P. Bhatkar）作为该项国家级重大科技项目的负责人，担当起研发印度首台超级计算机的任务。维杰·P. 巴特卡尔带领团队经过3年的努力，突破重重难关，在解决无数技术难题后于1991年7月1日正式推出了印度第一台本土自主研制的

---

① Pushpak Bhattacharyya, https://en.wikipedia.org/wiki/Pushpak_Bhattacha-ryya.

② 注释：20世纪80年代，美国和其他欧洲国家开发了超级计算机，对于卫星开发和核武器制造至关重要。因此，美国采取了拒绝将超级计算机制造知识和技术转移给印度的政策，以防其用于导弹和战机设计。

超级计算机——PARAM8000。[①] PARAM8000 的成功研制为印度高性能并行计算机 PARAM 系列的顺利开发奠定了坚实的基础，可以说，在此平台基础上，印度超级计算机建设项目得以快速发展。维杰·P. 巴特卡尔也因其在超级计算机领域的突出贡献而被尊称为"印度超级计算机之父"。他曾明确表示："大国不可能建立在借来的技术之上。"他以实际行动推动了印度第一台本土超级计算机的问世。他在印度理工学院德里分校管理委员会主席任命演说中明确表达了印度理工学院在印度科技发展及计算机行业发展中的重要地位："21 世纪属于印度，而印度理工学院必将在本世纪成为推动印度实现跨越式发展的先锋力量。"[②]

（三）计算机研究与发展项目快速增长

20 世纪 90 年代以来，印度政府通过颁布《新技术政策声明》、制定《2003 年科技政策》、启动"技术开发使命"倡议等一系列举措明确了信息技术产业发展的法律地位，宣布了将印度建设成为"全球信息技术超级大国"和"信息革命时代先驱"的长远战略目标。印度理工学院作为国家重点建设高等工程技术教育与研究机构，在国家政策的影响下逐步确定了"以国内信息技术产业需求为导向，面向世界和未来发展"的基本发展战略。在计算机学科的发展与建设中坚持满足国内信息技术产业发展需求，紧跟世界最新趋势，追踪计算机学科前沿热点及新兴技术。在印度政府给予政策和资金支持下，印度理工学院计算机研发项目得以快速增长，政府资助和产业咨询项目逐年大幅增加，产学研合作、产教融合模式开启新篇章。以印度理工学院马德拉斯分校计算机科学与工程系开展的研究与开发项目为例，对比 20 世纪 80 年代、20 世纪 90 年代及 21 世纪教师们开展的政府资助项目（Sponsored Projects）和产业咨询项目（Consultancy Projects）情况，可以发现在承担项目数量、获取项目研究和实施资金等方面均有明显增长（见表 3-3 至 3-7）。

[①] The Little Known Story of How India's First Indigenous Supercomputer Amazed the World in 1991, https://www.thebetterindia.com/82076/india-first-supercomputer-param-cdac-vijay-bhatkar/.

[②] Scientist Vijay Bhatkar to Head IIT-Delhi Board of Governors, https://timesofindia.indiatimes.com/city/pune/IIT-Delhi-Scientist-Vijay-Bhatkar-to-head-the-board-of-governors/articleshow/12973958.cms.

表3-3 印度理工学院计算机科学与工程系承担研究与发展项目情况[1]

（马德拉斯分校 1980—1990)

序号	年度	政府资助项目（个）	产业咨询项目（个）
1	1980—1981	未记载	12
2	1981—1982	资料缺失	资料缺失
3	1982—1983	2	6
4	1983—1984	1	4
5	1984—1985	4	5
6	1985—1986	7	7
7	1986—1987	7	4
8	1987—1988	12	2
9	1988—1989	4	3
10	1989—1990	4	4
	总计	41	47

表3-4 印度理工学院计算机科学与工程系承担研究与发展项目情况[2]

（马德拉斯分校 1990-2000）

序号	年度	政府资助项目 项目数量（个）	政府资助项目 资助经费（十万卢比）	产业咨询项目 项目数量（个）	产业咨询项目 资助经费（十万卢比）
1	1990—1991	6	—	—	—
2	1991—1992	8	97.81	5	16.25
3	1992—1993	17	506.74	8	34.9
4	1993—1994	13	296.53	—	—
5	1994—1995	19	470.505	—	—
6	1995—1996	17	470.005	—	—

---

[1] Indian Institute of Technology Madras, Annual Report, 1980-1990.
[2] Indian Institute of Technology Madras, Annual Report, 1990-2000.

续表 3-4

序号	年度	政府资助项目		产业咨询项目	
		项目数量（个）	资助经费（十万卢比）	项目数量（个）	资助经费（十万卢比）
7	1996—1997	7	464.75	8	78.5
8	1997—1998	6	66.5	6	0.001 14+$250 000
9	1998—1999	10	107.5	1	$16 000
10	1999—2000	7	79.95	7	166.2+$775 000
总计		110	2560.29	35	295.85+$1 041 000

表 3-5 印度理工学院计算机科学与工程系承担研究与发展项目情况[①]

（马德拉斯分校 2000—2010）

序号	年度	政府资助项目		产业咨询项目	
		项目数量（个）	资助经费（十万卢比）	项目数量（个）	资助经费（十万卢比）
1	2000—2001	资料缺失	–	–	–
2	2001—2002	8	99.16	3	27.5
3	2002—2003	16	345.82	11	92.78
4	2003—2004	15	341.65	4	150 024.69
5	2004—2005	14	422.44+$30 000	5	12 538.8
6	2005—2006	11	180.84	3	13.78
7	2006—2007	15	720.95	2	6+$120 000
8	2007—2008	8	208.35	5	40.71
9	2008—2009	9	421	7	95.68
10	2009—2010	15	1039.09	9	53.3
总计		111	3779.3+$30 000	49	162 893.24+$120 000

---

① Indian Institute of Technology Madras, Annual Report, 2000-2010.

表 3-6　印度理工学院计算机科学与工程系承担研究与发展项目情况[①]

（马德拉斯分校 2010—2019）

序号	年度	政府资助项目 项目数量（个）	政府资助项目 资助经费（十万卢比）	产业咨询项目 项目数量（个）	产业咨询项目 资助经费（十万卢比）
1	2010—2011	14	296.81	4	42.98+$15 000
2	2011—2012	2	43.2	3	$25 000
3	2012—2013	8	527.62	10	186.19
4	2013—2014	2	162.61	15	248.22
5	2014—2015	25	1782.75	20	404.27
6	2015—2016	14	1438.8	9	172.21+$0.30
7	2016—2017	13	1072.31	13	278.07
8	2017—2018	16	3746.19	20	348.31
9	2018—2019	20	4634.02+$5000	21	797.41
总计		114	13 704.31+$5000	115	2477.66+$40 000.3

表 3-7　20 世纪 80 年代至今印度理工学院计算机科学与工程系承担研究与发展项目情况[②]（马德拉斯分校）

年代	政府资助项目 项目数量（个）	政府资助项目 资助经费（十万卢比）	产业咨询项目 项目数量（个）	产业咨询项目 资助经费（十万卢比）
20 世纪 80 年代	41	资料未记载	47	资料未记载
20 世纪 90 年代	110	2560.29	35	295.85+$1 041 000
21 世纪前 10 年	111	3779.3+$30 000	49	162 893.24+$120 000
21 世纪 10 年代	114	13 704.31+$5000	115	2477.66+$40 000.3

---

① Indian Institute of Technology Madras, Annual Report, 2010-2019.
② Indian Institute of Technology Madras, Annual Report, 1980-2019.

通过对印度理工学院马德拉斯分校计算机科学与工程系 1980 年至 2019 年承担的政府资助项目和产业咨询项目数量以及经费资助金额数据的梳理可知：从政府资助项目承担数量、获取项目研究资金的历时发展趋势来看，进入 20 世纪 90 年代以后，政府加大了项目资助力度，20 世纪 90 年代资助项目数量是 20 世纪 80 年代的 2.7 倍。进入新世纪后，政府更是大量投入资助经费，21 世纪前十年是 20 世纪 90 年代的 13 倍。产业咨询项目数量和金额同样整体呈现年度递增的趋势，产学研结合日趋紧密，咨询项目数量增加明显，尤以 21 世纪 10 年代最为突出。从同一历史时期政府资助项目和产业咨询项目横向对照情况来分析，进入 21 世纪后，随着计算机技术的不断发展，产业对计算机技术应用的需求越来越迫切，呈现出产业咨询项目数量显著增加的趋势，产学研结合、产教融合特征更加显著。

四、以创新性复合型计算机人才培养为中心

提高创新能力，培养全面发展的复合型计算机人才是新时期印度理工学院计算机学科人才培养的主要目标。20 世纪 90 年代中后期，学科设置了计算机科学与工程双学位学术项目，注重学生创新思维的培养，鼓励学生运用计算机学科基本理论知识和方法解决应用领域的实际问题。与此同时，在课程设置方面，根据计算机科学技术不断发展变化的特点，学科构建了广泛、灵活、多样、精深的课程体系，实现培养具有扎实基础知识、掌握多项基本技能、具有较强创新能力、能够解决多种问题的创新性复合型一流计算机人才的目标。

（一）计算机科学与工程双学位学术计划的设置

1997 年，印度理工学院德里分校计算机科学与工程系首设计算机科学与工程双学位学术计划（Dual Degree Programme），2002 年迎来第一届毕业生，为印度社会输送了一批综合素质较高、综合能力较强的优秀人才。计算机科学与工程双学位学术计划学制五年，共 10 个学期。培养对象在修完全部课程内容，获取相应学分并达到毕业要求后，将同时获得计算机科学与工程学士学位及计算机科学与工程硕士学位。双学位学术计划的学生选拔方式与四年制计算机科学与工程学士计划项目并无两异，选拔途径都是参加严苛的印度理工学院联合入学考试，在入学考试中成绩排名靠前的学生将被计算机科学与工程系录取并有机会修读双学位课程。两者的主要区别除了体现在学位授予方面，还在于人才培养的侧重点不同。双学位学术计划更加侧重培养学生将所学理论知识应用

于实际的实践和创新能力。学生在本科阶段通过修习基础科学课程、工程和计算机科学课程打下坚实的学科基础，从第八学期夏季开始，在接下来1年的时间里，学生将开展项目、毕业设计及论文写作工作并将成果以出版物、原型样机以及开放式源代码的形式呈现。在课程设置方面突出广泛、灵活、多样、精深的特点。在第七、八、九学期，开设专业选修课程及专门的项目核心和选修课程，给学生提供更多的时间、场所和机会围绕研究兴趣开展创新和研究活动，掌握和强化研究技能。计算机科学与工程双学位学术计划的课程设置及学分分配情况见表3-8。

表3-8　计算机科学与工程双学位学术计划课程设置及学分分配情况[①]

学位类型	课程类型		学分	学分小计
技术学士	本科生核心课程	系核心课程	54	99
		基础科学课程	24	
		工程、艺术及科学课程	20	
		人文与社会科学课程	1	
	本科生选修课程	系选修课程	24	69
		人文社会科学及管理类选修课程	14	
		拓展类选修课程	31	
技术硕士	项目核心课程		32	48
	项目选修课程		16	
学分总计			216	216

计算机科学与工程双学位学术计划课程总学分为216分，本科核心课程学分占总学分的45.8%，目的是为学生打下坚实、宽厚的学科基础；扩展学生视野、提升综合素质能力的本科生选修课程学分分配占比31.9%；旨在培养学生创新能力的硕士项目核心课程和选修课程占比22.2%。各类课程具体设置情况、课程学时分配及学分分布情况见表3-9至表3-12。

[①] 印度理工学院德里分校计算机科学与工程系学位项目, (June 17, 2020), http://www.cse.iitd.ernet.in/index.php/2011-12-29-22-45-50/degree-programs/dual-degree-program.

表 3-9 计算机科学与工程双学位学术计划本科生核心课程学时及学分分布情况[①]

课程编号	课程名称	授课	指导	实践	学分
基础科学课程 CYL110	物理化学：概念与应用	3	1	0	4
基础科学课程 CYP100	化学实验	0	0	4	2
基础科学课程 MAL111	分析与微分方程简介	3	1	0	4
基础科学课程 MAL124	代数学与矩阵分析简介	3	1	0	4
基础科学课程 PHL110	场与波	3	1	0	4
基础科学课程 PHL120	材料物理学	3	1	0	4
基础科学课程 PHP100	物理实验室	0	0	4	2
小计		15	5	8	24
工程、艺术及科学课程 AML110	工程力学	3	0	2	4
工程、艺术及科学课程 CSL101 CSL102	计算机与程序设计导论 或 计算机科学概论	3	0	2	4
工程、艺术及科学课程 EEL101	电气工程基础	3	0	2	4
工程、艺术及科学课程 MEL110	图像科学	2	0	4	4
工程、艺术及科学课程 MEL120	制造实践	2	0	4	4

课时分配（周课时）

① 印度理工学院德里分校计算机科学与工程系学位项目 (June 19, 2020), http: //www.cse.iitd.ernet.in/index.php/2011-12-29-22-45-50/degree-programs/dualdegree-program.

续表 3-9

课程编号	课程名称	授课	指导	实践	学分
小计		13	0	14	20
人文与社会科学课程 HUN100	人文与社会科学概论	1	0	0	1
小计		1	0	0	1
系核心课程 CSC410	讨论会	0	3	0	3
系核心课程 CSL105	离散数学结构	3	1	0	4
系核心课程 CSL201	数据结构	3	0	4	5
系核心课程 CSL211	计算机系统结构	3	1	2	5
系核心课程 CSL302	编程语言	3	0	4	5
系核心课程 CSL356	算法分析与设计	3	1	0	4
系核心课程 CSL373	操作系统	3	0	4	5
系核心课程 CSL374	计算机网络	3	0	3	4.5
系核心课程 CSN110	计算机科学与工程概论	0	0	4	2
系核心课程 CSP301	计算机科学设计实践	0	1	4	3
系核心课程 CST410	实践培训				
系核心课程 EEL201	数字电子电路	3	1	0	4
系核心课程 EEL205	信号和系统	3	1	0	4

续表 3-9

课程编号	课程名称	课时分配（周课时）			学分
		授课	指导	实践	
系核心课程 EEP201	电子实验	0	0	3	1.5
系核心课程 MAL250	概率论和随机过程概论	3	1	0	4
小计		30	10	28	54
总计		59	15	50	99

表 3-10 计算机科学与工程双学位学术计划系选修课程学时及学分分布情况[①]

课程编号	课程名称	课时分配（周课时）			学分
		授课	指导	实践	
CSL303	计算机科学逻辑	3	0	2	4
CSL316	数字硬件设计	3	0	4	5
CSL332	数据库系统简介	3	0	3	4.5
CSL361	数值与科学计算	3	1	2	5
CSL362	仿真与建模	3	0	2	4
CSL433 CSL333	人工智能	3	0	2	4
CSL705	计算理论	3	1	0	4
CSL719	数字系统综合	3	0	2	4
CSL728	编译器设计	3	0	3	4.5
CSL740	软件工程	3	0	2	4
CSL750	自动验证基础	3	0	2	4
CSL771	数据库执行	3	0	2	4

① 印度理工学院德里分校计算机科学与工程系学位项目，http://www.cse.iitd.ernet.in/index.php/2011-12-29-22-45-50/degree-programs/dual-degree-program.

续表 3-10

课程编号	课程名称	课时分配（周课时） 授课	课时分配（周课时） 指导	课时分配（周课时） 实践	学分
CSL781	计算机图形学	3	0	3	4.5
CSL783	数字图像分析	3	0	3	4.5
CSP315	嵌入式系统设计实验室	0	1	6	4
CSR310	专业实践	0	1	2	2
CSS310	自主实习	0	3	0	3
总计		42	7	40	69

表 3-11　计算机科学与工程双学位学术计划项目核心课程学时及学分分布情况[①]

课程编号	课程名称	课时分配（周课时） 授课	课时分配（周课时） 指导	课时分配（周课时） 实践	学分
CSD745	小型项目	0	1	6	4
CSD851	重大项目（1）	0	0	12	6
CSD852	重大项目（2）	0	0	28	14
CSD853	重大项目（3）	0	0	8	4
CSD854	重大项目（4）	0	0	28	14
CSL718	高性能计算机体系结构	3	0	2	4
CSL758	高级算法	3	1	0	4
总计		6	2	84	50

① 印度理工学院德里分校计算机科学与工程系学位项目, http://www.cse.iitd.ernet.in/index.php/2011-12-29-22-45-50/degree-programs/dual-degree-program.

表 3-12 计算机科学与工程双学位学术计划项目选修课程学时及学分分布情况[①]

课程编号	课程名称	授课	指导	实践	学分
CSL719	数字系统综合	3	0	2	4
CSL728	编译器设计	3	0	3	4.5
CSL740	软件工程	3	0	2	4
CSL750	自动验证基础	3	0	2	4
CSL771	数据库执行	3	0	2	4
CSL781	计算机图形学	3	0	3	4.5
CSL783	数字图像分析	3	0	3	4.5
CSL812	系统级设计与建模	3	0	0	3
CSL821	可重构计算	3	0	0	3
CSL830	分布式计算	3	0	0	3
CSL831	编程语言语义学	3	0	0	3
CSL832	证明与类型	3	0	0	3
CSL840	计算机视觉	3	0	2	4
CSL847	分布式算法	3	0	0	3
CSL851	算法图论	3	0	0	3
CSL852	计算几何	3	0	0	3
CSL853	复杂性理论	3	0	0	3
CSL854	近似算法	3	0	0	3
CSL855	计算模型	3	0	0	3
CSL856	数学编程	3	0	0	3
CSL858	高级计算机网络	3	0	2	4

---

① 印度理工学院德里分校计算机科学与工程系学位项目, http: //www. cse. iitd. ernet. in/index. php/2011-12-29-22-45-50/degree-programs/dual-degree-program.

续表 3-12

课程编号	课程名称	课时分配（周课时） 授课	课时分配（周课时） 指导	课时分配（周课时） 实践	学分
CSL859	高级计算机图形学	3	0	2	4
CSL860	并行计算专题	3	0	0	3
CSL861	硬件系统专题	3	0	0	3
CSL862	软件系统专题	3	0	0	3
CSL863	理论计算机科学专题	3	0	0	3
CSL864	人工智能专题	3	0	0	3
CSL865	计算机应用程序专题	3	0	0	3
CSL866	算法专题	3	0	0	3
CSL867	高速网络专题	3	0	0	3
CSL868	数据库系统专题	3	0	0	3
CSL869	并发性专题	3	0	0	3
CSV880	并行计算专用模块	1	0	0	1
CSV881	硬件系统专业模块	1	0	0	1
CSV882	软件系统专业模块	1	0	0	1
CSV883	理论计算机科学专业模块	1	0	0	1
CSV884	人工智能专业模块	1	0	0	1
CSV885	计算机应用程序专业模块	1	0	0	1
CSV886	算法专业模块	1	0	0	1
CSV887	高速网络专业模块	1	0	0	1
CSV888	数据库系统专业模块	1	0	0	1
CSV889	并发性专业模块	1	0	0	1
总计		106	0	23	117.5

计算机科学与工程双学位学术计划硕士阶段重点培养学生运用所学知识解决实际应用问题的能力。学校给学生进入技术创业公司及计算机企业研发机构

进行实习的机会，学生由此获取了项目顺利实施的实践场所和平台，综合技能和研究经验均得到显著提升。在项目实施过程中，学生与教师沟通频次增加，互动增强，学术研究关系更加紧密。

（二）创新型计算机创业公司的成功孵化

印度理工学院计算机学科计算机科学与工程双学位学术计划培养了一批具有创新精神的复合型计算机人才，来自该项目的 7 名学生与 5 名教师（见表 3-13）一起共同创办的 KritiKal Solutions 公司是成功案例。2002 年 8 月，专注于计算机视觉和嵌入式系统研究与开发、以开发能够改变未来的尖端技术为目标的 KritiKal Solutions 公司在德里分校创立，成为印度第一家师生共同联合创立的计算机公司。创立者的共同愿景是"为明天而创造"。该公司重视产学研相结合，积极推动技术从学术界向产业界的转移，致力于利用颠覆性的创新技术开发并生产尖端性技术产品。KritiKal Solutions 团队成员以扎实的学科基础、紧跟前沿的创新思维、较高的综合素质和较强的技术管理能力而著称。作为高校孵化企业，KritiKal Solutions 与学术界的深厚联系又使其始终处于新兴技术的前沿。[1]

表 3-13 KritiKal Solutions 公司创始人名单[2]

身份	姓名		
教师	技术职务	姓名	译名
	教授	Anshul Kumar	安舒尔·库玛
	教授	B. N. Jain	B. N. 贾恩
	教授	M. Balakrishanan	M. 巴拉克里希南
	教授	Prem Kalra	普莱姆·卡拉
	教授	Subhashis Banerjee	亚巴希斯·班纳吉

---

[1] The Beginning of an Innovative Entrepreneurial Journal, https://kritikalsolutions.com/about-us/kritikal-story.

[2] Kritikalsolutions, https://kritikalsolutions.com/about-us/kritikal-story/.

续表 3-13

身份	姓名	
学生	Anoop Prabhu	阿诺普·普拉布
	Ashwani Gautam	阿什瓦尼·高塔姆
	Dipinder Sekhon	迪宾·德塞孔
	Jatin Sharma	贾汀·夏尔玛
	Nishant Sharma（同名）	尼桑特·萨玛
	Nishant Sharma（同名）	尼桑特·萨玛
	Soumyadeb Mitra	苏姆雅德·米特拉

五、积极提升计算机学科国际学术交流话语权

印度理工学院计算机学科在20世纪90年代确立了以计算机前沿领域研究为主导的科学研究方向，经过专家学者们的不懈努力和学术创新，取得了显著的研究成果，在国际计算机科学领域崭露头角，学术交流形式也随之呈现出新的特点。20世纪80年代，计算机学科的学术交流形式重点强调"请进来"，即以邀请国外知名计算机专家来印交流等方式为主，为本校学者提供了解计算机科学领域前沿发展、明确国外知名专家学者研究动向以及与国外专家开展面对面交流的机会，使其拓宽了学术研究视野、激发了学术热情、学术水平得到提升。学术交流以学习国外前沿领域研究和加强国内学术交流为主。20世纪90年代，计算机学科学术影响力稳步提升，国家、产业和学校在政策和资金方面一如既往地给予大力支持，使计算机学科学术交流形式呈现出明显的国际化趋势。学术交流重点强调"走出去"，主要方式为参加计算机学科国际会议，在计算机科学国际期刊和国际会议出版或发表学术研究成果，举办计算机科学领域国际会议，在国际会议发表主旨演讲或主持国际会议主题论坛、作论坛专题报告以及担任计算机学科国际影响力期刊编委或学术组织重要职务等。通过一系列举措，印度理工学院计算机学科国际学术话语权得到增强，国际知名度显著提高。

（一）在国际期刊或国际会议上交流学术成果

为了系统反映印度理工学院计算机学科学术交流活动开展的历史变化特征，

下文仍以印度理工学院马德拉斯分校为例，以十年为一个周期，分别梳理20世纪80年代至今计算机学科开展学术交流活动的具体形式（见表3-14至表3-16），目的是展现学科发展不同阶段学术交流活动的不同特点，分析总结不同历史时期计算机学科学术活动的历时变化特征。

表3-14 印度理工学院计算机学科学术研究成果在国际期刊及国际会议论文集发表出版情况[①]

（马德拉斯分校 1980—1990）

时间	科研成果发表数量（篇）	备注
1979—1980	11	
1980—1981	11	
1981—1982		资料未记载
1982—1983	9	
1983—1984	13	
1984—1985	15	
1985—1986	9	
1986—1987	10	
1987—1988	25	
1988—1989	7	
1989—1990	49	
总计	159	

表3-15 印度理工学院计算机学科学术研究成果发表出版情况[②]

（马德拉斯分校 1990—2000）

时间	科研成果发表数量（篇） 国际期刊	科研成果发表数量（篇） 国际会议	年度小计（篇/年）
1990—1991	9	19	28
1991—1992	12	15	27

---

① Indian Institute of Technology Madras, Annual Report, 1979–1990.
② Indian Institute of Technology Madras, Annual Report, 1990–2000.

续表 3-15

时间	科研成果发表数量（篇）		年度小计（篇/年）
	国际期刊	国际会议	
1992—1993	14	17	31
1993—1994	13	15	28
1994—1995	9	25	34
1995—1996	37	29	66
1996—1997	18	16	34
1997—1998	17	22	39
1998—1999	29	34	63
1999—2000	15	17	32
总计	173	209	382

表 3-16　印度理工学院计算机学科学术研究成果发表出版情况[①]

（马德拉斯分校 2000—2017）

时间	科研成果发表数量（篇）		年度小计（篇/年）	备注
	国际期刊	国际会议		
2000—2001	—	—	—	资料未记载
2001—2002	12	17	29	
2002—2003	17	71	88	
2003—2004	19	65	84	
2004—2005	19	111	130	
2005—2006	24	52	76	
2006—2007	30	78	108	
2007—2008	12	56	68	
2008—2009	12	52	64	
2009—2010	34	42	76	

① Indian Institute of Technology Madras, Annual Report, 2000−2017.

续表 3-16

时间	科研成果发表数量（篇）		年度小计（篇/年）	备注
	国际期刊	国际会议		
2010—2011	30	61	91	
2011—2012	20	38	58	
2012—2013	29	57	86	
2013—2014	44	64	108	
2014—2015	20	73	93	
2015—2016	40	58	98	
2016—2017	38	47	85	
总计	400	942	1342	

从上述统计可知，20世纪80年代计算机科学学术互动以国内学术交流活动为主，国际交流机会有限，科学研究成果国际知名度不高，在国际学术期刊及国际会议论文集发表的学术成果数量不多。1980年至1990年十年间成果数量总数为159篇，国际学术影响力有限。从相关记载来看，国际学术期刊成果发表及国际会议论文集成果发表未见明显区分。值得注意的一点是，在20世纪80年代末期，学术成果发表在国际期刊以及被国际会议论文集收录数量明显激增，仅一年的成果数量占十年成果总量约31%。20世纪90年代，科学研究成果逐步获得了国际同行的认可，在国际期刊和国际会议上出版或发表的科研成果数量明显增多，发表在顶级期刊及国际会议论文集的成果比例也明显增大，国际学术声望显著提升。

马德拉斯分校计算机科学学术成果交流的历史变化从一个侧面反映了不同历史时期印度理工学院在计算机学科建设和发展过程中学术交流的不同特征。为了更加充分地论证印度理工学院计算机学科进入20世纪90年代以后国际交流话语权逐步提升，笔者采用定量研究方法，以全球最大的摘要和引文数据库Scopus数据库为标本收集来源，对坎普尔分校、马德拉斯分校、德里分校、孟买分校以及卡哈拉格普尔分校在20世纪80年代及20世纪90年代至今国际计算机科学类核心期刊以及国际计算机科学重要学术会议上发表的研究成果进行检索、收集、整理，以此来说明印度理工学院计算机学科进入20世纪90年代以后积极提升国际交流话语权、扩大国际学术影响力及知名度的显著特征。

爱思唯尔（Elsevier）公司推出的目前全球最大的文摘型数据库Scopus涵盖了世界上88%经过专家精审的期刊以及世界上最广泛的科技及医学文献，它因收录了来自众多著名出版社和机构的期刊而被全球专家学者们视为主要的文献检索和获取平台。[①]这些著名出版机构有爱思唯尔、电气工程师学会（Institution of Electrical Engineers）、约翰威利公司（John Wiley）、施普林格出版社（Springer）、自然（Nature）等。笔者于2020年6月5日通过在Scopus数据库以限定必要条件的方式检索梳理了印度理工学院最初创建的5所分校自20世纪80年代至今在计算机学科顶级国际期刊及重要国际会议发表和交流的学术研究成果情况（见表3-17）。限定的必要条件为出版时间、学科类别、文献类型、出版阶段、归属机构名称、国家地区以及语言。必要条件的具体内容如下：20世纪80年代学术成果检索出版时间区间为1980年至1990年（因学术成果国际交流活动不活跃，以十年作为一个区间整体来考察）；20世纪90年代至今国际学术交流情况以年度为单位进行考察；学科类别限定为"计算机学科"；文献类型限定为"期刊论文"和"会议论文"，两者各自分别检索；出版阶段以最终发表的成果为准；归属机构名称限定为"印度理工学院坎普尔分校""印度理工学院马德拉斯分校""印度理工学院德里分校""印度理工学院孟买分校"以及"印度理工学院卡哈拉格普尔分校"，这5所分校各自与其他限定条件组合匹配；国家地区限定为"印度"；语言限定为用国际通用语言"英语"发表的学术成果。

表3-17 印度理工学院计算机学科学术交流情况一览表[②]（1980—1990）

机构	计算机学科国际核心期刊发文数量（篇）	计算机学科国际重要学术会议发文数量（篇）	小计
坎普尔分校	15	2	17
马德拉斯分校	14	未检索到相关文献	14
德里分校	21	3	24

---

① 《国际著名数据库：SCOPUS数据库介绍》，《中国组织工程研究》2012年第5期，第914页。

② Scopus数据库, http://www.scopus.com.

续表 3-17

机构	计算机学科国际核心期刊发文数量（篇）	计算机学科国际重要学术会议发文数量（篇）	小计
孟买分校	16	未检索到相关文献	16
卡哈拉格普尔分校	未检索到相关文献	未检索到相关文献	0
总计	66	5	71

从 Scopus 数据库所收录的计算机科学类国际核心期刊发刊论文数量以及计算机学科重要国际会议收录论文情况来看，20 世纪 80 年代印度理工学院计算机学科国际学术影响力尚不足，尤其体现在国际会议交流方面。如前文所述，20 世纪 80 年代学术交流形式主要以"请进来"为主，通过邀请国际计算机学科专家来印讲学使国内计算机学者学习了解掌握计算机科学前沿领域及最新发展动态，处于国际话语权亟待提高的阶段。其次，印度理工学院各分校内部学术交流也存在差异，卡哈拉格普尔分校计算机学科领域国际学术交流程度较低。从数据检索结果来看，20 世纪 90 年代 Scopus 数据库所收录的计算机科学类国际核心期刊发刊论文数量以及计算机学科重要国际会议收录论文情况（见表 3-18）、21 世纪前十年 Scopus 数据库检索期刊论文及国际会议论文情况（见表 3-19）和 21 世纪 10 年代国际学术交流情况（见表 3-20）各自呈现出不同的特点。表中 A 代表国际期刊论文（Article），CP 代表国际会议论文（Conference Paper），N 代表在 Scopus 数据库中未检索到相关文献，单位为篇。

表 3-18 印度理工学院计算机科学国际学术交流情况一览表[①]（1990—2000）

年份	坎普尔分校		马德拉斯分校		德里分校		孟买分校		卡哈拉格普尔分校		小计	
	A	CP	A	CP	A	CP	A	CP	A	CP	A	CP
1990	1	1	3	N	4	N	N	N	N	N	8	1
1991	2	N	3	N	3	5	2	N	1	1	11	6
1992	4	1	2	1	5	7	3	1	3	N	17	10

---

① Scopus 数据库, http://www.scopus.com.

续表 3-18

年份	坎普尔分校 A	坎普尔分校 CP	马德拉斯分校 A	马德拉斯分校 CP	德里分校 A	德里分校 CP	孟买分校 A	孟买分校 CP	卡哈拉格普尔分校 A	卡哈拉格普尔分校 CP	小计 A	小计 CP
1993	4	1	4	N	4	1	1	1	2	1	15	4
1994	2	N	3	N	7	3	4	1	4	N	20	4
1995	4	N	2	N	3	1	2	N	2	N	13	1
1996	3	N	4	N	7	N	1	N	N	N	15	N
1997	2	N	3	1	5	1	2	N	N	N	12	2
1998	1	3	3	2	9	3	1	N	N	N	14	8
1999	2	3	4	4	4	3	5	4	1	N	16	14
2000	3	4	4	2	5	N	2	7	1	N	15	13
总计	28	13	35	10	56	24	23	14	14	2	156	63

表 3-19　印度理工学院计算机科学国际学术交流情况一览表[①]（2001—2010）

年份	坎普尔分校 A	坎普尔分校 CP	马德拉斯分校 A	马德拉斯分校 CP	德里分校 A	德里分校 CP	孟买分校 A	孟买分校 CP	卡哈拉格普尔分校 A	卡哈拉格普尔分校 CP	小计 A	小计 CP
2001	6	5	16	3	9	2	10	4	1	N	42	14
2002	8	7	14	14	8	10	9	10	3	6	42	47
2003	8	3	10	15	17	22	8	7	2	3	45	50
2004	8	2	16	3	19	23	2	4	15	3	60	35
2005	10	15	31	39	38	36	29	34	13	12	121	136
2006	25	28	56	59	35	54	37	45	10	22	163	208
2007	27	46	73	65	60	55	52	52	20	24	232	242
2008	30	51	64	97	40	64	38	57	24	38	196	307
2009	26	63	80	92	55	58	51	66	34	47	246	326

① Scopus 数据库, http://www.scopus.com.

续表 3-19

年份	坎普尔分校 A	坎普尔分校 CP	马德拉斯分校 A	马德拉斯分校 CP	德里分校 A	德里分校 CP	孟买分校 A	孟买分校 CP	卡哈拉格普尔分校 A	卡哈拉格普尔分校 CP	小计 A	小计 CP
2010	30	66	82	90	45	69	43	75	48	39	248	339
总计	178	286	442	477	326	393	279	354	170	194	1395	1704

表 3-20 印度理工学院计算机科学国际学术交流情况一览表[①]（2011—2019）

年份	坎普尔分校 A	坎普尔分校 CP	马德拉斯分校 A	马德拉斯分校 CP	德里分校 A	德里分校 CP	孟买分校 A	孟买分校 CP	卡哈拉格普尔分校 A	卡哈拉格普尔分校 CP	小计 A	小计 CP
2011	37	72	63	109	53	87	60	113	41	63	254	444
2012	34	73	73	118	55	83	56	97	61	107	279	478
2013	59	75	79	113	69	106	63	117	63	73	333	484
2014	36	138	85	118	102	97	54	154	66	86	343	593
2015	50	81	75	164	89	122	66	163	84	92	364	622
2016	38	111	94	121	81	155	75	162	115	117	403	666
2017	59	102	116	147	94	171	77	192	104	137	450	749
2018	63	117	99	173	131	219	95	217	107	167	495	893
2019	75	141	123	195	152	224	117	214	144	133	611	907
总计	451	910	807	1258	826	1264	663	1429	785	975	3532	5836

如表 3-18 所示，20 世纪 90 年代印度理工学院计算机科学学术研究成果国际交流开展情况与 20 世纪 80 年代相比变化较明显，学术成果主要发表在计算机科学国际顶级期刊，发表数量同期增长了 90 篇，同比增长率为 136%；计算机学科重要国际会议参与度明显增多，前沿领域的国际交流研讨活动显著增加，成果收录同比增长率为 1160%。进入 21 世纪，国际学术交流更加频繁，学术研究成果在国际核心期刊发表数量以及被重要国际会议收录数量陡增：国际期刊

---

① Scopus 数据库，http://www.scopus.com。

论文发表数量呈现大幅度增长趋势，从 20 世纪 90 年代的 156 篇增长为 21 世纪前十年的 1395 篇，同比增长率为 794%；国际会议论文收录篇数由 63 篇增长至 1704 篇（见表 3-19）。2011 年至 2019 年，国际期刊论文发表数量为 3532 篇，研究成果被国际会议论文集收录数量为 5836 篇（见表 3-20）。从研究成果检索数据可知，印度理工学院计算机学科进入 20 世纪 90 年代以来国际影响力日益提高，在世界计算机学科领域崭露头角，国际学术话语权得到提升。

（二）担任计算机学科国际重要影响力期刊编委

印度理工学院计算机科学学术研究活动在国际平台上日益频繁开展的同时，计算机专家学者的学术声音也愈来愈响亮。这体现在众多学者开始担任国际重要刊物的编委方面。

一般而言，期刊编委会成员为出版物所属学科的知名专家学者及领域权威人物。[①] 国际顶级期刊的"编委成员"作为有"分量"的国际学术话语权传播者对计算机学科学术交流话语权的提升以及国际知名度的提高具有直接的积极作用。笔者在谷歌（Google）搜索引擎输入主要国际计算机科学类核心期刊名称，进入期刊界面，找到编委会（Editorial Board）分区，对编委姓名、所属机构进行逐一查看，检索结果如表（3-21）所示。

表 3-21　印度理工学院计算机科学学者在主要国际
计算机科学类核心期刊担任编委情况

期刊名称	影响因子	出版国	编委	担任编委会职位	编委所属机构
IEEE 网络（IEEE Network）	7.503	美国	苏迪普·米斯拉（Sudip Misra）	副编辑	卡哈拉格普尔分校
美国计算机学会计算机概观（ACM Computing Surveys）	6.131	美国	沙拉特·钱德兰（Sharat Chandran）	副编辑	孟买分校
			桑迪普·森（Sandeep Sen）	副编辑	德里分校

---

① 邵娅芬：《经济学科的国际学术话语权研究——基于 SSCI 源期刊编委的分析》，硕士学位论文，上海交通大学，2011 年。

续表 3-21

期刊名称	影响因子	出版国	编委	担任编委会职位	编委所属机构
模式识别（Pattern Recognition）	5.898	英国	里卡·辛格（Richa Singh）	副主编	坎普尔分校
IEEE 移动计算学报（IEEE Transactions on Mobile Computing）	4.474	美国	苏迪普·米斯拉（Sudip Misra）	副编辑	卡哈拉格普尔分校
IEEE/ACM 网络学报（IEEE ACM Transactions on Networking）	3.376	美国	克里希纳·贾甘纳斯（Krishna Jagannathan）	编辑	马德拉斯分校
计算机与安全（Computers & Security）	3.062	英国	兰詹·波塞（Ranjan Bose）	编委会成员	德里分校
计算机网络（Computer Networks）	3.030	荷兰	西瓦·拉姆·C.默西（Siva Ram C. Murthy）	编委	马德拉斯分校
计算机视觉与图形理解（Computer Vision and Image Understanding）	2.645	美国	A.米塔尔（A. Mittal）	栏目编辑	马德拉斯分校
应用数学模型（Applied Mathematical Modelling）	2.841	美国	R.乔杜里（R. Chowdhury）	国际主题编辑	洛基分校
模式识别快报（Pattern Recognition Letters）	2.810	荷兰	S.杜塔·罗伊（S. Dutta Roy）	副编辑	德里分校
计算机通信（Computer Communications）	2.766	荷兰	斯瓦德斯·德（Swades De）	副编辑	德里分校

续表 3-21

期刊名称	影响因子	出版国	编委	担任编委会职位	编委所属机构
多媒体系统（Multimedia Systems）	1.956	德国	阿里吉特·苏尔（Arijit Sur）	编委会	瓜哈提分校
可视计算机（Visual Computer）	1.835	德国	普雷姆·卡拉（Prem Kalra）	编委会	德里分校
实时系统（Real-Time Systems）	1.717	荷兰	克里希·拉玛利瑟姆（Krithi Ramamritham）	主编	孟买分校
性能评价（Performance Evaluation）	1.689	荷兰	K.贾甘纳斯（K. Jagannathan）	国际编委会	孟买分校
并行程序设计国际期刊（International Journal of Parallel Programming）	1.258	荷兰	普雷蒂·潘达（Preeti Panda）	编委会	德里分校
计算机动画与虚拟世界（Computer Animation and Virtual Worlds）	1.12	美国	帕拉格·乔杜里（Parag Chaudhuri）	副编辑	孟买分校
加拿大电气与计算机工程学报（Canadian Journal of Electrical and Computer Engineering）	1.091	加拿大	巴维什·巴尔哈（Bhavesh Bhalja）	副编辑	洛基分校

国际计算机学科核心期刊的编委作为计算机学科领域的权威人物、专家以及学术带头人，引领着计算机学科发展的前沿方向，他们通过学术话语平台有力地发挥学术话语传播者的作用。[1]因此，国际计算机学科重要学术期刊编委对

---

[1] 邵娅芬：《经济学科的国际学术话语权研究——基于 SSCI 源期刊编委的分析》，硕士学位论文，上海交通大学，2011 年。

印度理工学院计算机学科国际学术话语权的提升以及学科的发展起着举足轻重的作用。印度理工学院大力支持专家学者积极参与计算机学科国际学术活动,以扩大计算机学科的国际学术影响力,提升学校的国际声誉和知名度。

六、实施旨在提升教学和人才培养质量的本科学术项目审查评估

20世纪90年代初期,印度进行的经济改革极大地推动了印度的经济发展,提升了印度在世界经济领域的地位。国家的经济发展直接促使工业化、产业化人才需求发生变化,具有全球竞争力、掌握现代科技计算机技术的高质量国际化复合型人才成为印度社会发展的急需人才。对此,印度理工学院计算机学科在人才培养上作出了积极回应。

印度理工学院自创立以来一直致力于立足知识前沿,及时更新教育内容与教育教学技术,与经济发展和科技进步保持同步。"面向国际,立足国内需求,培养专业化杰出人才"是印度理工学院人才培养的总体目标。面对新形势、新要求,2008年,印度理工学院积极迎接新挑战,专门设立了学术项目审查委员会对现有的本科课程项目、现行的学分评分制度以及学术管理等进行审查并提出改进建议。[①]学术项目审查委员会从学生、教学、行业需求以及研究与发展活动四个方面对教学质量和人才培养质量进行了分析和评估,提出如下建议:印度理工学院培养的精英人才应对国内产业需求具有高度的敏感性,对团队合作精神具有强烈的认同感;对领导沟通技能进行熟练地掌握和运用。在培养过程中就需要从以下三个技能层面进行训练:首先,基本技能层面,其中包括数学和计算能力、分析能力、硬件掌握技能、科学素养、沟通技能、文化和社会意识;其次,高级技能层面,包括跨学科知识的获取和掌握能力以及综合分析问题、解决问题的能力;最后,辅助技能,主要指具备一定的管理能力及创新创业能力。[②]

课程设置作为人才培养的重要环节是学术项目审查和评估的重要内容之一,学术项目审查委员会对印度理工学院当前课程进行分析评估并根据新时期人才培养目标侧重点提出拟设课程建议。针对当前课程设置中对实践动手能力强调不足、课程选择缺乏灵活度、评价体系单一以及口语写作能力训练不足等亟待

[①] Surya Pratap Mehrotra, Prajapati Prasad Sah, The Fourth IIT—The Saga of IIT Kanpur (1960–2010), Haryana: Penguin Enterprise, 2015: 302–304.

[②] Indian Institute of Technology Kanpur, Interim Report of the Undergraduate Program, 2009: 4.

解决的问题，学术项目评估委员会建议在拟设课程中通过增设基于项目和任务的实验课程，以及设置最低实验学分的方式锻炼学生的实践和探索能力。与此同时，通过开设具有一定挑战性的思维训练课程培养学生的创新能力。[①] 为了提升学生的国际化沟通能力，增强全球化竞争优势，设置本科生英语诊断测试环节评估，在学生入学后评估学生的英语口语及书面表达能力，并根据诊断结果开设英语语言能力提升课程。除此之外，技术写作和学术演讲技能系列课程的开设助力学生顺畅自如地在专业领域顺畅表达学术观点，书面呈现学术成果。

委员会还建议进一步优化学分制，增设自主学习（Self-study）单项，将学生独立分析问题、解决问题、自主实践探索能力作为一项不可或缺的内容进行考察，以此帮助学生形成批判性思维，提升协作能力。具体建议内容为：学生修完全部课程后，本科生获得的学分区间为 400 至 420 学分。课程学分的计算公式为：学分数 = 周上课学时（Lectures）+ 周辅导学时（Tutorials）+ 周实践学时（Practicals）+ 周自主学时（Self-study）。用缩写字母表示为：$C=L+T+P+SS$。其中，周自主学时包括 2 倍的周上课学时，1 倍的周辅导学时和 1 倍的额外附加学时（Additional Hours）。额外附加学习内容指作业和项目。周自主学时的计算公式为：自主学习学时 = 2× 周上课学时 + 周辅导学时 + 额外附加学时。用简写字母表示为：$SS=2L+T+A$。课程学分的完整计算公式为：$C=3L+2T+P+A$。[②]

学术项目审查委员会还建议改革现有的学业评价体系，丰富评价等级制（见表 3-22），在原有的五级评价等级基础上增加 A* 等级和 E 等级。主要目的在于：一方面表彰、鼓励学业表现突出的学生；另一方面进一步丰富等级系统，鼓励学生勇于进行学术探索，不畏挑战精深的专业课程和跨学科课程。

---

① Indian Institute of Technology Kanpur, Interim Report of the Undergraduate Program, 2009: 4–5.

② Indian Institute of Technology Kanpur, Interim Report of the Undergraduate Program, 2009: 6.

表 3-22 印度理工学院学术评价等级表[1]

等级	评价
A*	卓越 Outstanding
A	优秀 Excellent
B	良好 Good
C	一般 Fair
D	通过 Pass
E	补修 Exposure/Repeat
F	不及格 Fail

七、承担国家级计算机系统和程序研发项目，不断深化国际合作

满足国家和社会对高科技人才的需求始终是印度理工学院开展教学科研和人才培养活动的宗旨。作为印度理工学院的优势学科，计算机学科在印度国家重要科技项目开发和实施中扮演着十分重要的角色，承担了印度电子部和印度通信和信息技术部等国家重要政府机构的研究与发展项目，充分体现了计算机学科具有较强社会服务职能的学科特征，为印度经济社会的发展作出重要贡献。

（一）基于知识的计算机系统开发项目

1991 年，印度理工学院马德拉斯分校计算机科学与工程系承担了印度电子部与联合国开发计划署联合开展的为期 5 年的"基于知识的计算机系统开发项目"。该项目具有多元目标，主要包括建立机构基础设施，促进印度重要研究中心的合作，制定紧跟时代和社会需求的培训和教学计划，以及针对印度特有的经济社会问题提出基于知识的计算机系统开发方案。除此之外，该项目还提出了明确的社会目标，即提升学校教学质量，改善农村地区的计算机发展差异，缩小数字鸿沟以及提升印度社会工业生产效率和管理水平。[2] 马德拉斯分校计算机科学与工程系作为该项目的重要实施单位进行专家系统研发工作，推广专家系统技术，主要包括开发用于非城市地区的智能信息系统，开发工程应用专家

---

[1] Surya Pratap Mehrotra, Prajapati Prasad Sah, The Fourth IIT—The Saga of IIT Kanpur (1960-2010), Haryana: Penguin Enterprise, 2015: 304.

[2] Patrick Saint-Dizier, "The Knowledge-Based Computer System Development Program of India: A Review", AI Magazine, 1991, 12(2).

系统以及开发专家系统工具。①

基于知识的计算机系统国际合作开发项目还推动了印度人工智能领域的发展。印度是一个多语言、多元文化并存的国家，缩小不同地域之间的语言障碍和教育鸿沟是印度人工智能领域早期研发的重点课题。印度拥有上千种语言和方言，被指定的官方语言也有22种之多。为了便于印度国内不同地区官方机构、民间组织以及普通大众之间信息的顺畅传达和有效沟通，人工智能领域内机器翻译和跨语言信息检索研发项目具有积极的现实意义和实际价值。在这方面，坎普尔分校拉杰夫·桑加尔（Rajeev Sangal）和维奈特·柴坦亚（Vineet Chaitanya）带领的团队进行了探索。拉杰夫·桑加尔发起的印度语言数据联盟在政府支持下致力于创建"包括文本、语音和词汇语料库在内的所有印度语言的语言资料库"。②孟买分校普什帕克·巴特查里亚（Pushpak Bhattacharya）带领研究团队成员在词网领域开展深入研究，在消除词义歧义问题方面做出了积极尝试。

（二）亚洲媒体实验室信息与通信技术研究项目

2001年，在麻省理工学院媒体实验室与印度通信与信息技术部的联合推动下，印度政府创建了亚洲媒体实验室（MLAsia）。亚洲媒体实验室是继2000年在爱尔兰共和国首都都柏林成立的欧洲媒体实验室（Media Lab Europe）之后，麻省理工学院在美国以外支持创建的第二个媒体实验室。印度理工学院系统中的孟买分校、坎普尔分校、德里分校、卡哈拉格普尔分校以及马德拉斯分校成为亚洲媒体实验室的主要研究中心③，承担着计算机、教育、通信等领域的技术创新和原创性研究项目。亚洲媒体实验室秉承着"让亚洲和世界各地人们从信息和通信技术中获益"④的建设目标开展了世界计算机（World Computer）、全民连接（Bits for All）、明日工具（Tomorrow's Tool）及用于教育、民生、医疗保健领域的信息和通信技术应

---

① Hosaker N Mahabala. KBCS'89 Proceedings of the International Conference on Knowledge-Based Computer Systems, 1989: 493.

② Deepak Khemani, "A Perspective on AI Research in India", AI Magazine, 2012, 33(1): 96-98.

③ Jayaraman, K. "MIT pulls out of Asian Media Lab in argument over role" [J]. Nature, 2003, 423: 213.

④ Media Lab Asia in Newly Structured Format, http://www.iitk.ac.in/MLAsia/about.htm.

用程序开发等项目。亚洲媒体实验室下属的坎普尔－勒克瑙实验室（Kanpur-Lucknow Lab）是从事"明日工具"研究和开发项目的实验室之一，开展了许多旨在为乡村群众提供创新解决方案和工具的研发工作。2002年3月28日亚洲媒体实验室与印度理工学院德里分校签订备忘录，计划在电子、信息与通信技术、计算机科学与工程、生物信息学、纳米材料等领域开展合作开发及研究相关活动。

由此可见，印度理工学院计算机学科的社会服务职能从20世纪90年代开始呈现出新的趋势和特点，在开展方式上加强了国际合作，承担国家级计算机科技项目，在一定程度上解决了印度国内特有的社会问题。另外，通过与联合国开发计划署等国际组织和麻省理工学院等海外名校的合作，计算机学科的国际知名度也得到提高。

第三节 印度理工学院计算机学科稳步提升的成效与存在的问题

自20世纪60年代创立以来，经过30多年的发展，印度理工学院计算机学科跻身国内一流学科，成为印度国内计算机学科的领头雁。20世纪90年代，在世界信息革命浪潮的推动下，印度政府领导人深知，大力发展计算机技术、增强信息经济竞争力是推动印度经济社会发展、提升国际竞争力的重要途径。印度政府制定了建立信息产业超级大国的战略目标，通过颁布《新技术政策声明》以及"科学技术政策"，组建"国家信息技术特别工作组"，制订"印度信息技术发展计划"等一系列措施，确立了信息产业发展的法律地位，为计算机学科的发展提供了强大的政策支持。印度理工学院计算机学科在国家政策的保障下也稳步提升，学科发展的各个基本要素均呈现出新的发展特点，国际学术影响力逐步形成，在国际计算机学科领域话语权得到显著提升。1992年，印度理工学院创新与技术转移基金会在德里分校正式成立，进一步凸显了计算机学科具有较强社会服务功能的学科特点。产教融合促进了产业界和学术界开展深度合作，计算机学科进入新的历史发展阶段。

一、计算机学科稳步提升取得的成效

（一）学术平台不断增强，学术活动日益丰富

学科平台是学科发展的物质基础，为学科发展提供良好的实验、研究环境和条件。[1]20世纪90年代后，在国家新科技政策强有力的保障下，印度理工学院在计算机学科平台建设方面采取了一系列措施，对现有学术平台的基础设施进行了现代化的更新升级，丰富了学科平台形式，增强了学术平台的学术功能。在学科创立和早期发展阶段，计算机中心、电气工程系以及数学系作为主要的学术平台承担了教学与科研发展的重要任务。1983年，计算机科学与工程系的设立为计算机学科的快速发展搭建了更加规范化、专业化的学术平台。进入20世纪90年代以来，学术平台日渐增强，在对原有学术平台进行更新升级的基础上，新设计算机学科专业实验室及新型计算机学科研究中心。专业实验室配备高级计算设施为计算机学科教学与研究活动的深入开展提供平台支撑。马德拉斯分校设有计算机专业实验室10个，在超大规模集成电路软件设计、逻辑和自然语言处理人工智能知识、图形神经网络计算科学、机器学习等前沿领域开展深入研究。[2]计算机专业实验室的设立为印度在超级计算机研发活动中取得跨越式发展提供了专业化平台。国内顶尖计算机专家学者聚集在一起，充分利用实验室各式现代化仪器设备，通力合作，在电子硬件技术方面开展研发活动并取得了突破性进展，印度国内第一台安装在教育机构的超级计算机进驻坎普尔分校计算机中心。一系列成就的取得增强了计算机学科的核心竞争力，提升了学科的国际影响力。新型计算机学科研究中心突出了专业化和跨学科的学术特点，具有学科融合特征，拓宽了教学、科研和人才培养活动的实施平台，同时也为学校教育研究活动的顺利开展提供技术支持和服务。计算机科学研究活动在全新的平台萌发、孕育，科研发展新思路不断涌现，融合领域不断扩展，学科发展充满活力。典型代表有普拉巴·戈尔计算机与互联网安全研究中心、形式设计与软件验证中心、计算与数据科学中心等。

（二）取得了突破性的科学研究成果

日益完备的现代化、专业化学科平台为师资队伍建设提供了良好的物质基

---

[1] 罗云：《论大学学科建设》，《高等教育研究》2005年第26期。
[2] 浙江大学：《印度理工学院调研报告》，《透视与借鉴——国外著名高等学校调研报告》，高等教育出版社2008年版，第394页。

础。以计算机实验室为科研活动开展基地，具有相同研究兴趣的传承性师生学术团队秉持着坚定的学术信念，围绕着相同的研究课题潜心研究，聚焦学科核心研究领域开展技术攻关。学术传承性体现在导师前期的学术研究成果为学术团队开展持续性的研究活动奠定了重要的学术基础，学术研究不断取得新的突破和进展，产出具有国际影响力的重大研究成果。坎普尔分校计算复杂性理论学术团队围绕核心研究领域，积极探索算法设计分析与计算复杂性理论研究，取得了重大学术成果，形成世界级学术影响力。由印度理工学院索梅纳斯·比斯瓦斯、马宁德拉·阿格劳瓦尔、尼丁·萨克塞纳和纳贾·凯拉师生三代组成的计算复杂性理论学术团队传承着导师的研究方向，紧跟学科发展前沿，不断进行学术探索，发现了21世纪初期在世界计算机学科轰动一时的"确定型的多项式时间素性测试算法"，证明了素数判定问题为P（确定性多项式算法）类问题，以简洁的方法解决了长期以来数学和计算机科学研究的热门课题之一——素性快速测试问题，该研究成果发表在国际顶尖权威期刊《数学年鉴》上，团队成员也因取得了重要学术突破而获得了2006年哥德尔奖和2006年富尔克森奖。20世纪90年代以来，计算机学科科研活动以计算机前沿领域探究为主要特征，在并行、分布式计算，人工智能，自然语言处理以及计算机网络安全领域取得了突出成就，进一步稳固其国内一流学科的学术地位，扩大在国际学术界的学术声誉，学科地位稳步提升。在超级计算机自主研发与建设方面也取得了重大突破，德里分校管理委员会主席维杰·P.巴特卡尔团队于1991年7月成功研制出印度第一台本土自主研发制造的超级计算机PARAM8000，走在了发展中国家高级计算机研发领域的前列，为印度超级计算机建设项目的快速发展奠定了重要基础。

（三）构建了创新性复合型人才培养模式

新时期，印度理工学院计算机学科以创新性复合型计算机高级人才培养为中心，旨在提高高级计算机人才的创新能力，注重计算机人才的全面发展。在学位项目设置方面突出创新思维能力的培养，在培养环节中强调实践性。通过延长项目实践培养年限，增加实践环节等措施，鼓励学生运用计算机基础理论知识和基本技能，采取创新方法解决实际应用问题。在课程设置方面，构建灵活、广泛、多样的课程体系，实现了培养具有扎实专业知识、掌握多项基本技能、具有较强创新能力的一流复合型计算机人才目标。德里分校设立的计算机科学与工程双学位学术计划1997年开始招生，每年招收20名学生，自2002年第一届毕业生走向社会，共为印度社会输送了多名综合素质较高、综合能力较强的优秀计算机人才。这些创新性复合型计算机人才活跃在印度信息技术产业的前沿，利用自身扎实的学科基础知识，充分发挥创新思维和管理能力，依托印度理工学院优质的学术资源，成功创建计算机创业公司。2002年8月，KritiKal Solutions公司在德里分校成功创立。该公司致力于计算机视觉和嵌入式系统研究与开发，以开发能够改变未来的尖端技术为目标，成为印度第一家由师生共同联合创立，实现技术应用从学术界向产业界的成功转移的计算机公司，是高校孵化企业的典型代表，也是学术界和产业界深度融合的成功案例。

（四）提升了学科国际学术知名度

经过计算机学科优秀学术团队及一流专家学者们的不懈努力，前沿学术成果不断产出，与上一个学科发展阶段相比，学术交流活动在数量上和形式上都发生了变化，呈现出新的特点。一方面，学术交流活动日益频繁，学术互动性明显提升；另一方面，学术交流形式呈现出明显的国际化趋势，"走出去"成为学科稳步提升阶段学术交流活动的特点。通过参加计算机学科国际会议，在国际期刊及会议出版物发表学术研究成果，在国际会议上展示学术观点发表主旨演讲等系列活动，优秀学者的学术研究成果被国际学术界了解。与此同时，成功举办计算机科学领域国际会议，担任计算机学科具有国际影响力期刊的编委，在重要学术组织兼职等一系列学术活动，也助力学科专家学者增强国际学术话语权，提升国际学术声望和国际学术知名度。20世纪80年代，马德拉斯分校计算机学科学术研究成果在国际期刊及国际会议论文集发表总量为159篇；20世纪90年代，学术成果发表数量为382篇，增长了1.4倍。进入21世纪后，学术研究成果国际影响力显著提升，2000年至2017年，在国际期刊以及国际会议发表的研究成果数量达到1342篇，与上一个十年相比，增长了2.5倍，国际学术声望显著提升。计算机学科学术研究活动在国际平台上频繁开展的同时，计算机学者的学术话语权也日益增强。20世纪90年代以来印度理工学院计算机学科专家担任计算机科学领域国际重要影响力期刊编委的数量逐年递增，成为有"分量"的国际学术话语权的传播者。据统计，印度理工学院计算机专家在18个具有重要国际学术影响力的计算机科学类核心期刊编委会中担任主编、副主编、副编辑及编委会成员等职务，有效提升了学科的学术交流话语权，提高了学科的国际学术知名度。

（五）开启了产教研有机融合的新篇章

1992年，印度理工学院"创新与技术转移基金会"在德里分校成立，促进了计算机学科与国内外计算机企业的有机融合，以此为平台，计算机学科迎来了产教融合、产学研相互促进的新型发展模式，推动学科稳步提升。基金会与20余家国内知名企业及国际组织机构开展战略合作，通过实施计算机技术咨询与研发活动有效提升了计算机学科的研发能力。与此同时，计算机学科以满足国内计算机行业发展需求为出发点，以国内信息技术产业需求为导向，面向世界和未来发展的基本发展战略，紧跟世界最新发展趋势，追踪计算机学科前沿热点课题，研发新兴技术。在印度政府政策保障及大量研发资金的支持下，研究与发展项目在数量上大幅增长，在项目类型方面趋于多样化。政府资助及产业咨询项目逐年增加，产学研合作开启新篇章。21世纪10年代，马德拉斯分校计算机科学与工程系承担了115个与计算机科学领域相关的产业咨询项目[①]，与20世纪80年代产业咨询项目数量相比，增长了约144%。除此之外，印度理工学院计算机学科还积极承担国家级计算机系统和程序研发项目，在咨询服务项目开展方式上突出了"国际合作"的特征，积极争取国际机构和组织支持。在项目开展的具体内容上以国家级计算机科技项目为主，对内充分结合印度经济社会发展现状以及计算机行业发展需求，对外充分利用国际一流计算机学科的科研成果和先进技术，推动了项目有效实施。

二、计算机学科稳步提升过程中存在的问题

印度理工学院的创建是印度高等教育系统的重要创新和改革。[②]印度理工学院计算机学科的创立是顺应世界电子信息技术革命以及印度国家发展战略，为印度电子信息技术的发展提供高质量计算机人才的结果，自创立之初便得到了来自政府资金及政策方面的大力支持。在政府、学校、国际机构组织、企业及基层学术组织的合力作用下，经过半个多世纪的建设和发展，计算机学科一步步走向成熟，成长为国内一流、世界知名学科。进入稳定发展期之后，学科建设中也出现了一些不可忽视、亟待解决的问题，主要表现在师资队伍建设、人才培养两个方面。师资队伍建设方面的突出问题是：随

---

① Indian Institute of Technology Madras, Annual Report, 2010-2019.
② 安双宏：《印度高等教育：问题与动态》，黑龙江教育出版社2001年版，第179页。

着学科创立初期知名专家学者退休高潮的来临,高质量师资后备人才补充不足。加之印度理工学院师资招聘制度选拔程序严格,入选条件严苛的限制以及与计算机私营企业薪酬差距较大等客观因素的影响,优秀师资短缺成为亟待解决的突出问题。人才培养方面凸显的问题是:印度理工学院培养的高质量计算机人才存在较严重的外流现象,获得学士或硕士学位后选择到欧美知名学校继续深造或进入欧美计算机企业供职的学生占比较大。这种情况的出现,一方面与欧美知名高校拥有得天独厚的学术研究环境以及欧美国际大企业具有良好的个人发展空间的客观因素存在着直接的关系;另一方面,从国内因素剖析,值得深入反思的是:印度理工学院培养的计算机人才是否与印度计算机企业、经济和社会发展需求匹配度高度相关?作者的思考是:作为一门实践性要求较高的学科,政产学研联合培养是实践型计算机人才培养的重要方式,而且联合的紧密程度对预期的人才培养效果密切相关。目前,在联合培养模式付诸实践过程中,已经取得了一定的成效,但仍需在培养模式及融合形式方面进行突破和创新。培养对象作为学科建设的主要成果之一,其质量以及与国家经济社会发展需求匹配度是否高度相关是值得关注的关键性问题。

第四章　印度理工学院计算机学科创立与发展的省思

第一节　印度理工学院计算机学科快速发展的原因

印度理工学院计算机学科创立于20世纪60年代，经过半个多世纪的建设，不但发展成为印度国内一流计算机学科，而且在国际计算机领域也具有了一定的影响力。印度理工学院计算机学科的快速发展归根到底是内外两种因素共同作用的结果。就外部因素而言，国际环境中有世界信息技术的发展以及信息技术革命浪潮的推动，国内环境有印度政府自独立后确立的大力发展科学技术的科技战略以及印度领导人明确建立信息产业超级大国战略目标的指引；就内部因素而言，印度理工学院从学术平台、师资队伍、科学研究、人才培养、学术交流与合作、学科制度以及社会服务等若干学科建设的基本要素出发，采取了一系列措施推动计算机学科快速发展。外部因素是印度理工学院计算机学科发展的条件，促成了学科的迅速崛起。但是，仅有外部条件而没有内部推动力会导致学科发展缺少持续的动力，以致后劲不足。就印度理工学院计算机学科发展历程而言，从学科建设的基本要素出发总结其快速发展的经验，剖析其从创立到成长为国内一流乃至国际知名学科的原因是颇有必要的。

一、紧跟国家科技发展战略部署，明确计算机学科发展定位

紧密围绕印度国家科学技术发展战略部署，以国家科技政策法规为指导确立计算机学科方向，明确计算机学科发展定位，是印度理工学院计算机学科得以快速发展的重要前提。印度政府自独立之日起就视发展科学技术为国家取得政治和经济独立之基础，在不同历史发展阶段中，历届政府积极顺应世界科技发展潮流，结合印度本国国情，以满足国家经济社会发展需求为导向，利用国家优势资源，发展与国家优先战略目标相适应的科学技术。①

印度中央政府先后于 1958 年、1983 年、1993 年、2003 年制定并颁布了具有重要国家战略意义的科学技术政策及法规。第一部科技政策是 1958 年 3 月颁布的《科技政策决议》。印度政府顺应以原子能技术、航天技术、电子计算机技术的应用为代表的第三次科学技术革命，强调了科学技术对国家独立和发展的重要性，特别明确了对科技人员进行培训以满足国家经济社会发展需求的目标。印度理工学院作为印度政府支持创建的国家重点高等工程技术教育与研究机构，应义不容辞地担负起为国家培养高水平计算机人才的重任，以推动国家的政治独立和经济恢复。着眼于国家科技政策，满足国家科技战略部署，印度理工学院开始实施计算机教育。坎普尔分校计算机中心开展的面向校内学生以及全印度各级各类院校、研究所、政府和工业机构人员的系列计算机教育教学培训计划以及学术研讨活动，开创了印度国内计算机教育的先河。印度理工学院计算机学科由此创立。

20 世纪 80 年代，随着近代第三次科学技术革命的蓬勃开展，人类社会也由工业经济形态向信息社会或知识经济形态过渡。在世界信息技术浪潮的推动下，世界经济逐步向全球化时代迈进，印度的经济发展进入了一个以发展信息产业和知识经济为主要目标的新阶段。在这样的国际大背景和国内现状下，印度第二部科技政策——《技术政策声明》于 1983 年 1 月颁布实施，为印度电子技术和电子业的发展提供了强有力的政策保障。印度理工学院紧跟国家战略需求，以培养掌握先进计算机科学专业知识并具有较强实践应用能力的计算机技术人才为己任，在国家科技及财政政策的大力支持下，通过推动学术平台专业化发展、确立以计算机应用为主导的科学研究方向、承担实施印度中

---

① 张双鼓、薛克翘、张敏秋：《印度科技与教育发展》，人民教育出版社 2003 年版，第 42 页。

央政府面向社会的学校计算机素养与学习提升计划重点教育项目等举措，促使印度理工学院计算机学科基本要素各方面均取得了突出成绩，学科得以快速崛起。

20世纪90年代，以电子技术、通信技术等为主要代表的信息技术在世界各地得以广泛应用，进一步凸显了科学技术对经济社会发展的重要作用。着眼印度国内经济社会状况，开发微电子、高速计算机、信息处理等关键性技术，改善工业应用技术相对落后的状况、提升信息硬件制造技术，以满足经济改革开放需要成为该阶段国家科学技术发展重点。1993年，印度科技部制定的《新技术政策》草案以及国家计划委员会负责编制的国家经济社会发展第八个五年计划（1992—1997）均强调促进科研与生产相结合[1]；引导研究所、实验室与工厂、企业之间建立良好的、明确的联系，加快研究成果商品化步伐。[2] 进入21世纪，瓦杰帕伊政府专门组建了"国家信息技术特别工作组"，制定了"印度信息技术发展计划"并宣布使印度成为"全球信息技术超级大国"以及"信息革命时代先驱"的战略目标。2003年1月在第九十届印度科技大会上，印度政府颁布了自独立以来最完整的一部科学技术政策——《2003年科技政策》，特别提出加强工业与科学的研究与开发，帮助建立科学家和技术专家向产业界转移技术知识的机制，鼓励产业界支持教育研究开发机构，确立研究与开发活动的明确目标。印度理工学院计算机学科以这一系列国家科学技术政策法规为指引，调整学科建设与发展方向，明确学科发展定位，积极与政府、国有企业和私营企业进行合作，开展科学技术研究与开发项目，促进成果转化，自主研制开发计算机硬件制造技术，在稳步提升学科综合实力的同时培养了大量优秀的高质量计算机人才，学科品牌享誉世界。

在印度国内，印度理工学院创立"创新与技术转移基金会"和"研究园区"（Research Park），加大学术界与产业界的联系，深化产教融合，推动产业界与学术界协作发展。产业界可以使用学校配备的先进基础设施，利用一流专家的专业知识，提高科技成果转化效率；学术界在项目参与中了解熟悉行业相关

---

[1] 张双鼓、薛克翘、张敏秋：《印度科技与教育发展》，人民教育出版社2003年版，第44页。

[2] 张双鼓、薛克翘、张敏秋：《印度科技与教育发展》，人民教育出版社2003年版，第45页。

知识，获取关键实操技能，为应对行业未来面临的重大挑战积累实践经验。与此同时，印度理工学院积极促成计算机企业以学校"研究园区"和学术组织为依托平台，开设研发创新实验室，成为科技成果研发和创新的催化剂。例如，印度著名的跨国软件服务和运营公司 Prodapt Solutions 在马德拉斯分校研究园区开设研发创新实验室，来自 Prodapt 的工程师和电信专家与印度理工学院的专家、技术研究人员共同协作，利用先进的基础设施，合作创建专注于电信行业的知识产权以及相关软件产品开发，致力于努力解决全球数字服务提供方面所面临的复杂业务和技术挑战。[1] 实践证明，研究园区大大增加了行业与学术界的研发互动，有效提高了研究成果转化率。同时，来自企业的研发经费不但提升了教师的职业成就感，而且为学科前沿科学研究活动提供强大的资金支持。依托于孟买分校计算机科学与工程系和电子工程系创建的塔塔信息技术实验室、赛灵思现场可程式逻辑门阵列实验室、英特尔微电子实验室、智能互联网研究实验室等实验平台[2]，有力推动了计算机学科前沿研究与发展活动的开展，是产业界与学术界探索创新协同育人模式的实践性成果。

学科建设的动力是多元的，其中，社会需求的推动力是学科建设的外动力。[3] 印度理工学院计算机学科快速发展的重要前提之一是以印度国家科学技术发展战略为指导，服务于国家经济社会发展需求，确立学科建设方向和发展定位。国家科技政策与法规的政策支持和持续充足的中央政府财政拨款，成为推动印度理工学院计算机学科快速发展并在国际计算机学科领域享有盛誉的外部推动力。服务于国内经济社会发展，放眼于国际学科前沿发展重点领域是学科可持续发展的两大方针指引。

二、注重高水平师资队伍建设，为学科快速发展提供人力保障

印度理工学院计算机学科之所以能够快速发展，除了学校能够以国家科技政策法规为指导，紧密围绕印度国家科学技术发展战略部署，服务于国家经济

---

[1] Prodapt Innovation Lab Launched at IIT Madras Research Park to Accelerate Telecom Research and Innovation, https://www.prnewswire.com/news-releases/prodapt-innovation-lab-launched-at-iit-madras-research-park-to-accelerate-telecom-research-and-innovation-300842605.html.

[2] Indian Institute of Technology Bombay Research and Development Spectrum, http://www.ircc.iitb.ac.in/webnew/R&DSpectrum/sponsored-lab.html#tata-infotech.

[3] 刘献君：《论高校学科建设中的几个问题》，《中国地质大学学报》（社会科学版）2010年第10期。

社会发展需求,确立明确的计算机学科发展定位,并能够随着国家科技发展战略侧重点的不同而灵活调整学科建设方向外,还与十分注重师资队伍的质量,构建高水平,具有传承性、内聚性特征的学术梯队,并始终注意创造优良的学科环境维护师资队伍高水平发展密切相关。

一流学科必然拥有一流的学术队伍[①],师资队伍建设是学科建设的关键,高水平的师资队伍是产出优质科研成果、开展高质量教学以及培养优秀人才的核心要素。印度理工学院十分注重高水平计算机师资队伍建设,自学科创立伊始便招揽汇聚了一批来自印度国内及国际计算机领域的知名专家和学者,组建了学术队伍,开展计算机教育教学和基础研究工作。高质量的优秀师资对学科发展意义重大,由印度国内顶级计算机教育先锋拉贾拉曼、马哈巴拉、门格洛尔·阿纳塔·潘、穆图克里希南、巴特、S. S. S. P. 尧、J. R. 艾萨克等人组成的学术团队以其扎实的学识、卓越的成就以及超群的远见卓识将印度理工学院计算机学科带入良性发展轨道。当然,不可否认,国际计算机领域知名专家学者的加入不但从数量上壮大了师资队伍,而且从质量上提升了教师队伍的学术水平,扩大了学术影响力,成为推动学科发展的助推器。良好的开始是成功的一半,在随后的学科发展和提升期,印度理工学院计算机学科始终将师资队伍建设放在学科建设至关重要的位置,逐步构建了以学术认同为基础、以勇于挑战探索计算机学科前沿研究领域为特征的内聚性、传承性学术团队,推动学科持续繁荣发展。[②]由索梅纳斯·比斯瓦斯、马宁德拉·阿格劳瓦尔、尼丁·萨克塞纳及纳贾·凯拉师生三代组成的计算复杂性理论学术团队长期致力于计算复杂性理论研究,积极探索计算机科学技术核心研究领域并取得重大研究成果,形成了世界级学术影响力,成为具有内聚性特征的传承性学术团队的典型代表。

印度理工学院计算机学科拥有高水平师资队伍的特点与学校注重构建良好的学科环境具有直接关系。民主的教师管理机制、多样化的引才政策、灵活充足的学术发展经费共同营造了印度理工学院良好的学科环境。首先,印度理工学院成立了院系教师委员会、学校教师委员会、教师事务主任办公室、教授委员会等教师组织,这些教师组织在优秀师资选配、拔尖人才引进、教职工民主

---

① 周光礼、武建鑫:《什么是世界一流学科》,《中国高教研究》2016 年第 1 期。
② 何振海、贺国庆:《西方大学史上的"学派"现象:变迁、特征与现实观照》,《教育研究》2017 年第 38 期。

管理、教师职业发展基本权益保障等方面作出了重要贡献。其次，制定多样化的高水平人才招聘政策，广泛招揽高水平师资，壮大高质量师资队伍。计算机学科教师除一般应获得计算机专业的博士学位外，还需具有国际知名高等教育机构计算机学科学习、访问交流、开展教学及研究活动的经历。同时，学校还聘请国际知名专家教授到校任教，担任客座教授，合作开展专业研究发展活动，为师资队伍质量的提升注入新的活力。在校企合作、教产融合实践创新型人才培养政策的支持下，国内外大型计算机软件公司的技术专家被邀请担任企业导师，与校内导师一起协同合作，为学生提供实践和应用指导。再次，充足灵活的经费支持为教师学术研究和职业发展提供了至关重要的资金条件保障。为了助力新入职教师顺利开展教学科研活动，制定了"青年教师奖励金计划"，每个月在工资基础上给予1万卢比的教学、科研补助金。此外，为了鼓励青年教师开展高质量的科学研究工作，在申请到科研项目之前，学校还会提供200万卢比或更多的启动资金。高于200万卢比的科研经费支持需要提交科研项目详细计划申报书，由学科带头人组成的专门委员会审议通过。为提升教师的职业成就感，通过了"职业晋升保障计划"，奖励在教学、科研工作中取得一定业绩的教师，提高他们薪酬级别中的薪级工资。以3年为一个周期，给每位教师提供30万卢比的职业津贴，支持参加国际会议、国内会议、购买专业相关书籍、购置设备及支付学会会员费用等。[①] 此外，住房补贴、医疗保险、通信补助、探亲报销、带薪休假等各项丰富的生活性补贴为教师全身心投入教学、科研工作铺平了道路。

从建设思路上重视高水平师资队伍的建设，在实践中制定灵活多样的揽才聚才政策，营造良好的学科发展环境，使印度理工学院计算机学科拥有一大批高质量的优秀师资，为学科的快速发展提供了重要的人力保障。

三、促进多学科交叉融合，推进计算机学科可持续发展

控制论创始人之一诺伯特·维纳（Norbert Wiener）在研究控制论的基本论著《控制论》（*Cybernetics*）一书中指出："在科学发展史上可以得到最大收

---

① Benefits and Incentives to Faculty of IIT Delhi, http://beb.iitd.ac.in/New-Faculty-Benefits.pdf.

获的领域是各种已经建立起来的部门之间的被忽视的无人区。"①事实证明，学科之间的交叉结合对丰富学科理论、促进科学研究、实现学科突破具有重要的现实意义。计算机学科作为典型的工科学科，具有较强的实践性、应用性和创新性特征。从学科的发展趋势可以看出，计算机学科的发展融合了数学、电子信息、电气自动化、管理科学等多学科基础知识②，具有与其他学科实现交叉融合的基本学科条件。印度理工学院利用计算机学科知识更新速度快、学科融合性较强、为其他学科提供技术支持的特点，积极发挥计算机学科优势，促进多学科交叉融合，不断拓展学科研究领域，挖掘新的学科增长点，推进学科的可持续发展。

推动计算机学科与印度理工学院优势学科进行有效融合，开展跨学科教学与科学研究活动的具体举措有：建立跨学科中心、实施跨学科项目、开展跨学科教学及科研发展活动。专门的跨学科中心的建立在一定程度上推动了计算机学科教学、科学研究及社会服务职能作用的发挥。以2003年创建的普拉布·戈尔计算机与互联网安全中心为例。中心旨在建成为印度计算机安全领域国家级研究中心，承担起为政府及非政府组织进行计算机安全相关问题培训的任务。与此同时，中心与国家国防及安全机构合作开发各种网络安全技术，在计算和互联网安全领域进行教育、研究和咨询活动。随着计算机技术的蓬勃发展，计算机学科知识综合应用性特征日益凸显，各学科的发展依赖于人工智能、网络空间安全、大数据等计算机技术支持和服务的现状成为不争的事实。以中心为代表的跨学科研究中心引领了学科建设的新方向，来自不同学科部门的教师聚集在一起，他们发挥各自专业特长、运用各学科相关专业知识，以国家安全需求、经济发展为导向，积极承担国家重大研发项目，解决社会发展面临的各项挑战。在加密文件系统、用于运输应用的智能卡操作系统、恶意软件感染检测系统、电子护照及国民身份证等技术开发项目中，中心完成了重要技术突破③，并继续在计算机安全领域进行多学科合作，推动计算机学科可持续发展。

---

① [美]N.维纳：《控制论（或关于在动物和机器中控制和通讯的科学）》，郝季仁译，科学出版社1985年版，第2页。

② 许德刚：《行业特色高校计算机科学与技术学科现状及建设思路》，《河南工业大学学报》（社会科学版）2014年第10期。

③ Surya Pratap Mehrotra, Prajapati Prasad Sah, The Fourth IIT——The Saga of IIT Kanpur(1960-2010), Haryana: Penguin Enterprise, 2015: 272-273.

为了推动各学科研究者开展研究合作，印度理工学院引入了跨学科研究计划项目，旨在为教师创建学术发展平台，在一定程度上打破了学科限制，使具有相关学科背景的研究者在特定专业学术领域中开展研究与发展合作，进行前沿研究。该计划项目的建设目标是促进教师之间的跨学科研究工作与科学研讨，以国家战略需求为优先领域开展定向研究，进行跨学科博士人才培养活动，推动跨学科教学与科研活动的开展。基本合作方式为：来自两个不同学科的全职教师作为负责人选拔具有一定科研能力和创新能力的学生，共同担任学生导师，学生在导师的带领下完成跨学科科研项目。该项目的跨学科研究领域主要体现在计算机科学与材料、计算机科学与系统生物学、计算机科学与量子计算及分析、计算机科学与模拟和优化系统的交叉融合等方面。该项目的引入带来了各学科领域的积极互动，为多学科领域的合作研究开辟了新的途径，拓展了新的学科方向，为学科的持续发展提供了优良的学科环境。[1]

在跨学科中心和跨学科计算机研究项目的支持下，计算机设备更新速率不断提高，为跨学科前沿研究的开展提供了必不可少的设备和资金条件，创新成果不断孕育。比如，以德巴布拉塔·高斯瓦米（Debabrata Goswami）为带头人的学术团队开创了印度理工学院量子计算跨学科研究领域。在高斯瓦米的带领下，研究团队致力于开展计算、光电子和医学领域相结合的控制与未来技术实验与理论研究。[2] 以维纳亚克·埃斯瓦兰（Vinayak Eswaran）为带头人的学术团队致力于计算流体动力学领域研究，共同研发了用户友好型软件。该软件具有较强的适用性，适应于包括不稳定的垂直流动、湍流、相变、电厂以及化学反应在内的多种流体流动现象。凭借其普遍的适用性，该软件被开发用于孟买的巴巴原子研究中心。[3]

四、善于利用国际援助并不断深化国际合作与交流

印度理工学院计算机学科的创立与美国、苏联、德国以及联合国教科文组织在技术、资金、人员等方面的援助和支持有着直接相关的联系。可以说，没有来自美、苏、德及相关国际组织的帮助，印度的计算机教育就不可能在20世

---

[1] Interdisciplinary Research Programme at IIT Madras, https://sites.google.com/a/smail.iitm.ac.in/iitm-idrp/home.

[2] History of Research and Development, 2009: 82.

[3] History of Research and Development, 2009: 83.

纪 60 年代顺利开展，计算机学科不可能创立，更无从谈起日后的发展以及大量享有世界声誉的印度理工学院优秀毕业生活跃在国际计算机领域，甚至成为 IBM、谷歌等具有世界影响力的国际科技企业的领导者和佼佼者。

　　印度独立后，首任总理尼赫鲁面对一个百废待兴的贫穷国家，清醒地认识到要在相对最短的时间内迅速恢复国家经济，保持政治稳定，唯有大力发展科技，开展理工教育。但很显然，在当时的社会现实之下，单凭一己之力是不可能实现的。最快、最有效的方法似乎只有一个：目光放远至国外先进国家，积极寻求国际援助。在尼赫鲁的积极奔走下，美、苏等国纷纷力挺帮助印度开展工程技术教育。在创办印度理工学院及其计算机学科的过程中，美、苏、德在设备、技术、资金、教师培训等方面给予了关键的支持和帮助。如果说国际社会在技术、人员、硬件设备、资金支持等方面的援助是对印度理工学院计算机学科顺利创立给予支持的显性表征的话，那么，印度与国际社会签订的坎普尔印美计划、孟买－苏联双边援助计划、马德拉斯－印德计划等系列协议则使这些国际援助具有了法律规定的责任和义务，成为学科创立和发展的隐性保证。1964 年 8 月，坎普尔印美计划为印度理工学院乃至全印度提供了第一台用于学术的电子计算机 IBM1620，这台计算机硬件设备的获得是印度理工学院计算机学科创立过程中具有里程碑意义的重要事件。随后几年，按照孟买－苏联双边援助协议、马德拉斯－印德协议的规定，一系列先进型号的计算机陆续到校，确保教学与研究活动顺利开展。除了善于利用国际援助获得学科发展必备的硬件设施外，学院借助国际社会提供的大量资金开展了师资培训、日常教学、技术支持、购买学科图书资料等活动。同时，美、德、苏高等教育研究机构还选派计算机领域知名专家学者进驻印度理工学院开展硬件应用、计算机系统培训等系列教学及研究工作并资助印度理工学院教师出国访问，开展学习交流活动。

　　国际援助在学科创立及早期发展阶段发挥了重要作用。进入 20 世纪 80 年代后，伴随着知识经济和全球化时代的到来，国际合作和交流的全面开展和深化成为印度理工学院计算机学科快速崛起的重要推动力。多样、多方、双向的国际合作与交流方式成为学科发展期的主要特征。

　　首先，国际合作的形式是多样化的，涉及创建实验室、开展科学研究、实施师生学术交流及国际交换项目等多个方面。第一，印度理工学院与国际大型跨国公司、世界著名高等教育机构合作，获取大量资金资助和完备的人员支持，建立配备现代化计算机设施的高级实验室和研究中心,积极开展科学技术及开发项目。例如,印度理工学院海外基金会和国际跨国公司资助建立了超大规模集成电路设计实验室,利用实验室的先进设备和实验设施提高计算机学科的科学研究水平,开发微芯片、相位控制电子扫描阵列雷达等高科技产品,为印度国家国防和空间技术服务。印度理工学院积极开拓与全球领先信息科技跨国公司开展研究合作项目,以期更好地服务于国内科技与经济发展战略需求。印度理工学院与全球信息安全和软件质量的领导者新思科技公司开展长期密切的科技合作,共创高级超大规模集成电路实验室、高级超大规模集成电路联盟和新思科技计算机辅助设计实验室,扩大计算机学科在超大规模集成电路教育领域的影响力。[1]第二,印度理工学院加入IBM人工智能地平线网络联盟,计算机科学与工程系的一流师资和优秀研究生团队与IBM研究院的顶尖人工智能专家一起合作,致力于围绕促进和加速人工智能、机器学习、自然语言处理及相关技术在商业和工业中的有效应用,开展科学研究工作。第三,在德国学术交流服务中心的资助下,印度理工学院与德国高等工业技术教育机构开展硕士研究生交换培养项目。第四,印度理工学院与加拿大世界著名研究型大学阿尔伯塔大学(University of Alberta)签署协议,合作双方提供联合博士学位课程(Joint Doctoral Degree Programs,简称JDPs),开展博士研究生双向培养交换项目。硕士研究生交换培养项目以及博士研究生双向培养项目的开展有助于学生开拓国际视野,获取学科前沿知识和技能,是国际化人才培养的直接有效手段。

其次,寻求多方支持,与多国开展国际合作与交流有益于学科发展博采众长,结合自身实际取长补短。争取多个先进国家的援助和支持是印度理工学院计算机学科建设和发展的典型特征。无论是在学科创立与早期发展时期,还是在学科建设和发展重要阶段,均有明显体现。在学科发端奠基期,积极争取了来自美、德、苏、联合国教科文组织等发达国家和国际组织的援助和支持。在学科快速崛起和稳步提升期,国际合作的范围进一步扩大,在维持与原有先进国家高等教育院校及研究机构紧密联系的基础上,积极开拓视野,与更多的国家和机构深化合作与交流。来自英国、法国、加拿大、澳大利亚、瑞士、日本等发达国家的知名高等教育机构以及具有世界影响力的大型跨国公司与印度理工学院签

---

[1] Indian Institute of Technology Kharagpur Receives Charles Babbage Grant From Synopsys, https: //news. synopsys. com/index. php?s=20295&item=123085.

署双边协议，开展科研合作项目，激发创新思想，成为学科发展的动力和源泉。

再次，国际合作与交流的开展超越单向单方的局限，展现出双向互补的特点。合作双方的教师、学生之间开展双向互动，通过互通互助互惠的合作方式创新学术思想、丰富学科知识，促进和提升教学和科学研究。以印度理工学院与德国高等工业技术教育机构开展硕士研究生交换培养项目为例。双方开展的国际交换学习项目遵循"三明治模式"（Sandwich Model）[①]，即多维学习和双导师指导计划。来自德国的6所高等技术教育机构参与该项目。入选交换学习项目的两国学生进入对方合作高校进行专业课程的学习并完成实践项目。在此过程中，学生获得来自本校和对方高校双导师的学术指导，在提高学生学习质量的同时将合作研究推向更高的高度。有了"三明治模式"的成功经验，印度理工学院与阿尔伯塔大学合作的联合博士学位课程计划同样借鉴遵循相似模式，取得了较好的效果，开启了印度理工学院国际合作与交流活动的新篇章。

五、积极争取多方资金支持为学科发展提供资金保障

充足的经费投入是推动学科快速发展的重要因素。计算机设备的更新升级，科学研究项目的顺利开展，教职员工教学和生活的物质保障，学生学习及实践活动的有序开展等一系列学科建设活动都需要强大的财力支持。印度理工学院积极开拓渠道为学科建设筹措资金，多样化的经费获取方式为各阶段学科建设提供强大的财力保障。"多方资金支持"具有双重含义：第一层含义指获取资金的渠道多样化，具体指积极争取多方经费支持。来自印度国家政府机构、国内大型计算机企业、国外跨国计算机公司、慈善机构和组织、校友个人和校友企业及国际高校、高校联盟和国际组织的大量资金在学科发展的各个阶段均发挥着举足轻重的作用。第二层含义从学科建设的基本要素来分析。学科建设包括若干基本要素，学科建设成效是从这些要素来考察的，具体包括学科平台、师资队伍、科学研究、人才培养、学术交流、社会服务、学科发展环境等。来自不同机构组织的经费满足学科建设的不同需求，支持学科发展的多个方面。下文将具体分析阐述。

来自不同渠道的建设资金对学科发展的各个方面都给予了大力支持。与此同时，不同机构及组织在学科发展的不同历史时期发挥作用的侧重点又有所区

---

① Indian Institute of Technology Madras, (Aug. 11, 2020), https://www.iitm.ac.in/exchangeprogrammes.

别。印度理工学院合理利用政府部门的政策和财政支持，招聘优秀师资，建设学科基地，开发软件，配备硬件设备，开展科学研究活动，承担政府部门的赞助研发项目，注重产学研深度融合以及学术研究成果的技术转让。毫无疑问，印度政府组织和机构的财政资助是印度理工学院计算机学科得以快速发展的直接外部动因。通过积极承担国家政府部门科技项目，学科获取了大量资金用于购买先进设备和开展研发活动，逐步形成了持续深入开展科学研究活动的健康发展态势。具体表现为学术团队承担项目获取科研经费，在充足科研经费的支持下，团队成员进一步深入开展研发活动，探索学科前沿并与之保持同步。提供研发经费和软件开发、硬件设备资金的主要国家政府机构和组织包括印度人力资源发展部、大学拨款委员会、科技部、科学与工业研究理事会、电子部、国防研究与发展组织等。印度电子部统计数据显示，1971年至1984年间，印度理工学院从已完成的软件开发项目中获取资金24.5万卢比，从外围设备项目中获取资金55万卢比。[①] 截至1984年3月31日，在研项目中获得的软件支持资金为296.1万卢比，硬件设备资金167万卢比，培训与教育经费199万卢比。[②]

积极开展国际合作，善于利用国际援助助力学科建设是印度理工学院得以快速发展并跻身世界前列的制胜法宝。坎普尔印美计划、孟买-苏联双边援助计划、马德拉斯-印德计划等系列双边协议的签订使印度理工学院计算机学科从创立之初就获得了来自国外的资金支持。在学科快速崛起期，联合国开发计划署、美国国家自然科学基金会、德国洪堡基金会等国际组织和机构的赞助极大推动了学科在计算机前沿领域的探索。其中由联合国开发计划署资助的计算机辅助设计项目有一定代表性。计算机辅助设计实验室于1985年在印度理工学院坎普尔分校设立，掀开了在印度高校中普及传播计算机辅助设计的高潮。同时，该项目也率先在印度工业中应用了计算机辅助设计的方法和工具。[③] 其他代表性国际投资方还有电信系统公司、微软公司、IBM、通用电气公司等。[④]

[①] C. R. Subramanian, Indian and the Computer: A Study of Planned Development, Delhi: Oxford University Press Bombay Calcutta Madras, 1992: 225.

[②] C. R. Subramanian, Indian and the Computer: A Study of Planned Development, Delhi: Oxford University Press Bombay Calcutta Madras, 1992: 226.

[③] Surya Pratap Mehrotra, Prajapati Prasad Sah, The Fourth IIT—The Saga of IIT Kanpur(1960−2010), Haryana: Penguin Enterprise, 2015: 230.

[④] Surya Pratap Mehrotra, Prajapati Prasad Sah, The Fourth IIT—The Saga of IIT Kanpur(1960−2010), Haryana: Penguin Enterprise, 2015: 230.

1991年，拉奥政府上台执政，此时的印度面临着严峻的经济考验。拉吉夫执政期间采取的通过进口和使用国外先进设备来提升印度科技水平的经济发展政策使印度贸易赤字大幅攀升。① 拉奥执政的前一年，即1990年，印度的贸易赤字金额已高达94.38亿美元②，同时，大量借入外债弥补外汇不足的经济政策又使印度的外债数量飙升至643.91亿美元，成为世界第三大债务国。③ 面对如此紧张的经济形势，拉奥政府采取的直接经济政策之一是减少国内财政支出。1992年，印度中央政府冻结了对印度理工学院及其他高校和研究机构的财政拨款。一直擅长于与国际社会开展合作交流，争取国际援助开展学科建设活动的印度理工学院很快便调整了资金获取政策，另辟蹊径开拓新的资金渠道，灵活利用强大的校友资源建立了"印度理工学院建设基金"，为学科的持续稳定发展注入新的活力。

　　与此同时，各分校也纷纷建立校友基金会，寻求新资金支持，如坎普尔分校成立"校友基金筹集委员会"吸纳著名校友个人和校友企业的产业资金助力学科建设。印度著名信息技术公司印孚瑟斯创始人之一，印度理工学院坎普尔分校1969届毕业生N. R. 纳拉亚纳·穆尔迪通过"印孚瑟斯基金会"捐资建成卡迪姆·迪万计算机科学与工程系大楼，为学科稳定发展提供了完备的基础设施和优质的学科环境。卡普尔分校1970届著名校友普拉布·戈尔（Prabhu Goel）和妻子普南·戈尔（Poonam Goel）在计算机科学与工程系网络空间领域设立了"普南－普拉布·戈尔荣誉职位"和"普拉布·戈尔计算机与网络安全研究中心"。④ 印孚瑟斯公司一共有7位创始人，其中N. R. 纳拉亚纳·穆尔迪、南丹·尼勒卡尼和戈帕拉克里希南分别为坎普尔分校、孟买分校和马德拉斯分校的知名校友，他们均为基金会提供过资金捐助。1999年9月，南丹·尼勒卡尼为母校捐赠500万美元，并在随后几年不断追加捐赠资金，使学校的建设基金总额增加了约2.3亿卢比。⑤ 1998年底，坎瓦尔·瑞基（Kanwal Rekhi）向印

---

① 董磊：《战后经济发展之路——印度篇》，经济科学出版社2013年版，第207页。
② 沈开艳：《印度经济改革发展二十年：理论、实证与比较》，上海人民出版社2011年版，第92页。
③ 林承节：《印度史》，人民出版社2004年版，第581页。
④ Surya Pratap Mehrotra, Prajapati Prasad Sah, The Fourth IIT—The Saga of IIT Kanpur(1960-2010), Haryana: Penguin Enterprise, 2015: 380.
⑤ Rohit Manchanda, Monastery, Sanctuary, Laboratory—50 Years of IIT-Bombay, Macmillan In-dian Ltd., 2008: 176.

度理工学院马德拉斯分校捐赠 300 万美元，与南丹·尼勒卡尼捐助资金共同创办了坎瓦尔·瑞基信息技术学院。信息技术学院不断发展壮大，并于 2006 年与计算机科学与工程系合并，丰富了学科发展方向。

印度理工学院培养了一大批世界一流的计算机人才，他们活跃在世界计算机技术领域，其中不乏国际科技巨头企业的领导者和创始人，代表人物有 IBM 首席执行官阿尔温德·克里希纳（Arvind Krishna）、谷歌公司首席执行官桑达尔·皮查伊（Sundar Pichai）、太阳微系统公司共同创始人之一维诺德·科斯拉（Vinod Khosla）等，这些优秀校友在取得事业成功之后开始反哺母校，以个人捐资或在公司设立基金的方式设立了学生学业奖学金、教师职业发展基金、杰出教师奖励基金等奖励金，提高人才培养质量，提升师资职业素质和能力。与此同时，还出资推动校企合作力度，与学校合作建立实验室，建立企业实习基地，加速促进产学研深度融合，培养国际化复合型计算机应用人才。

印度理工学院采取灵活的方式，根据学科建设的内外部环境和情况适时调整资金获取方式，开拓多种渠道获得大量充足的建设资金，为计算机学科的持续稳定发展提供强大的财力保障。

第二节　印度理工学院计算机学科发展中的问题

印度理工学院计算机学科创立于 20 世纪 60 年代，学科建设经历了初期的学科创立与早期发展阶段，成长期的快速崛起阶段以及成熟期的稳步提升阶段，逐步发展成为在国内计算机学科占据一流地位，在国际计算机学科享有国际声誉的知名学科。学科建设过程中的成功经验值得我们借鉴和学习，但近年来学科建设中也出现了一些问题。对于这些问题我们也要清晰地认识，及时地汲取教训，避免走弯路。

一、学科发展后期印度政府过多干预，削弱了学术自主权

作为印度"国家重点学院"，印度理工学院得到政府在政策保障和资金资助方面的大力支持。计算机人才培养和计算机技术产业发展作为印度政府战略发展重点无疑受到尤其关注和政策倾斜。计算机学科作为印度理工学院的支柱

学科和重要人才培养基地，得到了来自政府的大量资金投入。一方面，大量资金的注入为学科发展提供了至关重要的财务保障；另一方面，过分依赖政府资金的直接后果是削弱其学科管理的自主权和学术发展的自治权。从长远角度看，政府在行政管理和学术方面的干预会对学科发展速度和质量造成一定的消极影响。政府频繁干预学科管理，削弱学术自主权突出表现在两个方面：第一，为表列种姓（Scheduled Castes）和表列部族（Scheduled Tribes）设置入学保留名额；第二，"联合入学考试"中除了将英语作为答题语言之外，13 种"现代印度语言"也被强行纳入答题语言。[①]

印度社会多元文化并存，人群按照种姓、宗教、阶级等标准进行划分，其中，种姓是印度社会最普遍的划分尺度。种姓制度等级森严，按照从高等到低等，将人划分为4个等级。在四大种姓之外的种姓，被称为"不可接触者"或者"贱民"，他们社会地位极低，受教育机会极少。1935 年，英印政府通过立法，规定为这些"被压迫阶级"提供一些优待措施。1936 年，受优待的"贱民"种姓单独列表，称之为"表列种姓"。除"表列种姓"外，在 1947 年印度独立后，政府将生活在偏远地域、生活状态蒙昧、经济条件较差、文化教育程度较低的一些部落民族单独列表，实行优待政策，这些被列为优待名单之内的部落被称为"表列部族"。[②]1973 年，印度政府要求印度理工学院必须为表列种姓和表列部族的学生分别设置 15% 和 7.5% 的入学保留名额。在录取标准上也对这两类人群给予特别优待政策：只需达到正常考生最低录取分数的三分之二就可以被录取。[③]"表列种姓"和"表列部族"学生较差的文化基础严重影响了人才选拔质量，造成了一系列的学术问题，引起了消极连锁反应。除了占用高质量学生的录取名额外，被保留名额勉强录取的学生由于学业水平悬殊而跟不上课程进度，最终被退学的情况也时有发生，严重影响了人才培养质量。

印度理工学院特有的"联合入学考试"被公认为是世界上最可信、最具竞争性、最有影响力的考试之一[④]，选拔出了一批优秀的高质量生源。计算机学科新生质量在被录取学生中排名靠前，综合素质较强。自学科创建以来，无论是

---

① 安双宏：《印度高等教育：问题与动态》，黑龙江教育出版社 2001 年版，第 187 页。
② 安双宏：《印度高等教育：问题与动态》，黑龙江教育出版社 2001 年版，第 127 页。
③ 安双宏：《印度高等教育：问题与动态》，黑龙江教育出版社 2001 年版，第 183 页。
④ 安双宏：《印度高等教育：问题与动态》，黑龙江教育出版社 2001 年版，第 175 页。

在"联合入学考试"的人才选拔过程中,还是在日常教学的人才培养过程中,英语都是唯一被指定使用的语言。国际通用语言作为主要教学用语也是国际化人才培养的前提条件。但从 1990 年起,除英语外,"联合入学考试"中被强行加入 13 种"现代印度语言",直接导致一系列学术问题的产生:首先,人才选拔质量受到影响,招收了一些对英语掌握不是很熟练的学生;其次,学生入学后的日常学习受到较大影响,由于英语作为主要教学用语的情况并没有发生变化,对于那些采用 13 种现代印度语言中的一种完成入学考试的学生而言,入学后学习效果不佳;最后,这些问题阻碍了科学研究活动的开展,高深的前沿领域科学研究活动的开展更是无从谈起。

由此可见,印度政府强行的过多干预削弱了学科管理的自主权和学术发展的自治权,影响了印度理工学院在最初设立时被印度政府给予的特殊地位和特殊权利,在一定程度上影响了计算机学科的人才选拔质量和培养效果。

二、学科发展后期优秀师资数量增长与学科稳步提升存在失衡现象

师资队伍建设是学科建设的重要内容,高水平的优秀师资是学科发展的核心。印度理工学院计算机学科能够在半个多世纪的时间里发展成为具有国际声誉的学科组织,离不开一流学者的重要支撑。然而,近年来,在师资队伍建设方面出现了一些新的情况,直接影响了师资队伍数量的增长和质量的提升。优秀师资的数量并没有随着学科的进一步发展得到相应的增长,总数增幅不大。优秀师资的短缺也必定影响师资队伍整体质量的提升。究其原因主要有以下几点:第一,为学科发展作出突出贡献的知名专家学者陆续达到退休年龄,直接影响了教授队伍力量。第二,选拔程序严格,入选条件严苛,影响了新生力量的及时补充。如前文所述,具有博士学位是教师入职的基本要求。事实上,并不缺少具有博士学位的申请者有意愿加入。正如穆库尔·阿克萨亚(Mukul Akshaya)和赫玛拉·查普拉(Hemali Chhapla)所说:"初期,拥有博士学位的申请者数量并不多,与初期不同,现在的情况是每个职位都有 40 至 50 名具有博士学位的申请者。"[①] 在 20 世纪初期的一段时间内,印度政府规定公立资助院校教职工须具有印度国民资格,因此,只能招募印度公民作为教职人员,一些杰出校友由于国籍原因被排除在外。尽管后来在学校官方的不懈努力下,

---

① Mukul Akshaya & Hemali Chhapla, Non-PhDs Can Be IIT Lecturers, Times of India, 2009: 19.

该项要求修订为"非印度国籍人员以合同聘任制进行招募,一届任期最长为5年。此外,新增国际教师短期任教计划"①,这在一定程度上放宽了师资招募渠道。然而,从长远发展看,仍然影响了高质量师资的加入。第三,薪酬因素是制约师资队伍数量增长的直接客观因素。作为国家重点建设院校,尽管印度政府对其给予了大量的资金投入,但在工资薪酬方面,学院教职工薪酬与私营企业薪酬水平是无法相比的。②这也解释了年轻学者会更加倾向于选择进入私营企业的原因。第四,人才外流是印度理工学院人才培养方面存在的问题,对于计算机学科来说情况更为明显。大量高质量的优秀人才在毕业后选择留学欧美或者供职海外,一方面体现了本科人才培养质量较高,毕业生有资格和能力在欧美一流高校继续深造并进入具有国际影响力的计算机企业继续发展;另一方面对本校计算机学科带来的直接消极影响是大量优秀人才的流失。③

三、高水平科学研究成果总量不足,阻碍国际学术影响力持续扩大

在印度理工学院计算机学科发展的各个历史阶段,学科建设各要素均呈现出不同的发展特点。科学研究是学科建设的核心要素,对学科持续稳定发展起到关键的推动作用。进入20世纪90年代后,印度理工学院计算机学科在计算机科学技术核心研究领域和电子硬件技术研发领域做出的成就有目共睹,在计算复杂性理论以及超级计算机研发方面均取得了重大研究成果,提升了计算机学科的国际学术影响力。然而,与国际一流计算机学科开展的科学研究活动及取得的成果相比,印度理工学院计算机学科在高质量科学研究成果产出总量及高水平学术成果产出方面尚存在一定差距。对自20世纪80年代以来,Scopus计算机科学类顶级国际期刊以及重要学术会议上发表的研究成果进行分析可知,虽然随着计算机学科不断发展,学术成果产出逐年提高,国际学术领域交流也不断增多,学术研究成果国际影响力逐步增强,但印度理工学院各分校在计算机科学类顶级国际期刊和国际会议上发表的学术成果数量尚不平衡,顶级学术成果产出总量不足。另外,由于尚未创办本学科具有国际学术影响力的学术刊物,

---

① Narayana Jayaram, "Toward World-Class Status? The IIT System and IIT Bombay" in Philip G. Altbach and Jamil Salmi, The Road to Academic Excellence——The Making of World-Class Research Universities, Washington, D. C.: The World Bank, 2011: 174.

② Pushkarna Neha, For Them IIT No Green Pasture, Times of India, 2009: 16.

③ 安双宏、杨柳、王威、李娜,《印度教育研究的新进展》,黑龙江教育出版社2008年版,第134页。

国际学术交流渠道有限，在一定程度上影响了世界级学术影响力的形成。近年来，虽然印度理工学院计算机学科成员担任国际重要期刊编委的数量逐年提高，但与计算机学科国际顶级期刊数目总量相比，占比仍然不高，国际学术话语权有待进一步提升。

附录

附录1 专有名词简称、全称及中译表

简称	全称	中译
AI	Artificial Intelligence	人工智能
ACM	Association for Computing Machinery	国际计算机学会
ARC	Academic Programme(s) Review Committee	学术项目审查委员会
BOG	Board of Governors	管理委员会
CBSE	Central Board of Secondary Education	中央中等教育委员会
CC	Computer Center	计算机中心
CCDS	Center for Computational and Data Sciences	计算与数据科学中心
C-DAC	Center for Development of Advanced Computing	高级计算机发展中心
CFDVS	Center for Formal Design and Verification of Software	形式设计与软件验证中心
CFILT	Center for Indian Language Technology	印度语言技术中心
CNIA	Communication, Networking and Intelligent Automation	通信、网络和智能自动化

续表附录 1

简称	全称	中译
CSE	Computer Science and Engineering	计算机科学与工程
CSI	Computer Society of India	印度计算机学会
CSIR	Council of Scientific and Industrial Research	印度科学与工业研究理事会
DAAD	Deutscher Akademischer Austauschdienst German Academic Exchange Service	德国学术交流服务中心
DD	Deputy Director	副校长
D-FAC	Departmental Faculty Affairs Committee	院系教务委员会
DOE	Department of Electronics	印度电子部
DOFA	Office of Dean of Faculty Affairs	教师事务主任办公室
DRDO	Defense Research and Development Organization	印度国防研究与发展组织
DST	Department of Science and Technology	印度科技部
EPC	Education Policy Committee	教育政策委员会
ERL	Exascale Research Lab	百亿亿次级计算研究实验室
FSTTCS	Foundations of Software Technology and Theoretical Computer Science	软件技术与理论计算机科学基金会
GE	General Electric Company	通用电气公司
GIST	Graphics and Indian Script Terminal	图形和印度文字终端
GP	Grade Pay	薪级工资
GPU	Graphics Processing Units	图形处理单元
HCL	Hindustan Computers Limited	印度斯坦计算机有限公司
HPC	High-performance Computing	高性能计算
IARCS	Indian Association for Research in Computing Science	印度计算机科学研究协会
IBM	International Business Machines Corporation	国际商业机器公司
ICC	Industrial Consultancy Center	工业咨询中心
ICT	Information and Communications Technology	信息和通信技术
IDC	Integrated Devanagari Computer Terminal	集成梵文字母计算机终端

续表附录1

简称	全称	中译
IDRP	Interdisciplinary Research Programme	跨学科研究计划项目
IEEE	Institute of Electrical and Electronics Engineers	国际电气和电子工程师协会
IEEE-CS	Institute of Electrical and Electronics Engineers—Computer Society	国际电气和电子工程师协会——计算机学会
I-FAC	Institutional Faculty Affairs Committee	校级教务委员会
IITs	Indian Institutes of Technology	印度理工学院
IITB	Indian Institute of Technology Bombay	印度理工学院孟买分校
IITD	Indian Institute of Technology Delhi	印度理工学院德里分校
IITK	Indian Institute of Technology Kanpur	印度理工学院坎普尔分校
IITKh	Indian Institute of Technology Kharagpur	印度理工学院卡哈拉格普尔分校
IITM	Indian Institute of Technology Madras	印度理工学院马德拉斯分校
ISCII Code	International Standard Code for Information Interchange	国际标准信息交换代码
JDPs	Joint Doctoral Degree Programs	联合博士学位课程
JEE	Joint Entrance Examination	联合入学考试
KBCS	Knowledge-Based Computer System Development Program of India	基于知识的计算机系统开发项目
KIAP	Kanpur Indo-American Project	坎普尔印美计划
KRESIT	Kanwal Rekhi School of Information Technology	坎瓦尔·瑞基信息技术学院
LDC-IL	Linguistic Data Consortium for Indian Languages	印度语言数据联盟
MCA	Master of Computer Applications	计算机应用硕士学位
MHRD	Ministry of Human Resource Development	印度人力资源发展部
MOE	Ministry of Education	教育部
MT	Machine Translation	机器翻译
NCERT	National Council of Educational Research and Training	国家教育研究与培训委员会
NSF	National Science Foundation	美国国家自然科学基金会

续表附录 1

简称	全称	中译
NSM	National Supercomputing Mission	国家超级计算任务
PB	Pay Bands	薪酬级别
PGC	Postgraduate Committee	研究生委员会
SAC	Student Affairs Committee	学生事务委员会
SSAC	Senate Student Affairs Committee	参议院学生事务委员会
SSPC	Senate Scholarships and Prizes Committee	参议院奖学金和奖项委员会
TCS	Tata Consultancy Services	塔塔咨询服务公司
TDC	Technology Development Council	印度技术发展委员会
TDMs	Technology Development Missions	技术开发使命
TIFRAC	Tata Institute of Fundamental Research Automatic Calculator	塔塔基础研究自动计算器
TIFR	Tata Institute of Fundamental Research	塔塔基础研究
UA	University of Alberta	阿尔伯塔大学
UGC	University Grants Commission	大学拨款委员会
UNDP	United Nations Development Program	联合国开发计划署
USAID	United States Agency for International Development	美国国际开发署

附录 2 信息技术领域印度理工学院知名校友代表[①]

姓名	中译	所（曾）任职位
Abhay Bhushan	阿帕·蒲山	Portola 通信公司与 YieldUP 国际有限公司共同创始人之一，Mobile WebSurf 公司和 Asquare 公司主席
Arjun Malhotra	阿君·马赫特拉	印度斯坦计算机有限公司共同创始人之一，TechSpan 公司主席

---

① Sandipan Deb, The IITians: The Story of a Remarkable Indian Institution and How Its Alumni are Reshaping the World, Penguin Books Indian, 2004: 3-6.

续表附录 2

姓名	中译	所（曾）任职位
Arun Netravali	阿伦·纳特瓦利	贝尔实验室前总裁，朗讯科技公司前首席科学家
Arvind Krishna	阿尔温德·克里希纳	国际商业机器公司首席执行官
B. K. Syngal	B. K. 辛噶尔	印度国营电信公司前主席，BPL 创新公司副主席
Deepak Bhagat	迪帕克·巴加特	太阳微系统公司前高级工程师，Centrata 公司首席执行官
Dev Gupta	德夫·古普塔	Narad 网络公司主席
Gururaj Deshpande	格鲁·德什潘德	迅桐网络公司主席
Kanwal Rekhi	坎瓦尔·瑞基	Excelan 公司共同创始人之一
N. R. Narayana Murthy	N. R. 纳拉亚纳·穆尔迪	印度印孚瑟斯技术公司主席
Nandan Nilekani	南丹·尼勒卡尼	印度印孚瑟斯技术公司常务董事兼总裁
Nren Gupta	纳仁·古普塔	Integrated Systems 公司共同创始人之一，美国风河系统公司副主席
Parag Rele	帕拉格·瑞尔	Aplab 公司常务董事
Pavan Nigam	帕万·奈加	Healtheon/WebMD 网站共同创始人之一
Pradeep Sindhu	普拉迪·辛胡	瞻博网络公司创始人
P. Rajendran	P. 拉杰德让	国家信息技术研究所共同创始人之一
Prabhu Goel	普拉布·戈尔	IPolicy 网络主席
Raj Mashruwala	拉吉·马什	Consilium 及 YieldUP 国际公司共同创始人之一，TIBCO 软件公司首席运营官
Rajendra S. Pawar	拉金 S. 帕瓦	国家信息技术研究所共同创始人之一
Rakesh Mathur	拉科什·马瑟	Junglee.com 网站共同创始人之一
Ramesh Vangal	拉梅什·万加	Scandent 集团创始人兼首席执行官
Ravi Sethi	拉维·塞西	贝尔实验室计算与数学科学研究所前总监，Avaya 实验室总裁
Romesh Wadhwani	罗梅什·瓦德	Aspect Development 公司主席
Saurabh Srivastava	萨拉·斯瑞瓦	Xansa 技术服务公司主席

续表附录 2

姓名	中译	所（曾）任职位
S. Gopalakrishan	S. 戈帕拉克里希南	印度印孚瑟斯技术公司共同创始人之一
Sudhakar Shenoy	萨德卡·施诺伊	信息管理顾问公司总裁
Sunil Wadhwani	萨尼尔·瓦德	iGate 公司共同创始人之一，兼首席执行官
Sundar Pichai	桑达尔·皮查伊	谷歌公司首席执行官
Suhuas Patil	萨哈斯·巴蒂尔	Cirrus Logic 公司共同创始人之一
Vijay Thadani	维杰·萨达尼	国家信息技术研究所共同创始人之一
Vinod Gupta	维诺德·古普塔	InfoUSA 公司主席
Vinod Khosla	维诺德·科斯拉	太阳微系统公司共同创始人之一

附录 3　国家教育政策（1968 年）[①]

在印度社会中，教育一直被置于崇高的地位。印度独立运动的伟大领袖们深知教育的根本作用，所以他们十分重视教育对国家发展的重要性。圣雄甘地制定了基础教育计划，试图将智力劳动和体力劳动结合起来。这是把教育同人民生活直接联系的一个伟大举措。印度独立以前，其他的许多领袖也对国家教育作出了非常重要的贡献。

独立以后，印度中央政府和各邦政府对教育日益重视，把它看作对国家进步和安全极为重要的因素。众多的委员会对教育改革进行了调研，其中特别是大学教育委员会（1948—1949 年）和中等教育委员会（1952—1953 年）。为了贯彻这些委员会提出的建议而采取了系列措施，在贾瓦哈拉尔·尼赫鲁的领导下，印度决心实施科学政策，特别强调科学、技术和科研的发展。在第三个五年计划的最后一年有必要重新审定教育体制，以便为教育改革作出更大的努力。为了实行教育发展的一般原则和政策，专家们建议中央政府成立教育委员会（1964—1966 年）。至今，还仍在讨论该教育委员会的报告，并对此作出了解释。由于这些公开讨论在国家教育政策上取得了一致性意见，政府对此甚感满意。

[①] 张双鼓、薛克翘、张敏秋：《印度科技与教育发展》，人民教育出版社 2003 年版，第 282～287 页。

印度政府相信，为了实现国家经济和文化的发展、国家团结统一和社会主义社会的建设，在教育委员会提出的总概要的基础上，必须对教育进行彻底改革。改革教育制度，使其与人民的生活更加紧密地联系起来，继续努力扩大受教育的机会；持久地大力提高各级教育的质量；重视发展科学技术；培养道德观念和社会价值观念。印度的教育制度必须培养出有信心、有道德、有才干、献身于国家和发展的青年男女。只有这样，教育才能在促进国家进步、创造共同的公民意识和文化意识、加强国家团结统一方面发挥重要作用。有必要向世界各国宣传印度的伟大文化遗产和特殊贡献。所以，印度政府在以下原则的基础上，决心在全国范围进行教育改革。

（一）免费义务教育

要努力贯彻、执行宪法第45条的指导原则，对14岁以下的儿童实行免费义务教育。减少学校目前存在的不足和不良行为，确保每一个在校生不仅能圆满完成规定课程，而且要不断发展有益的项目。

（二）教师资格、工资待遇和培训

1. 在教育的影响和国家的发展中，教师无疑对印度的贡献最为突出。因此，与教育有关的所有成就都取决于教师的能力、品德、才干以及业务水平。所以要在全社会形成一个尊重教师的风气。为了提高教师的工作能力和责任心，必须提高教师的工资待遇，改善教师的工作条件。

2. 要保护教师出版科研成果论文的自由和教师就国内外问题发表演讲和文章的自由。

3. 要适当强调教师的培训，特别是工作期间的培训。

（三）语言的发展

1. 邦语言。积极发展印度语言和文学是教育和文化发展的一个先决条件。只有发展语言和文学，才能实现人的创造力，才能提高教育水平，人民群众才能学到知识，才能缩小知识分子与人民大众之间的差距。在中小学阶段，要首先学习邦语言。大学时期也要积极采取措施学习邦语言。

2. 三种语言法案。邦政府要在中学期间努力执行和贯彻三种语言法案。根据三种语言法案，要学习一种现代印度语言、一种自己喜欢的语言、一种南印度语言，同时包括印地语邦要学习印地语和英语，非印地语邦要在学习邦语言和英语的同时学习印地语。高等院校也要提供印地语和（或）英语学习教材，以便学生按照大学的要求掌握这些语言。

3. 印地语。要尽一切可能努力发展和传播印地语。在发展交际语言印地语时，要适当注意宪法第 351 款的补充，作为印度复合文化的结合，印地语会成为人们的交际媒介。

4. 梵语。在印度语的发展中，梵语具有特殊的重要性。为了国家的文化统一并考虑到梵语所作出的巨大贡献，高等院校要鼓励发展教授梵语的新教学方法。在第一和第二学位（即大学本科和硕士研究生期间），所学的课程中梵语是有用的（比如现代印地语、印度古代史、印度学和印度哲学），所以要尽可能地教授梵语。

5. 国际语言。要特别强调学习英语和其他国际语言。在世界范围内，知识的传播日趋激烈，特别是科学和手工艺科学领域。印度不仅要保持自己的发展趋势，而且还要对此作出更大的贡献。为此，我们要加强英语的学习。

（四）教育机会均等

为了实现教育机会均等，我们要努力做到以下内容。

1. 从教育的体制来看，要消除各邦不平衡现象，要为农村和落后地区提供接受教育的方便。

2. 为了加强社会的团结和国家的统一，根据教育委员会的建议对所有学校给予同等地位。要努力提高普通学校的教育质量。像公立学校一样，私立学校要根据自己的能力招收学生，并且规定收费的标准以缩小社会各阶层的差别。然而，根据宪法第 30 条的规定，少数民族和部落的人民群众权利不受此影响。

3. 不论从社会公平的角度，还是为了加快社会改革的步伐，都要加强对女童的教育。

4. 必须下大力气发展落后阶层特别是古老部落的教育。

5. 要对残疾和智障儿童提供受教育的机会，要大力提倡联合培养计划，以便使他们能够受到正规教育。

（五）发现培养智力超常儿童

为了开发智力资源，各地区必须从儿童中发现和培养超常儿童，对此要积极鼓励并提供一切机会。

（六）工作经验和国家服务意识

通过适当的协助互助项目，缩小学校与人民群众之间的差距。因此，工作经验和国家服务意识要成为教育的重要组成部分，其中也包括为人民大众服务和在国家重建方面具有实质性和挑战性的项目。为了独立自主、道德建设和实现社会目标，为了完成这些项目，要提倡自我牺牲精神。

（七）科学教育和科学研究

为了加快国家体制的发展，要把科学教育和科学研究放在首要地位。在校期间，科学和数学教学要成为普通教育的重要组成部分。

（八）农业教育和工业教育

要特别强调发展农业教育和工业教育。

1. 每一个邦都要建立至少一所农业大学。无论如何，农业大学要独立建在一个地区，但是也可以在其他地区建立学院。若有可能，农业大学要创办从事一个或更多的研究农业课题的固定院系。

2. 技术教育要开设工业的应用培训课程。技术教育和研究与工业的关系要十分密切，以便双方能进行工业业务方面的往来，制定培训计划和提供方便，研究和确定发展规划和合作项目。

3. 要坚持不懈地制定壮大国家工业、农业和其他技术力量的政策，要继续努力保持毕业生和就业机会的平衡。

（九）出版

通过鼓励和酬金奖励政策，激励优秀作家提高作品的质量。要立即采取措施编写高水平的教材，改变频繁更换教材的现象。要降低教材的价格，使普通学生均有能力购买。

要论证成立出版专业书籍公司的可能性，统一全国基础教材的编写。要特别重视儿童读物、邦语言教材和大学课本的编写和出版工作。

（十）考试

改进考试方法的主要目的是提高考试的可信度和权威性。要坚持评估制度，使考试的目的有助于提高学生的现有水平，而不是定期根据他们的能力颁发"证书"。

（十一）中等教育

1. 接受中等教育（和高等教育）的机会，是社会改革变化的一个主要部分。要加快把中等教育向落后地区和落后阶层延伸。

2. 中等教育阶段必须加强技术教育和职业教育。中等教育和职业教育一般要与经济发展和实际就业人数成比例。技术教育和职业教育有必要在中等教育阶段完成。技术教育和职业教育的范围要适当扩大，应涉及诸多领域，如农业、工业、商业贸易、医疗卫生、家政、艺术和手工业、秘书培训等。

（十二）大学教育

1. 高等院校的学生入学人数，要根据其实验室、图书馆、服务设施规模和教职工人数来决定。

2. 建立新大学必须持非常慎重的态度。一旦拥有充足的资金和确定了正确的标准，才能成立新大学。

3. 要特别重视研究生课程的建设，同时也要提高培训和研究水平。

4. 要加强高等教育中心的力量，要建立一些制定研究和培训最高准则的"中心"。

5. 要加强大学的研究。尽可能使研究机构隶属于大学或由大学代管。

（十三）短期教育和信息技术教育

要大力发展大学的短期教育和信息技术教育。要对中学生、教师、企业家、农业人员和其他方面的人提供方便。短期教育和信息技术教育属终生教育。通过这种教育才能使学生得到就业机会，他们是教育的受益者，使未能接受正规长期教育的人也能得到受教育的机会。

（十四）扫盲和成人教育的传播

1. 必须消除文盲。这不仅鼓励公民参与民主机构的工作，加快教育项目（特别是农业地区）的速度，而且也要加速国家的发展。要尽可能快地使商业、企业和其他机构的人员成为能写、能读的人。教师和学生要积极组织扫盲运动，使社会服务和国家服务成为扫盲运动的组成部分。

2. 为了青年的教育和自身发展，特别要强调对青年的培训。

（十五）体育运动

要大规模地发展体育运动，其目的是让所有学生和体育特长生提高身体素质和增长对体育的兴趣。要把没有体育场地和实施全国体育教育计划落后的地区放在优先发展的地位。

（十六）少数民族教育

不仅要保护少数民族的权利，而且要想方设法激励他们的学习兴趣。1961

(十七) 教育体制

全国的教育体制必须基本统一，其目的是要贯彻 10+2+3 方案。要根据各地的实际情况，将 2 年的高中课程或放在中学阶段，或放在大学阶段，或者两者都纳入。

根据上述内容，在重建教育方面需要国家增加额外经费。这样可以逐步增加对教育的投入，尽可能地使对教育的投入达到国民收入的 6%。

印度政府认为，教育的重建不是简单的事情。不仅缺少资源，而且问题非常复杂。鉴于此种情况，教育、科学和研究的贡献对物质和人力资源的发展是非常重要的，印度政府除了承担中央的项目外，还要协助邦政府执行国家重点项目，这些项目需要中央和邦政府作出共同努力。

印度政府将审定每个五年计划的成绩，对以后的发展提出指导性建议。

附录 4　国家教育政策（1992 年修订）[1][2]

（一）导言

1.1 自从有人类历史以来，教育就一直在发展、变化并不断扩大着影响范围和领域。每个国家都在发展自己的教育制度，以表现和促进其独特的社会文化特性，并迎接时代的挑战。历史上存在这样的时期，即为历史悠久的进程指出新的方向的时期，而今天就正处于这样一个时刻。

1.2 必须尽力从那些已经创造出的财富中获取最大程度的利益，并确保所有领域获得改革的成果。我国的经济和技术发展已经达到了这样一个阶段。教育是达到这一目标的途径。

1.3 由于期望达到这一目标，印度政府于 1985 年 1 月宣布要为国家制定一项新的教育政策。首先对教育现状作出综合的评价，然后在全国范围展开讨论，并仔细地研究来自不同方面的意见和建议。

1968 年的教育政策及其后的情况

1.4 1968 年的国家教育政策是独立后印度教育历史上的重要一步。它旨在促进国家进步、增强共同的公民意识和文化意识，加强国家的一体化。它强调

---

[1]　安双宏：《印度教育战略研究》，浙江教育出版社 2013 年版，第 220-247 页。
[2]　张双鼓、薛克翘、张敏秋：《印度科技与教育发展》，人民教育出版社 2003 年版，第 288-310 页。

必须从根本上重建教育制度以改进各级教育的质量，并且更加注重科学技术、道德价值观念的培养以及教育和人们生活之间的密切关系。

1.5 自从 1968 年国家教育政策被采纳以来，全国各级教育的设施都得到扩充。现在，90% 以上的农村地区在 1 公里范围内都有了学校教育设施。其他各级教育设施数量也增长较多。

1.6 也许最显著的发展就是全国范围内采用了一种共同的教育结构及在大多数邦中引入了 10+2+3 学制。在学校课程中，除了为男女儿童制定了共同的学习计划外，还将科学和数学作为必修科目，并且给予劳动实习课程以重要地位。

1.7 对大学本科阶段的课程也开始着手进行调整。为研究生教育和开展研究活动专门建立了高级研究中心，我们已经能够根据国家的需求提供人力资源。

1.8 尽管取得了显著成就，但 1968 年国家教育政策中的总体纲领并没有转化成具体的实施细则，没有规定辅助其实施的具体职责和财政及组织援助。直接导致的结果是，长久积累的入学、教育质量和数量、效用和财政支出等问题亟须解决。

1.9 今天，印度教育正处于一个十字路口。不论是常态的直线式扩充还是当前的改进速度和实质都不能满足当今需求。

1.10 按照印度人的思考方式，人是一种财富和珍贵的国家资源，需要投入大量精力并谨慎地珍惜、培育和开发。每个人的成长，在从出生到死亡的各个阶段中，都会出现各个方面的问题和需求。在这个复杂且呈动态的发展过程中，教育的催化行动必须得到谨慎规划和精心实施。

1.11 印度的政治生活和社会生活正在经历着一个传统模式被瓦解的时期，在实现社会主义、宗教平等、民主和奋进的目标过程中遇到了诸多障碍。

1.12 由于农村经济生活基础薄弱，社会服务匮乏，有知识的青年不愿留在农村。缩小农村和城市之间的差别是当前急需解决的问题，同时扩大和增加各种就业机会。

1.13 在未来的若干年中，必须控制人口增长速度。解决这个问题最重要、最有效的方法就是对妇女进行扫盲和教育。

1.14 今后的若干年充满了机遇和挑战。为了迎接挑战，抓住机遇，需要以一种新的方式发展人力资源。必须使未来的一代能够不断地创造性地接受新思想，必须使年轻一代树立人类价值观和社会正义的理想。所有这一切的实现都需要有一种新式的良好的教育。

1.15 新的挑战和社会需求都要求在国内实施新的教育政策，除此之外再无他法。

（二）教育的性质和作用

2.1 在国家当今情况下，国民教育是我们物质和精神发展的基本内容。

2.2 教育是培养良好素质的手段。它能够使我们更加敏锐和智慧，增进民族团结，增强科学意识，最终有助于我国宪法中所确定的社会主义、宗教平等和民主目标的实现。

2.3 只有让教育满足经济的需求，才能使人才得到全面的发展。只有在教育的基础上才能使研究和发展具有动力。在当今发展竞争的时代，唯有教育才是国家实现独立自主的基石。

2.4 教育是建设今天和未来的最好的工具。这就是国家教育政策的基本原则。

（三）国家教育制度

3.1 国家教育制度的设想基于印度宪法的有关原则。

3.2 国家教育制度是指不分种姓、不分地区、不分性别，使每个学生都能得到一定程度的适当的教育。为实现这一目标，政府将有效地实施财政支持计划。1968 年教育政策在确定共同学校制度方面采取了有力措施。

3.3 国家教育制度要求在全国实施相同的教育体制。10+2+3 的体制已经在全国实行。这一体制的前 10 年应分为小学 5 年，初中 3 年，高中 2 年。同时还要努力将 +2 的阶段作为学校教育制度的重要组成部分在全国进行推广。

3.4 国家教育体制应建立在全国统一的课程上，应具有同样的中心内容，同时根据需要也应有一定的灵活性。在同样的课程内容中应包含印度独立运动、宪法义务以及和民族意识有关的内容。这些方面的内容可以包含在任何课程之中，可以使学生学习和了解印度文化的多样性、民主和宗教平等、男女平等、环境保护意识、维护社会团结以及计划生育的意义，并培养热爱科学的思想。所有的教育计划都要符合宗教平等的原则。

3.5 印度一贯致力于国家之间的和平、重视兄弟情谊，要把全世界当作一个大家庭。根据这一传统思想，应通过教育树立这种世界观，教育青年为国际合作及和平共处进行奋斗，这一点不应被忽视。

3.6 仅向所有人提供同等受教育机会还不足以促进平等，实际上只有向所有人提供争取成功的机会，平等才有实际意义。此外，天赋平等的意识只有在同等的教学内容中才能获得。事实上，它的目的就是要消除一切因社会环境和传统影响所形成的偏见和固执。

3.7 每一个阶段的教育都应确定最低标准。应采取措施使学生了解各地人民的文化和社会制度，除加强推广交际语言外，还应采取措施广泛地推广和加强不同语言的图书翻译及多种语言词典的出版工作。鼓励青年一代发挥他们的想象力和智慧更好地了解自己的祖国。

3.8 在高等教育特别是在技术教育方面，要向每一个有才华的学生提供同等的机会，提供在不同领域进行研究的条件。尤其应注意使大学和高等教育机构保持其各自的地位并强调他们的大众性。

3.9 要采取特殊的方法使国内各机构之间能够在研究与发展、科学与技术教育方面进行广泛密切的联系，使他们能够集中力量参加国家重点工程建设。

3.10 全国都要坚定不移地为振兴教育，缩小教育发展的不平衡，扫除文盲，发展科学技术研究以及其他类似目标创造条件。

3.11 终生教育是教育过程的根本目标，它要求开展扫盲运动，为青年、家庭妇女、农民、工人和其他行业的人员提供符合他们的需求的受教育机会。今后要加大发展开放大学和远程教育的力度。

3.12 要加强大学拨款委员会、全印技术教育委员会、印度农业研究委员会和印度医学委员会的作用，使它们能够在落实国家教育制度中发挥重要作用。要在这些机构之间实施统一的计划，以便能够建立合作的工作关系，并加强研究和研究生教育工作。在落实教育政策时，要将全国教育研究和培训委员会、全国教育计划管理机关、全国教育教师协会以及全国成年教育学院等机构作为协作单位。

实质性合作

3.13 1976 年宪法修正案将教育划归中央和各邦共管，这是一个有远见的举措。教育、财政和管理作为国家生活中极为重要的领域，中央和各邦之间应建立一种新的合作关系。在教育领域，各邦的责任及作用并未发生根本性变化，但是中央政府对于加强教育的民族一体化、保持教育的质量和水平（包括各级教师的培训工作）、为发展人力资源进行的教育体制的研究及管理、普遍培养各方面对教育的兴趣等方面都负有主要责任。平等性就是参与，其本身具有重要性和挑战性。国家教育政策将为实现这一任务而努力。

（四）教育平等

差别

4.1 新教育政策特别强调消除差别。要特别注意迄今仍被剥夺平等权利的人群的特殊要求，为此要实行平等接受教育的机会。

妇女的平等教育

4.2 要利用教育手段彻底改变妇女的地位。大力支持消灭长期以来有关妇女的歧视和不平等现象。教育制度应以干涉手段发挥切实作用，帮助妇女强大起来。要通过新课程、新教科书以及对教师、决策人员和管理者的培训和安置，在教育机构的积极配合下推动新价值观的发展。这项工作要通过社会的努力才能完成。要鼓励各方面对妇女问题的研究。要鼓励教育机构积极开展妇女的发展项目。

4.3 应给予扫除妇女文盲工作最大的优先权。同样要尽最大的努力克服那些阻碍妇女获得基本受教育权利的障碍。为此，应该开展特别资助服务项目，确定目标和制定有效的监督机制。在各类有关民生的技术和职业教育中应强调妇女的参与率。要大力执行无歧视政策，以保证在有关生计的职业教育中消灭性别歧视，推动妇女参加非传统性工作。只有这样，她们才能同样参加新旧两种技术工作。

表列种姓的教育

4.4 表列种姓的教育发展要点，是强调保证他们同非表列种姓人群平等，所以在新教育政策中提议如下：

（1）努力鼓励贫困家庭让自己的子女接受正规教育至14岁。

（2）对从事诸如清洁、皮革制造和屠宰行业家庭的子女，实行的预科前助学金计划应于一年级或此后开始执行。无论这种家庭的收入如何，都应执行此计划，并要制定限期执行的计划。

（3）要制定确保减少表列种姓儿童在入学、继续学业和最终完成学业过程中辍学率的详细计划，并要经常监督检查。

（4）要特别注意对表列种姓教师的招聘。

（5）要有步骤地改善在县中心学校学习的表列种姓学生的住宿条件。

（6）在选择校舍、幼儿园和成人教育中心地址时，要充分考虑表列种姓完全入学的可能性。

（7）要利用国家农村就业工程和农村无土地者就业保障的经费，为表列种姓提供学习的条件。

（8）持续不断地寻求新的方法，激发表列种姓积极接受教育的热情。

4.5 要利用尼赫鲁就业计划资金，提升表列种姓的教育条件。

表列部落的教育

4.6 要采取以下步骤缩小原始部落人同其他人的差距。

（1）要优先重视原始部落地区的初等学校的建立。这些地区的校舍建设应在正常的教育拨款和尼赫鲁就业计划和部落福利计划中优先进行。

（2）原始部落具有自己特殊的环境氛围。他们的特殊性往往体现在他们的民族语言中。学校的教材应考虑他们的特殊性，初级教育阶段也应该使用他们的语言，之后再缩小地方语言差距。

（3）鼓励接受过教育并有才华的原始部落青年经过培训后在本地区任教。

（4）要大规模开办寄宿学校。

（5）要照顾原始部落人的生活习惯和特殊需要，制定鼓励他们接受教育的计划。在高等教育享受的助学金中，要更重视技术和较好的职业学科。要安排有效的特殊课程消除他们的心理和社会障碍，激发他们的学习兴趣。

（6）在原始部落居住地区，要优先开办家庭学校、非正规学校和成人教育学校。

（7）在为每个年级制定教材时，应考虑维护原始部落学生对本民族珍贵文化的保护意愿并发挥他们的创造才能。

教育落后阶层和地区

4.7 要鼓励社会上所有的教育落后的阶层接受教育，特别是在农村实行有效的教育方法。

少数人的问题

4.8 一些少数人阶层在教育事业上非常落后，甚至完全被剥夺受教育机会。社会公正和平等要求我们要充分注意他们的教育问题。宪法也允许他们保持自己的语言和文化，允许他们建立自己的教育机构。同时在编写教材以及制定所有学校活动中要有明确的目的性，要通过各种努力来促进民族实现自己的基本目标和在思想意识基础上的团结。这些都要通过教育才能实现。

残疾人的问题

4.9 残疾人的教育目标，是能够使他们同整个社会并肩前进。他们的进步应同正常人一样，也应对生活充满信心和勇气。为此应采取如下措施：

（1）仅仅是行动上的或一般性的残疾的儿童，应同正常儿童一起学习。

（2）残疾情况严重的儿童，应该在能寄宿的特殊学校上学，只要具备条件，每个县城都应建立这样的学校。

（3）每个学校都应为残疾学生安排他们满意的职业培训。

（4）应该重新确定教师培训计划，特别是初级小学教师的培训计划，以正确了解并解决残疾儿童的特殊困难。

（5）要大力鼓励人们志愿为残疾人的教育作出努力。

成人教育

4.10 印度古代文献中对教育的定义为，教育是摆脱无知和压迫的工具。在现代世界，教育能够使人获得阅读和写字的能力，因为它是获取知识的主要工具。因此，包括成人扫盲在内的成年教育也应有同等重要的意义。

4.11 在发展计划中，识字运动协作者的参与是非常重要的。所以要将全国识字运动的任务同消除贫困、民族团结、环境保护、计划生育、妇女平等的提高、初等教育的普及以及初级卫生条件的实现等全国目标统一起来。这项工作还可以提高公民文化创作的积极性和参与度。

4.12 全国要坚持在国家识字运动目的下进行扫除文盲的行动，尤其要大力加强全民识字运动的力度，采取各种办法扫除 15～35 岁年龄段的文盲。中央和各邦政府、各政党、各人民团体、大众传播机构、教育部门、教师、学生、青年、志愿者组织、社会工作者组织和各主管人员都要重申对群众教育运动支持的决心，其中包括识字、工作知识和工作能力的提高，学员对社会和经济现实的认识以及可能发生的变化等。

4.13 要向已经获得初等教育的扫盲人员和青年提供更加广泛的教育和继续教育的机会，使他们能够保持并提高他们的识字成果，并在改善生活和工作条件中加以运用。为此要进行下列工作：

（1）在农村地区建立各种继续教育中心。

（2）主管部门和政府有关机构要对劳动者进行教育。

（3）建立初中等教育机构。

（4）大力鼓励图书出版，开办图书馆和阅览室。

（5）利用广播、电视和电影等工具教育人民大众。

（6）组织学生团体。

（7）进行远程教育。

（8）建立学习者团体和组织。

4.14 当今社会发展与工作能力不断提升密切相关，以产生满足社会发展需求的人才资源。所以，要进一步加强面向就业、自我就业和建立在需求和兴趣基础上的职业教育及技能培训工作。

（五）重建各级教育体系

儿童的保健及教育

5.1 国家的儿童政策强调建立年幼儿童特别是初级学生占多数的人口阶层中的儿童教育体系。

5.2 为保证儿童的全面发展，应高度重视营养食品，重视身体、道德和精神发展，以及与婴幼儿抚养和教育有关的各项工作计划。在条件具备的情况下应将这些计划同儿童综合发展计划结合起来。要建立让全民享受初级教育辅助服务形式的"日托中心"，以便使那些需要照料年幼弟妹的贫苦家庭的女童也能够获得受教育的机会。

5.3 工作计划应以儿童为重心，以游戏为基础，要充分注意儿童个性发展的需要。不应强调语文和算术等正式教学内容的传授，应采用让儿童在游戏中自然学习知识的方法。这项工作应争取得到公众的大力支持。

5.4 要使儿童保健与学龄前教育相结合，这将有助于初级教育结构的形成和人力资源的开发。要维持这一点，应加强学校健康计划。

初等教育

5.5 应强调初等教育的两个方面：①要让所有儿童入学，以及14周岁前的儿童在任何情况下都应坚持完成学业；②使教育水平有较大提升。

儿童中心

5.6 初级教育要自然地和循序渐进地向儿童传授一切知识。在教育初期，应以他们为中心并采取活动为主的方式。低年级阶段允许他们根据自己的学习速度展开学习并得到辅导帮扶。随着儿童的不断成长，认知学习的成分将增加，逐渐增加新的知识量，技能学习将通过实践来进行。初级阶段要坚持不留级的政策，分别进行评价。禁止体罚。学校作息表和假期要调整以适应儿童的学习为宜。

学校的条件

5.7 初等学校必须具备一定的条件。要具备在任何时候都能充分使用的两个大型教室、黑板、图表、玩具和其他必需的教学用具。大量招聘教师，并对他们进行培训。为了提高初等教育水平，要实施"黑板行动"计划。中央政府、地方政府、志愿者组织和个人要参与"黑板行动"计划。

非正规教育

5.8 要为辍学人员、失学人员、童工和女童开设非正规教育。

5.9 要利用现代技术手段改善非正规教育中心的学习环境。从当地社会挑选有才华和责任心的男女青年担任教员并特别注意对他们的培训。要采取一切必要措施保证非正规教育水平与正规教育水平保持一致。要采取措施使那些非正规教育系统中成绩合格的儿童能够转入正规教育系统中的相应年级进行学习。

5.10 要根据国家的教学大纲，采取有力的措施制定并实施教学活动。这种教学活动应以学生的需求为基础，并适合于本地的实际情况。要编写高水平的学习资料并免费提供给学生。在非正规教育计划中还将创造供人分享的学习环境并提供诸如游戏和运动、文化项目、旅行一类的活动。

5.11 政府要对这一重要工作负起全部责任。志愿服务组织和地方咨询机构要承担进行非正规教育工作的大部分义务。要及时向这些机构提供足够的资金。

决心

5.12 新教育政策对辍学儿童问题给予最大的关注。为了保证儿童能够完成学业，要采取一系列措施，执行经过严密策划制定的工作方针，并在全国基层单位实施。这项工作要同非正规教育紧密地配合。同时还规定，到1990年，所有11岁儿童在正规学校接受五年的正规教育，或者通过非正规教育方式获得同等教育。到1995年，14周岁的儿童都会受到免费义务教育。

中等教育

5.13 中等教育开始使学生接触自然科学、人文科学和社会科学不同的作用。这也是一个向学生讲授历史知识和国家前途并使他们有机会理解自己作为公民的法律义务和权利的适合阶段。学生应了解宪法赋予他们的义务和享有的公民权利。通过教学活动，可以增加学生的工作主动性和对人类以及多元文化价值的正确理解。中等教育的入学机会要扩大，侧重提高女生、表列种姓和表列部落的入学率，尤其是在理科、商科和职业教育学科。各地区的中等教育理事会要改组并被赋予自治地位，以便使其在改善中等教育质量方面的能力得到提升。要努力在尽可能多的中等教育机构中进行计算机教育，以使学生掌握所需的计算机技能以立足于初露头角的技术世界。

智力超常儿童

5.14 对有特殊才能或能力的儿童，要给他们提供高质量的教育使他们迅速成才。

5.15 为了实现这个目标，全国各地要依据制定的标准建立超常儿童学校，这些学校仍在进行全面的革新和试验。这类学校可以根据自身的特点，实现社会公正（包括保留农村表列种姓和表列部落学生的名额）和民族团结的大目标。全国各地的有天赋的儿童，特别是农村儿童要适应集体生活，共同学习，发展自己的才华，最为重要的是，这些学校要在全国学校改革工作中起推动作用。

职业化

5.16 引入系统性、计划性以及严格执行的职业教育计划对拟议中的教育重建十分重要。这些因素有助于培养学生对工作和生活的健康正确态度，提高个人的就业能力，减少技术人才供需之间不平衡的现状。努力为高中阶段学生开设普通的职业课程，这些课程要涉及不同的职业领域并具有通用职业教育性质。

5.17 职业教育也将成为一个独特的体系，它的目的是为将来能够从事各种职业培养学生。这些课程一般要在初中教育阶段之后开设，但要使计划具有灵活性，在八年级之后也可以开设。

5.18 应该将卫生事业和卫生服务管理通过与卫生有关的职业教学同适当级别的卫生职业人才的教育和培训结合起来。初级小学与高级小学阶段的卫生教育要确保促使个人对家庭和社区的卫生健康负责，并且要在高中2年阶段开设与卫生相关的职业课程。要努力设计出以农业、市场、社会服务等为基础的类似的职业课程。职业教育同样应着重培养企业和自我就业所需的态度、知识和技能。

5.19 职业课程的确立或职业教育机构的建立是政府的职责，也是公共部门和私立部门雇主的职责；但是，政府要采取特别措施来满足妇女、农村和落后部落以及社会上被剥夺权利等级的需要。还要为残疾人实施适当的计划。

5.20 要在预先确定的条件下，为修习职业课程的毕业生提供专业发展和职业改善的机会，并为他们提供通过过渡课程而修习普通教育、技术教育和专业教育课程的机会。

5.21 要向初识字者、完成初等教育的年轻人、辍学者、从事工作的人和失业者或部分受雇者提供非正规的、灵活的和以需要为基础的职业修业计划。尤其要重视妇女的受教育问题。

5.22 要为中等学校毕业，并有意愿学习职业课程的学生讲授高等教育水平的职业课程。

5.23 提议到 1990 年要有 10% 的高中生修习职业课程，并在 2000 年达到 25% 的比例。要采取步骤确保职业课程开设的成果是使多数人受雇或者成为自我就业者。对开设的课程要进行定期评估。政府要评估招生政策以鼓励中等教育多样化。

高等教育

5.24 高等教育提供给人们一种机会以思考人类所面临的重大的社会、经济、文化、道德及精神问题。它通过传播专门的知识和技能为国家的发展作出贡献。因此，高等教育是国家生存的决定性因素。高等教育由于处在教育金字塔的顶层，它在为教育系统培养师资方面也起着关键性作用。

5.25 高等教育不断地进入新的领域，并进行着积极的探索。高等教育正在飞速地发展着。

5.26 今天印度约有 150 所大学和约 5000 所学院。考虑到对它们的改造需要，建议今后的工作重点应改善和扩大现有学校的条件和规模。

5.27 要采取必要措施防止高等教育系统退化。

5.28 由于目前自治学院与附属制并存，要支持大量发展自治学院，直到附属制被一种更为自由、更加具有创造力的大学与学院联盟代替。同样，要鼓励在筛选的基础上发展独立自治的大学科系。同时，独立和自治应与责任相结合。

5.29 要重新制定教学大纲和课程设置，以更好地满足时代的需求。要特别重视语言能力。课程的设置要更加灵活。

5.30 要通过高等教育协会对地区的高等教育进行管理和协调。为了对高等教育进行监督和检查，大学拨款委员会和各协会要建立协调制度。

5.31 要根据学校的实际条件和能力招收学生。要运用视听教材、电子仪器和科技手段有效地开展教学。要进一步加强教材建设和教师培训工作。教师培训对提高教育质量十分必要。对教师的工作情况要进行认真评价，所有的职位都要严格地根据教师的能力进行安排。

5.32 要加强和协助大学的科学研究，采取措施确保研究水平。大学拨款委员会要进行有效安排，协调大学，尤其是有关单位与大学开展合作进行重点科研项目研究。要积极鼓励在大学体制中以自治管理的适当形式创立国家级研究设施。

5.33 要充分支持印度学、人文科学和社会科学的研究。为了满足综合知识的需要，要鼓励进行跨学科研究。要努力探索印度古代丰富的知识宝藏并使之与当前现实联系起来。这就要求要发展深入研究梵语和其他古典语言所需要的设施。将要成立自治委员会以推动和改进梵语和其他古典语言方面的教学和研究。

5.34 要成立一个包括高等教育、农业、医学、技术、法律和其他工作在内的全国性机构，以利于政策的有力协调，条件的共同享用以及跨学科研究的发展。

开放大学与远程教育

5.35 为了增加高等教育机会，作为民主化教育的一种工具并使之成为一种终身学习过程，开放学习体系已经开始创建。开放学习体系的灵活性和创新性符合我国公民的多样性需求，包括受过职业教育的公民的需求。

5.36 为了实现这些目标，应巩固加强 1985 年建立的英迪拉·甘地国立开放大学。该校还可能为各邦建立开放大学提供支持。

5.37 "国立开放中学"将得到加强，开放学习的设施将分阶段延伸到全国各地的中等教育阶段。

学位与职位分离

5.38 在选定的领域中要开始实行学位与职位分离。

5.39 这一建议不适用于工程学、医学、法学和教学等行业的特殊课程。在一些岗位中，仍然需要在人文科学、社会科学、自然科学等方面具有学术资格的专家们的服务。

5.40 对于大学学位没有特别要求的工作实行学位与职位分离政策。基于此，可以重新设置特殊工作课程，使那些具有某一工作技能但因学历而无法获得工作的人得到公平待遇。

5.41 实施学位与职位分离的同时要建立一个有效的类似全国评定委员会的

机构。其任务是核查自愿从事特殊工作候选人的资格，在全国实行统一的资格合格认证标准，并全面改革完善核查和评定程序。

农村大学

5.42 要根据圣雄甘地的革命教育思想来巩固和发展农村大学的新模式，以使农村地区的改革能迎接基层的微观计划的挑战。对根据甘地的基础教育思想建立的机构和制定的计划要予以支持。

（六）技术教育和管理教育

6.1 尽管技术教育和管理教育两者各自具有其独特功能，但由于它们的密切关系和互补关系，必须对其作统一考虑。技术教育和管理教育的重新组织应该考虑到世纪之交可能出现的情况，要具体考虑到经济、社会环境、生产和管理过程等可能出现的变化以及知识激增和科学技术的巨大发展。

6.2 基础设施和服务部门以及非组织的农村部门也需要引进更多先进的技术以及技术和管理人才。政府应给予高度重视。

6.3 为了改善有关人才信息的情况，刚成立的技术人才信息系统将得到进一步发展和加强。

6.4 要促进有关现有技术和新兴技术的继续教育的发展。

6.5 由于计算机已经成为重要的工具并日趋普及，对计算机的基本了解及使用计算机的培训成为职业教育的一部分。从中小学阶段开始就要广泛地安排计算机知识教学计划。

6.6 由于目前正规学校的严格招生条件将很大一部分人限制在技术和管理教育之外，所以要提供远程学习的教育计划，包括利用大众传播媒介。技术教育和管理教育的教育计划，包括综合技术学校中的教育，也要开展学分制基础上的灵活的单元教学组织形式，还要实施多元地区制,提供良好的指导和咨询服务。

6.7 为了加强在组织尚不健全的管理领域中的管理教育作用，应制定建立在印度的经验和研究基础之上的管理教育文件，并成立一个能够适应这些领域的知识和特殊教学的机构。

6.8 要根据妇女、经济和社会上的弱势阶层以及身体残疾者等的利益来设计适当的正规技术教育和非正规技术教育计划。

6.9 为了加强和扩大职业教育，需要大批的职业教育和提高教育技能课程方面的教师和工作人员。要实施相应的计划以满足这一需要。

6.10 为了鼓励学生把"自我就业"作为一种职业选择，要在学位或文凭的修业计划中通过单元课程或选修课程来提供企业方面的培训。

6.11 为了满足不断更新课程的需要，应该增加新的革新技术内容。

6.12 农村地区的一些综合技术学校已开始通过社区综合技术学校体制为一些生产性职业培训这些地区的短缺人员。要适当加强这种社区综合技术学校体制，以提高质量，并扩大范围。

革新、研究与发展

6.13 研究是革新的一种手段，也是教育过程的一种补充，所有的高等技术院校都要从事研究。研究的目的主要在于培养一些能承担研究和开发职责的合格人才。开发研究将注重改进现有的技术，发展新的本地技术以及加强生产和提高生产效率。要建立一个适当的观察和预报技术发展情况的系统。

6.14 要充分利用各级研究机构之间以及研究机构和用户系统之间的协作、合作和网络关系。还要系统地促进这些关系的适当维持以及保持一种革新和改进的态度。

促进各级机构的功能和效益

6.15 技术和管理教育需要大量经费，为了使其获得相应效果以及增强吸引力，应采取以下措施：

（1）要给予现代化优先权，取消旧事物，切实体现现代化特征，体现现代化的实际应用功效。

（2）要鼓励有关机构利用向社会和企业提供服务的机会筹措资金。要向它们提供现代培训手段、图书馆和电脑设备。

（3）学校要向学生，尤其是女生提供良好的膳宿。还要扩大运动、创造性工作和文化活动的设施。

（4）在招聘工作人员中，学校要采取更有效的程序。就业机会、服务条件、咨询标准和其他津贴都要得到改进。

（5）教师要起到多重作用：教学、研究、编写教学资料、推广知识以及管理学校。对教学人员必须进行入门培训和在职培训，要为教师培训保留足够的名额。教职人员发展计划在邦一级要得到整合，而在地区和国家两级则须得到协调。

（6）技术教育和管理教育计划的课程将以企业界或其它用人系统当前的

和规划中的需要为目标。要在教育计划的规划和实施中，在人员、训练设备和资源的交流中，以及在研究和咨询及其他有共同利益的领域中，进一步促进技术教育或管理教育机构同企业界积极的相互作用。

（7）要承认并奖励成绩优异的教育机构和个人。防止出现不合标准的教育机构。要在全体教职员的参与下促成利于发展的风气。

（8）要授予一些精选的教育机构以不同程度的学术、行政及财政自主权，并制订保护措施，以使这些机构履行好职责。

（9）必须在技术教育和企业界、研究和发展组织、农村和社区发展计划以及其他具有互补特征的教育部门之间建立网络系统。

管理的职能和变化

6.16 考虑到管理系统中可能出现的一些变化以及使学生具有应变能力的需要，要设计出有效的机制以了解变化本身的特性和方向，并获取灵活应变的重要技能。

6.17 考虑到本项任务的综合性特征，人力资源开发部将协调工程教育、职业教育和管理教育的平衡发展。

6.18 要鼓励各种专业学会，使它们能在技术教育和管理教育的进步中起到应有的作用。

6.19 全印技术教育委员会已经被赋予法定地位，将负责规划、制定并维持规范和标准，进行认证，为优先的领域提供经费、进行控制和评价，保持证明和奖励的平等以及确保技术教育和管理教育的协调和综合发展。一个正式组成的认证理事会要进行强制性的周期性评价。全印技术教育委员会要得到加强，它要以分权的方式发挥作用，各邦政府和优质的技术院校要更多地参与其中。

6.20 为了维持标准，技术教育和专业教育的商业化将受到限制。遵照可接受的标准和目标，在技术教育和专业教育部分要设计出一种允许私人和民间团体办学的可选性系统

（七）管理方法

7.1 众所周知，教育管理和其他新的教育工作要有条不紊地进行。教育管理和管理人员的目的是明确的，要进行新的实验和创造性的工作，因此需要自由的环境。教育水平提高和教育的普及也需要长远的计划，但是今天的形势要求立即对这项工作进行改革，使之秩序化。

7.2 国家对教育系统寄予了很大的希望。首要任务是要使教育系统发挥行之有效的功效。教师和学生各司其职。

7.3 具体策略包括：

（1）向教师提供良好的条件，增强他们的责任感。

（2）提供完善的学生服务并坚持使学生遵守行为规范。

（3）为教育机构提供更好的设施。

（4）根据国家或邦的标准和规范，创建一个对教育机构进行成绩评价的系统。

（八）教育内容和教育过程的重新定向

文化展望

8.1 要缩小正规教育方式与国家多样化的丰富文化传统之间的差距。避免由于过度使用现代技术而割裂新一代公民同印度历史和文化的联系。要不惜一切代价避免非文化化、非人性化和异化。教育必须而且能够促进以变革为导向的技术与国家文化传统的连续性之间的良好整合。

8.2 教育的课程和过程可以通过多样化的文化内容加以丰富。要培养儿童的审美观和上进心。要吸引社会上的有产阶层为丰富教育文化作出贡献，不论他们是否受过正规教育。要发扬文学和口语表达能力的传统，要发挥按照传统方式教学的教师的作用，以保持和弘扬传统文化。

8.3 要在大学系统同艺术、考古学和东方研究等方面的高等教育专门机构之间建立联系。也要适当注意美术、音乐学、民俗学等专门学科，并要加强这些学科的教学、培养和研究以便为这些学科补充专门人才。

价值观教育

8.4 鉴于基本道德价值水准不断下降所引起的忧虑和社会中不断出现的不良现象，需要重新调整课程，以便使教育成为培养社会价值观念和道德价值观念的有力工具。

8.5 在文化多元的社会中，教育应该以人民的统一和融合为目标，培养普遍的及永恒的价值观念。这样的价值观教育应该有助于消除蒙昧主义、宗教狂热、暴力、迷信和宿命论。

8.6 此外，价值观教育具有一种深远的、积极的特征并以我们的遗产、国家的目标和普遍的认识为基础。

语言

8.7 1968年教育政策详细研究了语言的发展问题。要加速和切实地落实这一政策。

书籍和图书馆

8.8 低价提供教育书籍极为重要。要努力使社会的所有阶层都能够得到图书。要改善图书种类，提高可读性，鼓励创造性的写作。要促进外国书籍的印度语言翻译工作。特别重视编写教科书、参考书以及优秀的儿童书籍。

8.9 要在全国范围内发展图书事业的同时改善现有图书馆的状况并建设新图书馆。要向所有教育机构中的图书馆提供设备并改善图书管理员的地位。

传播媒介和教育技术

8.10 过去几十年，在现代传播技术方面已经获得一定的经验，其发展过程在许多方面都具有先进性。为了避免结构上的双重性，现代教育在被引进到比较富裕和易于推行的地区的同时，还必须被引进到最边远的地区和最贫穷的阶层。

8.11 在正规教育和非正规教育两个部分，要利用教育技术来传播有用的信息，培训和再培训师资以提高教育质量，加强艺术和文化意识，灌输永恒的价值观点等。要最大限度地利用现有的基础设施。在尚未通电的村落，要利用电池或太阳能发电成套装置来实施该计划。

8.12 制定与文化相关的教育计划也是教育技术的一个重要部分，要利用国内的一切资源发展这一事业。

8.13 传播媒介对儿童和成人的心智有很大的影响。要禁止不良影响的广播和电视节目。还要采取同样的措施禁止电影和其他媒介的不良影响。要开展一项积极的活动来促进高质量和有意义的儿童电影的生产。

劳动实习

8.14 劳动实习作为学习过程的一个组成部分，是有目的、有意义的活动，并且能够带来有益的产品或服务，是通过组织良好的分级计划来提供的。劳动实习应该包括各种符合学生兴趣、能力和需要的活动。在初中阶段所提供的职前教育计划也将有助于高中阶段的职业课程的选择。

教育和环境

8.15 树立环境意识十分必要。社会上所有年龄和所有阶层的人，从儿童开始都必须具有环境意识。环境意识应该包括在中小学校和高校的教学中。环境教育要成为整个教育过程的一部分。

人口教育

8.16 人口教育必须被视为控制人口增长的国家战略的重要组成部分。教育计划应该积极鼓励青年和成年人进行计划生育并履行家长职责。在小学和中学就开始反复灌输这种意识，即由于人口增长造成的危机正在日益逼近。

数学教学

8.17 应该把数学视作训练儿童思考、推理、分析和逻辑表达能力的工具。它除了自身是一门专业学科外，应该被看作是任何涉及分析和推理的学科的一种辅助学科。由于学校中引进了计算机，教育计算以及通过理解因果关系和变量之间的相互作用的学习的出现，要重新适当地安排数学教学以使它与现代技术设备相一致。

科学教育

8.18 要加强科学教育，增强儿童的科学意识、创造性、目的性、提问的勇气和追求美的情感等能力，发展价值观。

8.19 科学教学计划的制定应能够提高学生解决问题的能力，应让学生能够寻找出科学同卫生、农业和日常生活等的关系。还要努力让众多仍未受正规教育的人接受科学教育。

运动和体育

8.20 运动和体育是学习过程的一个组成部分，并且还将包括在成绩评定之中。要在全国为教育系统建造用于体育、运动和游戏的基础设施。这种基础设施将由场地、设备、教练员和体育教师组成，它是学校改进计划的一部分。城市里要保留空地作为运动场地的备用地，必要时要借助于法律行动。在开展正常的体育教育和活动的同时，体育机构和学生组织要鼓励在体育事业上有发展前途的运动员。要重视本国的传统体育项目。

瑜伽

8.21 作为身体和心理均衡发展的工具，瑜伽教育应受到高度重视。所有的学校都要努力开展瑜伽教育。为此，应将瑜伽学习内容纳入教师培训课程。

青年的作用

8.22 要为青年提供机会让他们在教育机构中以及其它地方参与国家和社会

发展事业。要求学生参加一项或现有的项目,如国家服务计划、国家学生军训队等项目。在校外,要鼓励青年关注各种发展、改革和推广计划。要加强国家服务志愿者计划。

评价过程与考试改革

8.23 成绩评定是教学过程中的必要组成部分。考试作为完整的教育策略的一部分应该得到充分运用以提高教育质量。

8.24 为此目的要重新制定考试制度,以便确定一种评定方法并使之成为测量学生发展的有效而可靠的工具,改善并提升教学质量。这种评定方法是指:

（1）排除过多的偶然因素和主观因素。

（2）不鼓励死记硬背的方法。

（3）连续的和综合的评价要涉及教育的学术和非学术两个方面,并贯穿于整个教学过程。

（4）让教师、学生和家长有效地应用评价过程。

（5）改进考试的方式。

（6）相应地变革教材和教法。

（7）在中学阶段逐步引入学期制。

（8）用等级制取代分数制。

8.25 该方法同样适用于教育部门的内部和外部考试及评定。要使学校一级的评比程序简单易行,要减少过量的外部考试。要制定一套国家考试改革框架,作为各种考试机构的指导方针,这些考试机构有对这个框架进行创新的自由以使它适合于一些特定的情况。

（九）教师

9.1 教师的地位标志着社会的文化程度。政府和社会应努力营造一种有利于鼓励和激发教师创造积极性的氛围。教师应该有革新的自由,创新交流方法的自由,以及开展与社区的需求相关,并与社会所关心的问题有关的活动的自由。

9.2 要重新制定教师招聘制度。以便能够保证教师队伍水平以及顺利履行教师职责。教师的工资和工作待遇要同他们的社会义务相适应,以吸引更多的有才华的人从事这项事业。要努力使全国教师在统一津贴、服务条件等方面达到满意。要制定准则以确保教师的聘任和调动的客观性。要创建一个教师评价系统——公开的、人人参与的和以数据为基础的,并要为他们提供恰当的晋升机会。要制定岗位责任规范，以进行合理的鼓励和惩罚。在制订和实施教育计划中，教师将继续发挥关键作用。

9.3 教师协会要保持自己的职业规范，要发挥更大的作用提高教师的地位和作用。国家一级的教师协会可以制定一种教师职业道德准则并负责其执行。

教师教育

9.4 教师教育是一个连续的过程，而且教师教育的职前培养和在职培训密不可分。首要的工作是要彻底检查教师教育制度。

9.5 新的教师教育计划将注重继续教育以及教师培养的需要，以满足该政策所设想的要求。

9.6 要建立县教育和培训学院，这种学院具有为小学教师及从事非正规教育和成人教育的人员开设职前和在职培训课程的能力。随着县教育和培训学院的建立，不符合标准的教育机构将被逐步淘汰。要选择一些中学教师培训学院并提高它们的级别来充实邦教育研究与培训委员会的工作。要向全国教师教育委员会提供必要的资源，使之具有认可教师教育机构的能力。这个委员会也将提供关于课程和教学方法方面的指导。要在教师教育机构和大学教育系之间创建网络组织。

（十）教育管理

10.1 要优先对教育规划和管理制度进行全面审查。指导思想如下：

（1）制订教育规划和管理方面的长期计划，并将其与国家发展和人才需求结合起来。

（2）要为教育机构创造一种自主精神并使其摆脱集中化。

（3）对民众的参与，包括非政府机构和民间自发联合应给予高度重视和评价。

（4）引导更多的妇女参与教育规划和管理。

（5）要建立有关目标和准则的责任原则。

国家层面

10.2 中央教育咨询理事会将在考察教育发展、确定改善教育制度所需要的改革和监督实施方面起主要作用。它将通过创建适当的委员会和建立其他机制来行使职责，以确保人力资源开发的不同领域中的联系和协作。中央和各邦教育机构应积极参与和加强这些工作。

印度教育服务组织

10.3 以一种恰当的教育管理框架建立的印度教育服务组织为全印度服务。该服务组织的基本原则、工作程序和工作进程应在各邦政府的指导下进行。

邦一级管理

10.4 邦政府可以以中央教育咨询理事会的模式建立邦教育咨询理事会。各邦负责人力资源开发工作的部门应采取有效措施将其包括在权力机构中。

10.5 尤其要重视教育主管部门、管理部门和教育单位领导人的培训工作，为此应进行各级组织安排。

县级和地方管理

10.6 要建立县教育理事会管理高中阶段以下的教育。邦政府要尽所有可能重视这方面工作。在教育发展的多级结构中，中央、邦、县和地方及机构都将参与教育的规划、协调、监督和评价工作。

10.7 要让每个教育机关的领导担负起更多的责任。对领导者要进行专门的选拔和训练。要以一种灵活的方式促进学校综合体，使它们成为校际网络和协作的纽带，以便鼓励教师钻研业务、确保遵守行为规范，并使经验交流和设备共享成为可能。期望一种发达的学校综合体机制能够广泛及时地对上述情况进行监督。

10.8 通过适当的组织使地方委员会在学校改革工作中发挥主要作用。

民办机构和辅助机构

10.9 要对包括社会活动团体在内的非政府组织和民间机构的办学给予鼓励，进行适当的管理并提供财政帮助。同时，要采取有效措施制止为使教育商业化而成立教育机构的行为。

法庭机制

10.10 要按照"管理法庭"的模式建立国家级和邦级教育法庭。

（十一）资源与评估

11.1 1964—1966 年的教育委员会，1968 年的《国家教育政策》以及所有与教育有关的委员会和方针政策都强调印度的社会目标和面向发展的实际目标只有与同这项事业的性质和规律相符合的教育结合起来才能实现。

11.2 为了维护学校的校舍房屋，应劝说那些教育的受益社会阶层进行捐赠，提供消费物品，提高高等教育收费，有效地使用设施条件和努力进行节约，极大限度地筹措经费。从事技术和科学人才研究和发展事业的机构，也应对政府机关和企业在内的使用部门增加附加税和收取费用来筹集一定的资金。这些方法不仅能减轻各邦的经费负担，而且能够增强教育部门内部的责任感。但这些办法对总财政支出只能起到部分作用。中央政府和社区一般要为以下活动的开展筹措资金：普及初等教育，扫除文盲，为全国所有阶层提供平等接受教育的机会，增强教育计划的社会联系、质量和功效，在对自力更生发展经济极为重要的科学领域中形成知识和发展技术，创建一种对国家生存十分重要的价值观和责任感。

11.3 教育投资不足会带来严重的不良影响。同样，忽视职业教育、技术教育和研究的代价也是巨大的，并对印度经济产生不可弥补的损失。自独立以来为促进科学技术的应用而成立的教育机构网络必须得以迅速更新，防止陈旧过时。

11.4 基于以上需要，应把教育看作是一个对国家发展和民族生存十分重要的投资领域。1968年《国家教育政策》规定，对教育的投资要逐步增加，以尽快达到占国民收入6%的比例。既然目前投资的实际水平远低于这个目标，那么重要的是要下定决心为本政策制订的计划筹措资金。尽管要在监督和评估的基础上对实际需要进行动态估算，但教育经费要逐步增加，确保在第八个五年计划期间及其以后超过国民收入6%的预期目标。

评估

11.5 每五年对新的教育政策的执行情况和标准进行一次评估。要在较短的期间内对工作的进展和出现的新趋势进行评价和确认。

（十二）前景

12.1 印度未来教育形式是复杂的，现在难以确切地进行前景展望。但同时，我们拥有一贯重视知识和精神成果的传统，所以毫无疑问我们一定能实现目标。

12.2 主要任务是巩固教育金字塔的基础，保证在本世纪结束前让十亿人获益。同样非常重要的是要确保那些位于金字塔顶端的人处于世界最优秀的人才的行列之中。

参考文献

一、中文文献

（一）译著类

[1] [美]伯顿·克拉克.高等教育新论——多学科的研究[M].王承绪,徐辉,郑继伟,等译.杭州:浙江教育出版社,2001.

[2] [美]伯顿·R.克拉克.高等教育系统——学术组织的跨国研究[M].王承绪,徐辉,殷企平,等译.杭州:杭州大学出版社,1994.

[3] [美]林奇.分布式算法[M].舒继武,李国东,余华山,译.北京:机械工业出版社,2004.

[4] [印]桑迪潘·德布.印度理工学院的精英们[M].黄永明,译.北京:北京大学出版社,2010.

[5] [美]N.维纳.控制论(或关于在动物和机器中控制和通讯的科学)[M].郝季仁,译.北京:科学出版社,1985.

[6] [印]威奈·莱,[美]威廉·L.西蒙.思考印度[M].宣晓凤,汤凤云,译.上海:上海大学出版社,2010.

（二）著作类

[1] 安双宏,杨柳,王威,等.印度教育研究的新进展[M].哈尔滨:黑龙江教育出版社,2008.

[2] 安双宏.印度教育战略研究[M].杭州:浙江教育出版社,2013.

[3] 安双宏.印度高等教育:问题与动态[M].哈尔滨:黑龙江教育出版社,2001.

[4] 曹正军,刘丽华.现代密码算法概论[M].哈尔滨:哈尔滨工业大学出版社,2019.

[5] 陈时见.教育研究方法[M].2版.北京:高等教育出版社,2016.

[6] 董磊.战后经济发展之路——印度篇[M].北京:经济科学出版社,2013.

[7] 付军龙，温恒福，王守纪.大学创新教育论［M］.北京：教育科学出版社，2012.

[8] 侯怀银.教育研究方法［M］.北京：高等教育出版社，2009.

[9] 计算机科学与技术学院.中国科学技术大学计算机学科的发展回顾［M］.合肥：中国科学技术大学出版社，2012.

[10] 蒋宗礼.计算机科学与技术学科硕士研究生教育［M］.北京：清华大学出版社，2005.

[11] 林承节.印度史［M］.北京：人民出版社，2004.

[12] 刘筱.印度工程技术教育发展研究［M］.北京：中国社会科学出版社，2016.

[13] 刘仲林.现代交叉科学［M］.杭州：浙江教育出版社，1998.

[14] 清华大学计算机科学与技术系.清华大学计算机科学与技术学科本科专业教育培养体系［M］.北京：清华大学出版社，2011.

[15] 文富德.印度高科技发展战略研究［M］.成都：巴蜀书社，2011.

[16] 文富德，唐鹏琪.印度科学技术［M］.成都：巴蜀书社，2004.

[17] 张红霞.教育科学研究方法［M］.北京：教育科学出版社，2009.

[18] 张双鼓，薛克翘，张敏秋.印度科技与教育发展［M］.北京：人民教育出版社，2003.

[19] 周志发.美国大学物理学科教学、科研史研究（1876—1950）［M］.上海：华东师范大学出版社，2012.

[20] 浙江大学.印度理工学院调研报告［M］//国务院学位委员会办公室.透视与借鉴——国外著名高等学校调研报告.北京：高等教育出版社，2008.

[21] 中国科学技术协会，中国计算机学会.计算机科学学科发展报告（2006-2007）［M］.北京：中国科学技术出版社，2007.

[22] 中国科学技术协会，中国计算机学会.计算机科学与技术学科发展报告（2011-2012）［M］.北京：中国科学技术出版社，2012.

（三）论文类

1. 期刊论文

[1] 安双宏.印度高科技人才的摇篮——谈印度理工学院的体制创新［J］.中国高等教育，2000(22)：40-41.

参考文献

[2] 安双宏.印度教育60年发展的成就与问题评析——基于教育政策的视角[J].比较教育研究，2011，33(6)：66-70.

[3] 安双宏.印度教育发展的经验与教训[J].教育研究，2012，33(7)：130-133.

[4] 安双宏.印度科技人才的培养机制探析[J].比较教育研究，2010，32(5)：73-76.

[5] 安双宏.论印度高等技术院校的教师任用标准[J].比较教育研究，2011，33(11)：32-35.

[6] 安双宏.印度信息技术人才培养的经验与不足[J].高等教育研究，2010，31(5)：104-109.

[7] 安双宏.印度高等技术院校师资队伍质量问题及改进措施[J].比较教育研究，2012，34(9)：44-47.

[8] 白净，朱延生，徐济涵.2016年印度互联网发展报告[J].汕头大学学报（人文社会科学版），2016，32(4)：111-122.

[9] 车炯.论教育历史研究法[J].现代商贸工业，2020，41(8)：188-190.

[10] 车如山，季红波.印度理工学院精英人才培养及启示[J].高校教育管理，2013，7(1)：48-52.

[11] 陈薇.印度理工类人才培养特色及启示——以印度理工学院孟买分校人才培养为例[J].南亚研究季刊，2013(3)：81-85，105.

[12] 陈·巴特尔，陈益林.院校发展视野中的中印高校创新型人才培养比较研究[J].外国教育研究，2007(3)：58-61.

[13] 程莹，刘念才.我国名牌大学学科领域离世界一流有多远——从世界大学学科领域排名说起[J].高等教育研究，2007(10)：1-8.

[14] 戴妍，袁利平.印度高等教育国际化的特点及趋势[J].比较教育研究，2010，32(9)：72-76.

[15] 邓常春.比较优势、经济起飞与印度信息产业的发展[J].南亚研究季刊，2000(4)：26-28.

[16] 傅小强.班加罗尔——印度的"硅谷"[J].世界知识，2000(18)：28-29.

[17] 古天龙.欧洲高等院校计算机学科形式化方法教育探析[J].中国大学教学，2007(11)：48-50.

[18] 郭晓明.印度理工学院IT人才培养特点及启示[J].广州职业教育论坛，

2016，15(4)：49-53.

[19] 何新迪.人工智能自主发明知识产权保护思路研究[J].科技广场，2020(4)：48-54.

[20] 何振海，贺国庆.西方大学史上的"学派"现象：变迁、特征与现实观照[J].教育研究，2017，38(8)：143-151.

[21] 胡春梅，马义娟.合并高师院校学科建设问题及对策探讨[J].太原师范学院学报(社会科学版)：2008(3)：129-131.

[22] 黄治国.印度软件人才培养及其启示[J].高等工程教育研究，2005(6)：94-96.

[23] 靳诺.世界一流大学一流学科建设的"形"与"魂"[J].国家教育行政学院学报，2016(6)：3-8.

[24] 康兰.关于大学学科和大学学科建设概念的思考[J].科教文汇，2010(5)：9-10.

[25] 匡小苏.中印软件产业的比较[J].开放导报，2000(4)：31-32.

[26] 李春林，丁云龙.创新型大学一流学科生成机理研究——基于内外知识网络耦合视角[J].东北农业大学学报(社会科学版)：2013，11(5)：101-109.

[27] 李鹏虎.世界一流大学建设：排名、学科及挑战[J].现代教育管理，2017(3)：24-28.

[28] 李凌，尹航."双一流"背景下旅游信息科学与技术学科构建探讨[J].中国管理信息化，2019，22(2)：205-206.

[29] 刘昌明.印度软件业的兴起与软件人才国际化[J].国际人才交流，2004(6)：48-50.

[30] 刘献君.没有一流的学科就没有一流的大学[J].求是，2002(3)：54-55.

[31] 李硕豪，刘孟玥.印度理工学院的人才培养特点对我国"卓越工程师教育培养计划"的启示[J].黑龙江高教研究，2012，30(8)：15-16.

[32] 陆覆平，杨建梅.硅谷、班加罗尔IT产业成功之启示[J].科技管理研究，2005(1)：102-107.

[33] 罗云.论大学学科建设[J].高等教育研究，2005(7)：45-50.

[34] 庞青山，胡卫锋.基于知识的科学与学科[J].中南大学学报(社会科学版)，2004，10(4)：478-480.

[35] 沈晓娟.综合思维能力在计算机教学中的培养[J].电脑知识与技术, 2015, 11(5): 148-149.

[36] 石隆伟, 刘艳菲.印度理工学院师资建设新举措[J].外国教育研究, 2008(2): 79-82.

[37] 孙健, 王沛民.基于资源观的大学发展战略初探——以印度理工学院为例[J].高等工程教育研究, 2008(3): 74-78.

[38] 万力维.学科:原指、延指、隐指[J].现代大学教育, 2005(2): 16-19.

[39] 王树英.未来的软件大国——印度[J].中国民族, 2004(1): 68-70.

[40] 王文剑, 闫建霞, 张晓红.地方高校计算机学科交叉领域研究生创新能力的培养[J].高等理工教育, 2013(2): 117-120.

[41] 王文祥.地方高等学校学科建设的几点认识和思考[J].学位与研究生教育, 2007(10): 47-51.

[42] 夏仕武, 张青松.印度理工学院德里分校的课程设置特征及其启示[J].高教探索, 2010(5): 37-40, 49.

[43] 徐凤.印度理工学院——精英的摇篮[J].东南亚南亚信息, 2000(4): 19-20.

[44] 徐国庆.在美印人与印度崛起[J].云南师范大学学报(哲学社会科学版), 2005(6): 59-62.

[45] 胥青山.跨学科人才培养与高校学科组织创新[J].辽宁教育研究, 2004(1): 21-23.

[46] 宣勇.论大学学科组织[J].科学学与科学技术管理, 2002, 23(5): 30-33.

[47] 阎凤桥, 施晓光.全球化和知识经济背景下的印度高等教育及其对经济增长的贡献[J].比较教育研究, 2009, 31(2): 29-34.

[48] 杨思帆.印度大学与高技术产业的联结途径及问题分析[J].高等教育研究, 2010, 31(3): 99-104.

[49] 杨景厚.硅谷的"印度邦"[J].科学新闻, 2000(49): 15.

[50] 叶赋桂, 罗燕.国际合作:印度理工学院的一流大学之路[J].比较教育研究, 2005(5): 23-27.

[51] 叶赋桂.印度理工学院的崛起[J].清华大学教育研究, 2003(3): 102-108.

[52] 余伟, 韩笑, 杨莎, 等.高等学校计算机学科创新创业教育改革研究[J].

软件导刊(教育技术)：2015(10)：18-22.

[53] 易红郡，王晨曦.印度高等教育发展中的问题、对策及启示[J].清华大学教育研究，2002(5)：71-76.

[54] 赵致琢.计算机科学与技术学科教育与教学改革研究进展通报[J].计算机科学，2000(11)：91-97.

[55] 赵允福."和谐文化"在生产力系统中的中介性意义[J].理论探讨，2010(2)：59-62.

[56] 张丹.印度理工学院如何培养一流理工人才[J].大学(研究版)，2016(9)：57-59.

[57] 张琳，孙梦婷，顾秀丽，等.交叉学科设置与评价探讨[J].大学与学科，2020，1(2)：86-101.

[58] 张铭，何振海.吉森大学李比希学派的历史贡献及其原因探析——基于一流学科培育的视角[J].现代大学教育，2019(5)：50-55.

[59] 张晓卉，解月光，董玉琦.印度中小学信息技术课程新世纪发展——以IITB的"学校计算机科学课程模型"为例[J].中国电化教育，2013(10)：24-29.

[60] 章雅娟，李泽安.印度理工学院IT人才培养对教师的启示[J].信息系统工程，2009(9)：139-141.

[61] 张永建.国外创业型大学对我国创新创业教育研究的启示——基于CiteSpace知识图谱分析[J].河北农业大学学报(社会科学版)：2019，21(6)：81-85.

[62] 周光礼，张芳芳.全球化时代的大学同构：亚洲大学的挑战[J].高等工程教育研究，2012(2)：70-80.

[63] 周光礼，武建鑫.什么是世界一流学科[J].中国高教研究，2016(1)：65-69.

2. 学位论文

[1] 安双宏.论影响印度高等教育质量的几个因素[D]杭州：浙江大学，2001.

[2] 陈依依.印度理工学院办学特点研究[D].长沙：湖南师范大学，2009.

[3] 柴小娜.印度理工学院发展研究[D].兰州：兰州大学，2009.

[4] 高放."双一流"视角下行业特色高校学科建设研究[D].天津：天津工业

大学，2019.

[5] 黄珊珊.印度理工学院创建世界一流大学的实践研究[D].金华：浙江师范大学，2012.

[6] 刘筱.印度工程技术教育发展研究[D].重庆：西南大学，2012.

[7] 罗元云.高校学科壁垒融通的大智慧[D].武汉：华中师范大学，2014.

[8] 刘艳菲.印度理工学院的IT人才培养研究[D].重庆：西南大学，2008.

[9] 邵娅芬.经济学科的国际学术话语权研究——基于SSCI源期刊编委的分析[D].上海：上海交通大学，2011.

[10] 孙欣欣.基于ESI的农林学科竞争力研究[D].西安：西北农林科技大学，2018.

[11] 王梅.高等学校学科建设若干问题的探讨[D].天津：天津大学，2003.

[12] 杨思帆.当代印度高校与高技术产业的联结研究[D].重庆：西南大学，2010.

[13] 张曼.从依附到自主：模式移植视角下印度高等教育发展研究[D].曲阜：曲阜师范大学，2014.

[14] 朱明洁.戴维·乔丹高等教育思想研究[D].金华：浙江师范大学，2019.

二、英文文献

（一）著作类

[1] SUBRAMANIAN C R. India and the computer: a study of planned development[M]. New Delhi: Oxford University Press Bombay Calcutta Madras, 1992.

[2] SHARMA D C. The outsourcer:the story of India's IT revolution[M]. Cambridge: The MIT Press, 2009.

[3] SUBBARAO E C. An eye for excellence: fifty innovative years of IIT Kanpur[M]. Dew Delhi:HarperCollins Publishers India, 2008.

[4] RAZA M. Higher education in Indian: retrospect and prospect[M]. New Delhi: Association of Indian Universities, 1991.

[5] BANERJEE R, MULEY V P. Engineering education in Indian[M]. Mumbai: Indian Institute of Technology Bombay, 2008.

[6] SHYAMASUNDAR R K, PAI M A. Homi Bhabha and the computer revolution[M]. New Delhi: Oxford University Press, 2011.

[7] BASSETT R. The technological Indian[M].Cambridge:Harvard University Press, 2016.

[8] DEB S. The IITians: the story of a remarkable Indian institution and how its alumni are reshaping the world[M].[S.l.]:Penguin Books Indian, 2004.

[9] CHITNIS S, ALTBACH P G. Higher education reform in Indian:experience and perspectives[M]. New Delhi:Sage Publications, 1993.

[10] MEHROTRA S P, SAH P P. The fourth IIT: the saga of IIT Kanpur (1960−2010)[M]. [S.l.]:Penguin Enterprise, 2015.

[11] BANERJEE U K. Computer education in India: past, present and future[M]. New Delhi: Concept Publishing Company, 1996.

（二）论文类

1. 期刊论文

[1] KING A D. Elite education and the economy:IIT entrance 1965−1970[J]. Economic and political weekly, 1970, 5(35): 1463−1472.

[2] KING A D. The IIT graduate 1970: aspirations, expectations and ambitions[J]. Economic and political weekly, 1970, 5(36):1497−1510.

[3] RALSTON A. Computer science, mathematics, and the undergraduate curricula in both[J].The American mathematical monthly, 1981, 88(7): 472−485.

[4] SINGH A. IITs yesterday and tomorrow[J]. Economic and political weekly, 1995, 30(38): 2389−2394.

[5] RAJAGOPALAN C, SINGH J. The Indian institutes of technology: do they contribute to social mobility[J]. Economic and political weekly, 1968, 3(14): 565−570.

[6] KHEMANI. A perspective on AI research in India[J].AI magazine, 2012, 33(1): 96−98.

[7] TILAK J B G. Fees, autonomy and equity[J].Economic and political weekly, 2004, 39(9): 870−873.

[8] JAYARAMAN K. MIT pulls out of Asian media lab in argument over role[J]. Nature, 2003(423): 213.

[9] AGRAWAL M, KAYAL N, SAXENA N. PRIMES is in P[J]. Annals of mathematics, 2004, 160(2): 781−793.

[10] YAGAR O, LANDAU R H. Elements of computational science and engineering education[J]. SIAM review, 2003, 45(4): 787-805.

[11] POLITE S. Out of the shadows and into the sun: the coming of age of the new IITs[J]. EDU tech, 2011(12): 14-26.

[12] ILAVARASAN P V. Is software work in India task fragmented? A study of software workers in Bangalore[J]. Sociological bulletin, 2007, 56(3): 383-400.

[13] BALAKRISHNAN P. Higher education needs a longer view[J].Economic and political weekly, 2006, 41(32): 3258-3459.

[14] KAUR R. Locating the humanities and the social sciences in institutes of technology[J].Sociological bulletin, 2005, 54(3): 412-427.

[15] SINGH R P. An assessment of Indian science and technology and implications for military research and development[J].Economic and political weekly, 2000, 35(31): 2762-2775.

[16] INDIRESAN P V. A different degree[J]. Indian international centre quarterly, 2007, 34(3): 84-99.

[17] SHARMA R K. FDI in higher education: official vision needs correction[J]. Economic and political weekly, 2006, 41(49): 5036-5037.

[18] KRISHNAN R T. Building world class universities[J]. Economic and political weekly, 2005, 40(17): 1681-1683.

[19] VARMA R, KAPUR D. Access, satisfaction and future: undergraduate education at the Indian institutes of technology[J]. Higher Education, 2010, 59(6): 703-717.

[20] BASSETT R. Aligning India in the Cold War Era: Indian technical elites, the Indian institutes of technology at Kanpur, and computing in India and the United States[J].Technology and culture, 2009, 50(4): 783-810.

[21] MISHRA S. Need to improve the IITs and IIMs[J].Economic and political weekly, 2009, 44(30): 17-20.

[22] SAHA S K, GHOSH S. Commission committee on technical education in independent India: an appraisal[J].Indian journal of history science, 2012, 47(1): 109-138.

[23] CREEHAN S. Brain strain: India's IT crisis [J]. Harvard international review, 2001, 23(2): 6–7.

[24] SIAM working group on CSE education. Graduate education in computational science and engineering[J]. SIAM review, 2001, 43(1): 163–177.

[25] SIAM working group on CSE undergraduate education, Turner P, Petzold L, et al. Undergraduate computational science and engineering education[J]. SIAM review, 2011, 53(3): 561–574.

[26] SUKHATME S P, MAHADEVAN I. Brain drain and the IIT graduate[J]. Economic and political weekly, 1988, 23(25): 1285–1293.

[27] GANESH S R, SARUPRIA D. Explorations in helplessness of higher education institutions in the third world[J]. Higher education, 1983, 12(2): 191–204.

[28] LESLIE S W, KARGON R. Exporting MIT: science, technology, and nation—building in Indian and Iran[J]. Global power knowledge:science and technology in international affairs, 2006, 21(1): 110–130.

[29] CHITNIS S. Gearing a colonial system of education to take independent India towards development[J]. Higher education: perspective in higher education in India, 1993, 26(1): 21–41.

[30] EISEMON T O. Institutional correlates of faculty outlooks and professional behaviors: a study of Indian engineering faculty[J]. Higher education, 1974(3): 419–437.

[31] ARAKERI V H. Indian institutes of technology: report of the review committee 2004[J].Current science, 2006, 90(4): 485–486.

[32] SINHA M R K. A journey for Indian scripts processing to Indian language processing[J]. IEEE Annuals of the History of Computing, 2009, 31(1):8–31.

[33] RAJARAMAN V. History of Computing in Indian (1955–2010)[J]. IEEE Annuals of the History of Computing, 2015, 37(1):24–35.

2. 学位论文

[1] SEBALY K P. The assistance of four nations in the establishment of the Indian institutes of technology, 1945–1970[D].Ann Arbor: University of Michigan, 1979.

（三）报告类

[1] Dr. Anil Kakodkar Committee. Taking IITs to Excellence and Greater Relevance[R].[S.l.]:Dr. Anil Kakodkar Committee, 2011.

[2] IIT Review Committee. IIT Review Report[R].[S.l.]:IIT Review Committee, 1986.

[3] IIT Review Committee. IIT Review Report[R].[S.l.]:IIT Review Committee, 2004.

[4] IIT Review Committee. IIT Review Report[R].[S.l.]:IIT Review Committee, 2008.

[5] Indian Institute of Technology. Report of the Review Committee[R].[S.l.]:IIT Review Committee, 2004.

[6] Indian Institute of Technology Bombay. Annual Report 2008-2009[R]. Bombay: IIT Bombay, 2009.

[7] Indian Institute of Technology Bombay. Annual Report 2009-2010[R]. Bombay: IIT Bombay, 2010.

[8] Indian Institute of Technology Bombay. Annual Report 2010-2011[R]. Bombay: IIT Bombay, 2011.

[9] Indian Institute of Technology Bombay. Annual Report 2011-2012[R]. Bombay: IIT Bombay, 2012.

[10] Indian Institute of Technology Bombay. Annual Report 2012-2013[R]. Bombay: IIT Bombay, 2013.

[11] Indian Institute of Technology Bombay. Annual Report 2013-2014[R]. Bombay: IIT Bombay, 2014.

[12] Indian Institute of Technology Deli. Annual Report 2006-2007[R].Deli: IIT Deli, 2007.

[13] Indian Institute of Technology Deli. Annual Report 2007-2008[R].Deli: IIT Deli, 2008.

[14] Indian Institute of Technology Deli. Annual Report 2008-2009[R].Deli: IIT Deli, 2009.

[15] Indian Institute of Technology Deli. Annual Report 2009-2010[R].Deli: IIT Deli, 2010.

[16] Indian Institute of Technology Deli. Annual Report 2010−2011[R].Deli: IIT Deli, 2011.

[17] Indian Institute of Technology Deli. Annual Report 2011−2012[R].Deli: IIT Deli, 2012.

[18] Indian Institute of Technology Deli. Annual Report 2012−2013[R].Deli: IIT Deli, 2013.

[19] Indian Institute of Technology Deli. Annual Report 2013−2014[R].Deli: IIT Deli, 2014.

[20] Indian Institute of Technology Guwahati. Annual Report 2009−2010[R]. Guwahati: IIT Guwahati, 2010.

[21] Indian Institute of Technology Guwahati. Annual Report 2013−2014[R]. Guwahati: IIT Guwahati, 2014.

[22] Indian Institute of Technology Guwahati. Annual Report 2014−2015[R]. Guwahati: IIT Guwahati, 2015.

[23] Indian Institute of Technology Guwahati. Annual Report 2015−2016[R]. Guwahati: IIT Guwahati, 2016.

[24] Indian Institute of Technology Kanpur. Annual Report 2002−2003[R]. Kanpur: IIT Kanpur, 2003.

[25] Indian Institute of Technology Kanpur. Annual Report 2003−2004[R]. Kanpur: IIT Kanpur, 2004.

[26] Indian Institute of Technology Kanpur. Annual Report 2004−2005[R]. Kanpur: IIT Kanpur, 2005.

[27] Indian Institute of Technology Kanpur. Annual Report 2005−2006[R]. Kanpur: IIT Kanpur, 2006.

[28] Indian Institute of Technology Kanpur. Annual Report 2006−2007[R]. Kanpur: IIT Kanpur, 2007.

[29] Indian Institute of Technology Kanpur. Annual Report 2007−2008[R]. Kanpur: IIT Kanpur, 2008.

[30] Indian Institute of Technology Kanpur. Annual Report 2008−2009[R]. Kanpur: IIT Kanpur, 2009.

[31] Indian Institute of Technology Kanpur. Annual Report 2009−2010[R].

Kanpur: IIT Kanpur, 2010.

[32] Indian Institute of Technology Kanpur. Annual Report 2010-2011[R]. Kanpur: IIT Kanpur, 2011.

[33] Indian Institute of Technology Kanpur. Annual Report 2011-2012[R]. Kanpur: IIT Kanpur, 2012.

[34] Indian Institute of Technology Kanpur. Annual Report 2012-2013[R]. Kanpur: IIT Kanpur, 2013.

[35] Indian Institute of Technology Kanpur. Annual Report 2013-2014[R]. Kanpur: IIT Kanpur, 2014.

[36] Indian Institute of Technology Kanpur. Annual Report 2014-2015[R]. Kanpur: IIT Kanpur, 2015.

[37] Indian Institute of Technology Kanpur. Annual Report 2015-2016[R]. Kanpur: IIT Kanpur, 2016.

[38] Indian Institute of Technology Kharagpur. Annual Report 2006-2007[R]. Kharagpur: IIT Kharagpur, 2007.

[39] Indian Institute of Technology Kharagpur. Annual Report 2007-2008[R]. Kharagpur: IIT Kharagpur, 2008.

[40] Indian Institute of Technology Kharagpur. Annual Report 2008-2009[R]. Kharagpur: IIT Kharagpur, 2009.

[41] Indian Institute of Technology Kharagpur. Annual Report 2009-2010[R]. Kharagpur: IIT Kharagpur, 2010.

[42] Indian Institute of Technology Kharagpur. Annual Report 2010-2011[R]. Kharagpur: IIT Kharagpur, 2011.

[43] Indian Institute of Technology Kharagpur. Annual Report 2011-2012[R]. Kharagpur: IIT Kharagpur, 2012.

[44] Indian Institute of Technology Kharagpur. Annual Report 2012-2013[R]. Kharagpur: IIT Kharagpur, 2013.

[45] Indian Institute of Technology Kharagpur. Annual Report 2013-2014[R]. Kharagpur: IIT Kharagpur, 2014.

[46] Indian Institute of Technology Kharagpur. Annual Report 2014-2015[R]. Kharagpur: IIT Kharagpur, 2015.

[47]　Indian Institute of Technology Madaras. Annual Report 1974-1975[R]. Madaras: IIT Madaras, 1975.

[48]　Indian Institute of Technology Madaras. Annual Report 1975-1976[R]. Madaras: IIT Madaras, 1976.

[49]　Indian Institute of Technology Madaras. Annual Report 1977-1978[R]. Madaras: IIT Madaras, 1978.

[50]　Indian Institute of Technology Madaras. Annual Report 1978-1979[R]. Madaras: IIT Madaras, 1979.

[51]　Indian Institute of Technology Madaras. Annual Report 1979-1980[R]. Madaras: IIT Madaras, 1980.

[52]　Indian Institute of Technology Madaras. Annual Report 1980-1981[R]. Madaras: IIT Madaras, 1981.

[53]　Indian Institute of Technology Madaras. Annual Report 1981-1982[R]. Madaras: IIT Madaras, 1982.

[54]　Indian Institute of Technology Madaras. Annual Report 1982-1983[R]. Madaras: IIT Madaras, 1983.

[55]　Indian Institute of Technology Madaras. Annual Report 1983-1984[R]. Madaras: IIT Madaras, 1984.

[56]　Indian Institute of Technology Madaras. Annual Report 1984-1985[R]. Madaras: IIT Madaras, 1985.

[57]　Indian Institute of Technology Madaras. Annual Report 1985-1986[R]. Madaras: IIT Madaras, 1986.

[58]　Indian Institute of Technology Madaras. Annual Report 1986-1987[R]. Madaras: IIT Madaras, 1987.

[59]　Indian Institute of Technology Madaras. Annual Report 1988-1989[R]. Madaras: IIT Madaras, 1989.

[60]　Indian Institute of Technology Madaras. Annual Report 1989-1990[R]. Madaras: IIT Madaras, 1990.

[61]　Indian Institute of Technology Madaras. Annual Report 1990-1991[R]. Madaras: IIT Madaras, 1991.

[62]　Indian Institute of Technology Madaras. Annual Report 1991-1992[R].

Madaras: IIT Madaras, 1992.

[63] Indian Institute of Technology Madaras. Annual Report 1992-1993[R]. Madaras: IIT Madaras, 1993.

[64] Indian Institute of Technology Madaras. Annual Report 1993-1994[R]. Madaras: IIT Madaras, 1994.

[65] Indian Institute of Technology Madaras. Annual Report 1994-1995[R]. Madaras: IIT Madaras, 1995.

[66] Indian Institute of Technology Madaras. Annual Report 1995-1996[R]. Madaras: IIT Madaras, 1996.

[67] Indian Institute of Technology Madaras. Annual Report 1996-1997[R]. Madaras: IIT Madaras, 1997.

[68] Indian Institute of Technology Madaras. Annual Report 1997-1998[R]. Madaras: IIT Madaras, 1998.

[69] Indian Institute of Technology Madaras. Annual Report 1998-1999[R]. Madaras: IIT Madaras, 1999.

[70] Indian Institute of Technology Madaras. Annual Report 1999-2000[R]. Madaras: IIT Madaras, 2000.

[71] Indian Institute of Technology Madaras. Annual Report 2000-2001[R]. Madaras: IIT Madaras, 2001.

[72] Indian Institute of Technology Madaras. Annual Report 2001-2002[R]. Madaras: IIT Madaras, 2002.

[73] Indian Institute of Technology Madaras. Annual Report 2002-2003[R]. Madaras: IIT Madaras, 2003.

[74] Indian Institute of Technology Madaras. Annual Report 2003-2004[R]. Madaras: IIT Madaras, 2004.

[75] Indian Institute of Technology Madaras. Annual Report 2004-2005[R]. Madaras: IIT Madaras, 2005.

[76] Indian Institute of Technology Madaras. Annual Report 2005-2006[R]. Madaras: IIT Madaras, 2006.

[77] Indian Institute of Technology Madaras. Annual Report 2006-2007[R]. Madaras: IIT Madaras, 2007.

[78] Indian Institute of Technology Madaras. Annual Report 2007−2008[R]. Madaras: IIT Madaras, 2008.

[79] Indian Institute of Technology Madaras. Annual Report 2008−2009[R]. Madaras: IIT Madaras, 2009.

[80] Indian Institute of Technology Madaras. Annual Report 2009−2010[R]. Madaras: IIT Madaras, 2010.

[81] Indian Institute of Technology Madaras. Annual Report 2011−2012[R]. Madaras: IIT Madaras, 2012.

[82] Indian Institute of Technology Madaras. Annual Report 2012−2013[R]. Madaras: IIT Madaras, 2013.

[83] Indian Institute of Technology Madaras. Annual Report 2013−2014[R]. Madaras: IIT Madaras, 2014.

[84] Indian Institute of Technology Madaras. Annual Report 2014−2015[R]. Madaras: IIT Madaras, 2015.

[85] Indian Institute of Technology Madaras. Annual Report 2015−2016[R]. Madaras: IIT Madaras, 2016.

[86] Indian Institute of Technology Roorkee. Annual Report 2010−2011[R]. Roorkee: IIT Roorkee, 2011.

[87] Indian Institute of Technology Roorkee. Annual Report 2011−2012[R]. Roorkee: IIT Roorkee, 2012.

[88] Indian Institute of Technology Roorkee. Annual Report 2012−2013[R]. Roorkee: IIT Roorkee, 2013.

[89] Indian Institute of Technology Roorkee. Annual Report 2013−2014[R]. Roorkee: IIT Roorkee, 2014.

[90] Indian Institute of Technology Roorkee. Annual Report 2014−2015[R]. Roorkee: IIT Roorkee, 2015.

[91] Indian Institute of Technology Roorkee. Annual Report 2015−2016[R]. Roorkee: IIT Roorkee, 2016.

[92] RAMAMRITHAM K. A detailed report on R&D at Indian computer−science establishments[R].Singapore: Office of Naval Research, 1995.

后记

如果说河北大学外国语学院对我进行了系统的、严格的英语语言训练，引领我进入了我所热爱的教师职业生涯，给了我安身立命的本领，那么，河北大学教育学院则给我提供了系统学习教育学基本原理、深入教育史前沿研究的宽广平台，指导我进行教育实践，指引我在教学工作中取得更大的成绩，让我在职业生涯中有所作为。

感谢我的导师朱文富教授引领我进入教育学研究的殿堂。在这座宏伟的殿堂中，我是一个求知者，如饥似渴地汲取营养和知识，获得不断成长的能力；我是一个探索者，不断尝试开拓寻找研究课题，逐步走向成熟；我是一个追梦人，一直相信，努力拼搏终究会找到前方光明的方向。

在即将取得阶段性成果之时，回忆求索道路中的点点滴滴，是恩师们巨大的帮助和指导、家人们无私的付出和支持、同学们无限的关爱和鼓励，一直扶持我，不断激励我坚定信念、迎接一个又一个学术挑战。导师朱文富教授学识渊博、治学严谨，在论文选题、提纲撰写、论文终稿修改中给予了专业性的、严谨性的指导和建议。论文中每一处修改、每一个标记符都凝结着导师的心血、辛劳和汗水，学生的感激之情无以言表。学术生涯中的恩师李文英教授睿智聪慧、典则俊雅，开题时的一语中的、撰写提纲时的宝贵建议都使我豁然开朗，追寻到了通往成功之路的那道光。敬爱的班主任何振海教授博学多才、平易近人，他如师如兄，在学术道路上给予了我悉心指导，在研究迷茫期为我指点迷津，在探索路途中为我指明方向，使我坚定信念不放弃。感谢傅松涛老师、田山俊老师、荣艳红老师、刘奉越老师、张宛老师、田宏海老师、郭璐老师、史连祥老师给予的帮助和指导，师恩难忘。

如果说,恩师们学术上的指导和帮助是我通往成功之路的重要基石,那么,家人们生活上的支持和鼓励则是激励我无所畏惧、义无反顾地追求学术探索的巨大动力。父亲姜庆昌完美地诠释了父爱如山的伟大,母亲白兰英生动阐释了母爱如海的温暖,我的公公田庚寅、婆婆王金霞给予了我亲生父母般的关爱和支持。他们在我读博的几年时光中无私付出,不辞辛劳地担负起照顾家庭的重任,对此,我感激不尽又愧疚不已。我是何等幸运且有此福分,何等庆幸且有此缘分。感谢我的爱人田耕对我学业上的支持和生活中的包容,来日方长,我们定会继续携手向前,经营好我们的小家。感谢我的儿子田丰实对我的无限激励和充分理解,他成长过程中缺失的陪伴我会慢慢来弥补。

　　感谢华北电力大学和四川大学出版社对本书出版的大力支持,感谢各位同仁给予我工作、学业上的帮助。感谢我的同学王薇、刘双喜、宋立会、李松丽,我们一起踏入学术殿堂,一起分享的快乐和辛苦无以言表又心领神会。感谢王学璐师妹从大洋彼岸传递来的珍贵文献,感谢张荻师妹、陈元元师妹与我分享学术观点,感谢杨景亮从计算机学科专业角度提出的诸多宝贵建议。

　　感谢在读博期间曾经给予我帮助、支持和鼓励的所有人,感谢自己的努力坚持不放弃。我始终相信:事虽难,做则成!路虽远,行则至!